金朝往事系列
耿元骊 主编

陈俊达 著

吞辽灭宋
金朝建立初期的『壮举』

辽宁人民出版社

© 陈俊达　2025

图书在版编目（CIP）数据

吞辽灭宋：金朝建立初期的"壮举" / 陈俊达著.
沈阳：辽宁人民出版社，2025.7. --（金朝往事系列 / 耿元骊主编）. -- ISBN 978-7-205-11552-4
Ⅰ. K246.09
中国国家版本馆 CIP 数据核字第 2025T5C129 号

出版发行：辽宁人民出版社
　　地址：沈阳市和平区十一纬路 25 号　邮编：110003
　　电话：024-23284191（发行部）　024-23284304（办公室）
　　http://www.lnpph.com.cn
印　　刷：清淞永业（天津）印刷有限公司
幅面尺寸：145mm×210mm
印　　张：10.5
字　　数：178 千字
出版时间：2025 年 7 月第 1 版
印刷时间：2025 年 7 月第 1 次印刷
责任编辑：姚　远　蔡　伟
封面设计：乐　翁
版式设计：一诺设计
责任校对：吴艳杰
书　　号：ISBN 978-7-205-11552-4
定　　价：78.00 元

总　序

金朝：自树唐宋之间

　　9—13世纪的欧亚大陆东端，在大唐王朝逐渐走向衰败消亡的同时，北方各族群勃兴未艾，契丹人、女真人、党项人与中原汉人族群形成了广泛而激烈的对抗。辽、宋、西夏、金几大势力反复争夺，最终形成了对峙之局，开启了第二次南北朝时期。群雄争霸之时，生长于白山黑水之间的女真人，由完颜阿骨打带领，成为其中极耀眼的一支，并最终成为东北亚霸主，建立"金朝"。征战中金朝维持近一百二十年，成为中国历史上一个极为重要的朝代，置身唐宋之间，自有独特地位。

　　全盛之时的金朝，北达外兴安岭－库页岛，南到淮河－大散关，东到日本海，西至今呼和浩特－延安－兰州一线更西，面积约360万平方公里，与此对照，南宋面积约200万平方公里。南宋人口高峰期约6000万，金朝人口也有4800万。虽然在文化创造、经济开发上略输一筹，但无论是军事实力还是当时周边威望，在南北多方对峙当中，金朝都更占上风。"辽主见获，宋主

吞辽灭宋：金朝建立初期的"壮举"

被执"，是它的高光时刻；"大定民兴咏，明昌物适宜"，是它的全盛之际；"跨辽宋而比迹于汉唐"是后世史官的高调褒扬。

宋政和四年（辽天庆四年），也就是公元1114年，完颜阿骨打兴兵宁江州，开启了反辽征程，随后在出河店赢得第一次大捷，第二年就开启自立之途，定国号大金。辽天祚帝亲率70万大军，想在黄龙府一举剿灭只有2万人的女真军。不想女真军勇猛剽悍，以少胜多，大败辽军，战绩辉煌，由此开启了兵锋威震天下之势。随后一路南下，攻占了辽上京、中京、西京、南京，天祚帝出逃被俘，被封为海滨王，居于长白山东。而宋徽宗不知己方军事实力，更对天下局势没有准确判断，妄想恢复燕云，建立超迈祖宗的不世功业。在马植等人建议下，派人过海到辽东与女真结盟。但宋军战力不强，独自面对失势且无后援的辽军，仍不能取胜，两次攻打燕京均告失败，最终还是由金军攻占燕京。面对军事无能的局面，宋方还要招纳降将，贻人口实，被指责为"渝盟"。1125年，金军南下攻宋，而徽宗应对失当，一味想逃跑避敌，匆忙传位给太子，是为钦宗。金军一路向南，直抵开封城下。一年多时光里，在后方局势占优的情况下，北宋君臣采取种种匪夷所思应对策略，终致败局，二帝被俘，被封为昏德公、重昏侯，迁居东北，北宋灭亡。自起兵到灭辽灭宋，十余年而已，所谓"金之初兴，天下莫强"的局面得以一气呵成。

金朝近一百二十年历程当中，"海内用兵，宁岁无几"，但是

总序 金朝：自树唐宋之间

就在年年征战，高层矛盾持续不断，纷争无日无之的局面下，却出现了世章之治的国泰民安光景。耶律楚材说，"大定民兴咏，明昌物适宜"，也算和杜甫名句"忆昔开元全盛日"一样的追忆名句了。金世宗熟悉中原文化，提倡以史为鉴，认为历史很重要，特别是认真通读过《资治通鉴》《汉书》等汉文典籍，还能评论一二，足见其吸收能力。世宗下令翻译"五经"，完善科举制度，专门开设女真进士科，多管齐下，金朝出现了"国朝文派"。儒学事业在金朝达到了鼎盛状态，"声明文物出中天"。世宗也被《金史》称赞为"小尧舜"，"金源大定始全盛，时以汉文当世宗"。世宗之后，由皇太孙章宗继位，赓续以文治国道路，继续扩大推广儒家文化，完善礼乐制度，推动国家礼制形成体系，编成《大金集礼》。加强法律体系建设，制定了《泰和律》。史家褒奖说章宗统治时期，"宇内小康，乃正礼乐，修刑法，定官制，典章文物粲然成一代之治规"。章宗在位之时，南宋主动进攻，发动了"开禧北伐"，金朝实力仍在，最终在大幅度消耗国力的前提下，取得了"嘉定和议"的胜利。金朝声望在泰和年间的东北亚达到了顶峰状态，大定明昌，成为金朝历史上的一段绝唱。

金史学界将金朝主体文化归纳为"金源文化"，称其是以女真文化为基础，融合了中原文化和其他北方文化，最终形成的一种新北方文化。也有学者认为，金源文化吸纳和融汇多民族文化，成为一种东北区域文化，在交往交流交融当中，最终成为中

吞辽灭宋：金朝建立初期的"壮举"

华文化支脉。女真早期完颜部，基本没有什么典籍，没有文字，无官府，大体处于部落联盟阶段。在辽统治下，逐渐学习到了契丹人的文化知识，掌握了建立统治体系的办法。完颜阿骨打建政不久，就由完颜希尹创设了所谓女真大字，然后又创设了女真小字。有了文字，就有了记录、交流的精密工具，说明女真文化水平在逐步提高。不过，从现存金代高水平作品来看，大多数还是汉文作品。攻破开封之时，金军大量索取医人、艺人、工匠迁往北方，也说明北方能工巧匠还不多，水平还不是足够高。但是以此为基础，金朝工艺水平有了很大提升，在建筑、纺织、艺术等方面都呈现了自己的特点。金熙宗这样狂暴的君主也亲自到孔庙祭拜，以后各代也都重视尊孔，提倡儒家教育。金朝在太宗时期，就开始学习中原王朝，编纂国史、实录，建立了修史制度，甚至还修成了一部《辽史》，成为元修《辽史》的基础。金人在几番争论之后，还采用了五德终始之说，主动纳入中国历史谱系，自称是"中华"正统继承者。元代郝经就说，"金源氏有天下，典章法度几近及汉唐"，史称其"跨辽宋而比迹于汉唐"。

到金代末期三帝，面对来自蒙古高原的强敌，虽然自身决策并无较大失误，但是"形势比人强"，局部可抵抗蒙军势力，全局上还是节节败退。宣宗畏敌如虎，蒙古大军兵临中都城下，竟然如徽、钦二帝一样相信术士可作法取胜，幸而蒙古大军议和妥协暂退。在重重压力之下，宣宗决定将首都从中都（今北京）迁南京（今河南开封）。哀宗继位后，被迫迁归德（今河南商丘），再迁蔡州（今河南汝南），最终在蔡州亡国。但是败亡之际，金哀宗还算是有英雄气概，自杀殉国，所谓"图存于亡，力尽乃毙"。

金朝历史一路走来，波澜壮阔，悲壮沉浮。在金、西夏、南宋的对峙当中，金朝基本占据上风，但是面对蒙古大军，也难逃溃败命运，自然让人更加唏嘘。如果想了解女真人百年历程，观察辽、宋、西夏、金四方五政权彼此角力的精彩斗法，自然要读"金朝往事"。与往事系列其他朝代撰写思路相同，孟浩然"人事有代谢，往来成古今"最能代表我们的心声。没有人，没有事，也就没有历史。见人，见事，方见历史。考虑到史料局限性，我们选择了五事来进行描绘，各书仍然是尽力做到文字流畅，线索清晰，分析准确精当，且可快速读完。希望读者朋友能和我们一起思考金朝，思考第二次南北朝的对峙之局，回首"金朝往事"。

女真初起，完颜部源于按出虎水，即今黑龙江哈尔滨东阿什河，女真语"金"即"按出虎"，传说由此得大金之名。无论是经济社会发展程度，还是军事装备技术，甚至是后勤财政支援，辽的实力都是远远高于女真。但是就是这样一支没有财政支援，没有后勤力量，只凭一个杰出头领，由不世出的英雄豪杰完颜阿骨打带领，一群白山黑水之间的精兵猛将，运筹帷幄，十余年间，吞辽灭宋，功勋卓著，伟业足以震古烁今。女真人如何兴起，不由得让人长思。故有《女真崛起：辽朝后方的强大部族》

吞辽灭宋：金朝建立初期的"壮举"

一部，探析辽朝后方如何生成了如此强大的部族且如何成长为辽之大患。

金人只用十余年征战，就俘虏天祚帝，歼灭立国二百年的辽朝。先与宋结成海上之盟，但是在战争中发现宋军实力不济，军纪不整，指挥失灵，逐渐起了觊觎之心。正好宋方投机取巧，多次违反盟约，给了金军借口。1125年，金军西路军由云中（今山西大同）攻太原，东路军由平州（今河北卢龙）攻燕京（今北京）。东路军长驱直入，宋军将领郭药师投降，转而带领东路军绕过保州（今河北保定）等有重兵把守的军事关隘，直奔开封而来，兵临城下。东京城内，举措失当，最终二帝北狩，北宋灭亡。故有《吞辽灭宋：金朝建立初期的"壮举"》一部，详细解说金军军事路线、进攻谋略、征战经过，足为鉴戒。

金朝与南宋之间，常有征战，也常有议和，每一次金朝都能得到超额利益。自绍兴和议之后，双方息兵20余年。到1161年，海陵王完颜亮征集60万大军，号称百万雄师，兵分四路，企图饮马长江，一统天下。这一年是正隆六年，史称"正隆南伐"。南宋朝廷上下，再次惊慌失措，不知道如何应对。宋高宗仍然想先行逃跑，令人不齿。恰在此时，一位智勇双全的文官虞允文视察前线，主动承担了防务指挥工作，虽然仓促迎敌，但是组织得法，赢得大胜。完颜亮败退扬州，仍想一鼓作气，攻克临安，再回师消灭发动政变的完颜雍。不过军情骚动，完颜亮被杀，大军

总序　金朝：自树唐宋之间

北返。故有《正隆南伐：图治之君的"疯狂"选择》一部，梳理海陵王南征败亡历程，介绍完颜雍东京政变经历，双线索理解世宗上台的全过程。

完颜雍政变上台，开启了金朝全盛之时，消除了熙宗造成的混乱局面，金朝国力得到全面恢复。世宗将治国重点转入文治，与民休息，整顿吏治，提出各种文教措施，制定礼法，推动文学发展。"不折腾"在任何时代，都是发展民生的好办法，于是出现了社会稳定，百姓基本能安居乐业的新状态。世宗推崇孝道，模仿汉地治国办法，减少对外征伐，保境安民，和安邻国。章宗继位，继续推广以文治国，扩大科举，制定国家礼乐制度。而且取得了反击开禧北伐的成功，重开和议，宣告金朝是天下共主，威望在东北亚达到了顶峰。故有《世章之治：盛世下的危机》一部，详细介绍两位皇帝统治时期，如何追求文治并取得成功的过程。

盛世之后，就是败亡，此为恒久不变的历史规律。到卫绍王和金宣宗时期，虽然帝王昏庸无能，统治腐败，但也看不出有什么重大的过格之举。但是两位帝王如宋钦宗一样倒霉，无论怎么做，都难逃失败命运。全新外部力量，蒙古势力已然在草原崛起。面对再次新兴的北方势力，曾经雄霸北方的女真人在衰落。对蒙古铁骑，女真人几无还手之力。内忧外患加剧了金朝衰败，哀宗虽然积极抵抗蒙古进攻，却无力回天，金朝在蒙古和南宋联合夹击下灭亡。故有《金朝覆灭：北宋悲剧的重演》一部，详细

吞辽灭宋：金朝建立初期的"壮举"

介绍金朝灭亡历史，思考金朝灭亡原因。

以上就是"金朝往事"总体设计。与其他往事系列一样，再抄写我们的基本设想：希望以明晰框架，建设具有整体感的书系。既有主线，又可分立；既有清晰流畅的语言，足够的事实信息，也有核心脉络可以掌握。提供给读者既不烧脑，又不低俗的"讲史"，以学术为基础，但又不是满满脚注的学究文。专业学者用相对轻松的笔调来记录和阐释，提供不一样的阅读感受。这个目标做到与否还很难说，但是我们正在向此努力。我们6人用一年多时光，共同打造的5部小书，请读者诸君阅后评判！

感谢陈俊达（吉林大学）、刘晓飞（辽宁师范大学）、齐伟（辽宁大学）、武文君（吉林大学）、张宝坤（内蒙古大学）等辽金史学界青年翘楚（以上按姓名音序）接受我的邀请，参与撰写"金朝往事"。感谢辽宁人民出版社蔡伟编辑及其所带领编辑团队，细致加以审校，使本书能与"唐朝往事""宋朝往事"以同样优美状态呈现出来。

现在，亲爱的读者，请您展卷领略金朝往事，我们一起思考金源文化与中华文化，探索女真人融入中华民族，长期交往交流交融的历史走向！

耿元骊

2025年5月18日于金之南京开封府

目录

总　序　金朝：自树唐宋之间　　001

引　言　　001

第一章　"五个翁翁四百岁，南面北面顿瞌睡"　　006
　　一、辽末统治腐朽与女真起兵　　007
　　二、辽朝外强中干的东北边防　　018
　　三、金朝建国，女真横扫千军　　033
　　四、自大短视的天祚帝与册封闹剧　　047

第二章　"君王莫听捐燕议，一寸山河一寸金"　　065
　　一、海上来客与金宋联合灭辽动议的提出　　066
　　二、燕云交涉与"海上之盟"　　083
　　三、宋军孱弱，金人始有轻宋之意　　101

第三章 "后人收得休欢喜，更有收人在后头" 119

    一、辽朝灭亡，金朝对宋政策的改变 120

    二、"东朝廷"与"西朝廷"：金军第一次攻宋 131

    三、徽宗内禅，城下之盟 141

第四章 "圣贤文字初何罪，群小盈庭事可悲" 156

    一、疮好忘痛的宋朝君臣 157

    二、喋血太原城 168

    三、金军第二次攻宋 184

    四、徽钦北狩，北宋灭亡 196

目 录

第五章 "暖风熏得游人醉,直把杭州作汴州" … 208
  一、伪楚张邦昌与宋高宗赵构 … 209
  二、追击赵构,入海三百里 … 220
  三、"以和议佐攻战,以僭逆诱叛党" … 234
  四、激战川陕,临安偏安 … 247

第六章 "靖康耻,犹未雪" … 257
  一、绍兴四年,攻守易势 … 259
  二、太宗去世,熙宗调整对宋政策 … 267
  三、将欲取之,必先与之? … 278
  四、"一纸盟书换战尘,万方呼舞却沾巾" … 291

余 话 中华民族交往交流交融中的"和"与"战" … 310

后 记 … 319

引 言

10—13世纪的东亚正处在一个大变革的时代。公元907年唐王朝崩溃,在唐王朝的废墟上,先后出现多个地方政权,如五代十国及辽、宋、西夏、金、西辽、喀喇汗、大理等。其中辽与北宋、金与南宋,又构成中国历史上的第二次南北朝,同时也是东亚南北秩序的核心。

公元907年,唐朝灭亡的同一年,耶律阿保机即可汗位。916年,耶律阿保机称帝,国号契丹(太宗时改称"辽"。辽朝国号几经变换,为行文方便,本书统称"辽"),建元神册,是为

吞辽灭宋：金朝建立初期的"壮举"

辽太祖。辽朝建国后，征服诸部，南下中原，于天显元年（926）灭"世仇"渤海国，将势力扩展到日本海与鄂霍次克海沿岸。辽太宗耶律德光时期，通过册立石敬瑭建立后晋政权，将幽云十六州纳入辽朝统辖范围内。此后，虽后周世宗柴荣收复十六州中的瀛、莫二州，宋太宗曾于太平兴国四年（辽景宗乾亨元年，979）借灭北汉余威一度攻至幽州（辽南京，今北京）城下，并于雍熙三年（辽圣宗统和四年，986）再次大举伐辽，但宋太宗的两次北伐皆以失败告终。相反，辽朝于辽圣宗统和二十二年（宋真宗景德元年，1004）兵临宋澶州（今河南濮阳）城下，兵锋直指开封，迫使北宋签订"澶渊之盟"，约定宋朝与辽朝为"兄弟之国"，宋辽皇帝间的关系，根据年龄和辈分推算，北宋每年给辽朝交纳助军旅之费（岁币）绢20万匹、银10万两（辽兴宗重熙年间，又增至银20万两、绢30万匹）。契丹从最初作为唐王朝管辖下的边疆民族，到册立后晋为藩属，再到南下灭晋、入主中原，再到册立北汉，再到成为与北宋并峙的"北朝"，南北对峙的均势局面最终形成。从此，辽宋和平相处直至北宋末年。1125年，辽朝为新兴的金朝所灭，共传太祖、太宗、世宗、穆宗、景宗、圣宗、兴宗、道宗、天祚帝9帝。

宋朝建立晚于辽朝40余年。960年，赵匡胤在陈桥驿发动兵变，建立宋朝，建元建隆，定都东京开封府，是为宋太祖。依照"先南后北、先易后难"的战略决策，开始统一全国的进程，最终结束了自唐朝安史之乱以来的藩镇割据与五代十国的分裂局面。北宋自赵匡胤后历太宗、真宗、仁宗、英宗、神宗、哲宗、徽宗、钦宗8帝，至宋钦宗靖康二年（1127），金军攻克开封，俘虏宋徽宗与宋钦宗。同年，徽宗赵佶第九子、钦宗赵桓之弟康王赵构在陪都南京应天府（今河南商丘南）即皇帝位，改元建炎，是为宋高宗，后迁都临安（今浙江杭州）。因开封位于杭州之北，习惯上将赵匡胤建都开封者称为北宋，而将赵构所建称为南宋。南宋历高宗、孝宗、光宗、宁宗、理宗、度宗、恭帝、端宗、帝昺9帝，1279年为元朝所灭。

本书所要探讨的，正是女真人建立的金朝相继灭亡辽朝与北宋的过程及原因。辽天祚帝天庆五年（宋徽宗政和五年，1115），辽朝境内的边疆民族女真首领完颜阿骨打称帝建国，国号金，年号收国，是为金太祖。金朝于1125年与1127年相继灭亡辽与北宋。1141年（金皇统元年，南宋绍兴十一年），金朝与南宋签订"绍兴和议"，南宋向金称臣，南宋皇帝必须由金朝皇帝册封，上至皇帝，下至普通百姓，"世世子孙，谨守臣节"。宋金之间以淮河至大散关一线为界，相较于辽朝，金朝势力进一步向南拓展。

吞辽灭宋：金朝建立初期的"壮举"

南宋每年向金朝进贡银 25 万两、绢 25 万匹，称"岁贡"。虽然此后南宋通过 1164 年的"隆兴和议"与 1208 年的"嘉定和议"，将金宋的"君臣之国"改变为"叔侄之国"或"伯侄之国"，但双方的地位仍是不平等的。宋朝皇帝不论年龄与辈分大小，要无条件向金朝皇帝称"叔"或"伯"，宋朝皇帝仍需起立接受金朝的"国书"，宋朝每年还要向金朝交纳大量的"岁币"，等等，宋朝的地位始终低于金朝。直到 1234 年，金朝为新兴的蒙古所灭，历太祖、太宗、熙宗、海陵王、世宗、章宗、卫绍王、宣宗、哀宗 9 帝。

那么问题来了，缘何女真人建立的金朝仅用 10 余年的时间便灭亡了远较自身强大的辽与北宋？辽、宋作为当时东亚南北秩序的中心，在政治、军事、经济等方面皆取得不可小觑的成就。史学大师陈寅恪先生曾指出："华夏民族之文化，历数千载之演进，造极于赵宋之世。"邓广铭先生认为："两宋时期的物质文明和精神文明所达到的高度，在整个封建社会历史时期之内，可以说是空前绝后的。"辽朝的文化、科技发展水平虽逊于宋朝，但同样是具有国际影响力的大国。时至今日，俄罗斯、伊朗等国，称我国为 Китай，即源于契丹辽王朝或西辽（喀剌契丹）。同样，英文、德文诗歌或书名中，称我国为 Cathay，意为"古代

引　言

北中国",也是契丹的转译。可以说,当时世界上最先进的两个国家,在 10 余年的时间里,为辽王朝管辖下实力弱小的边疆民族所灭。女真人缘何以少胜多、以弱胜强?辽朝与北宋的民族政策与御边措施出现哪些错误?凡此种种,值得后人反思。本书的讲述,正是基于这些问题展开的。

第一章

"五个翁翁四百岁,南面北面顿瞌睡"

五个翁翁四百岁,南面北面顿瞌睡。自己精神管不得,有甚心情管女真。

一首无名氏的《国人谚》(《契丹国志》中称作《翁翁歌》),道出辽末君臣的昏庸无能。此民谣创作于辽天祚帝天庆五年(1115),是时女真首领完颜阿骨打称帝建国,不仅辽朝数次征讨均以失败告终,甚至天祚帝率军亲征亦以惨败收场。面对辽朝的内忧外患,天祚帝召集耶律大悲奴、萧查剌、马人望、柴谊、吴庸等重臣参议军国大事。然而辽朝此时早已行将就木,皇帝耽溺

第一章 "五个翁翁四百岁，南面北面顿瞌睡"

声色犬马，统治集团尸位素餐、误国误民，军国大事无人问津，辽朝灭亡只是时间问题。

一、辽末统治腐朽与女真起兵

辽朝自耶律阿保机于公元907年即可汗位，916年称帝建国，历经太祖、太宗、世宗、穆宗、景宗、圣宗、兴宗诸帝，在辽道宗耶律洪基继位后，迅速走向腐朽衰落。道宗朝，先后出现萧阿剌与萧革之政争、重元之乱、耶律乙辛专权等统治集团内部争权夺利的斗争。伴随着辽朝政治走向黑暗，甚至出现耶律乙辛为扫清专擅朝政障碍，诬告道宗懿德皇后与伶官赵惟一私通、太子耶律濬谋反，并最终导致二人被诬赐死的辽朝历史上最大冤案。辽朝自道宗朝开始，吏治败坏，官员贪污成风，对百姓的盘剥不断加重，贫富差距日渐分化。为反抗辽朝的横征暴敛，道宗朝先后爆发了州县地区的杨从起义、游牧地区的阻卜反辽运动，虽然最终被辽朝平定，但在镇压反抗的过程中辽朝损失惨重，极大消耗了人力、物力、财力，元气大伤，统治基础被动摇，社会危机进一步加剧。

寿昌七年（1101）正月，辽道宗病逝于混同江行宫，其孙耶

吞辽灭宋：金朝建立初期的"壮举"

律延禧奉遗诏继承皇位，群臣上尊号曰"天祚皇帝"。

天祚帝即位之初，摆出一副要有所作为的样子。一方面，"净化"官员队伍（"净化"二字缘何要打上引号，详见后文分解）。例如：以北府宰相萧兀纳为辽兴军节度使，加守太傅；以南府宰相耶律斡特剌兼南院枢密使；以北院枢密使耶律阿思加于越；以宋国王耶律和鲁斡为天下兵马大元帅，称皇太叔；以北平郡王耶律淳封郑王，又进封越国王，为东京留守等。另一方面，沉冤昭雪。天祚帝诏告天下："道宗朝被耶律乙辛一党所诬陷者，皆官复原职；籍没为奴隶者，立即恢复自由；流放边疆者，立即送还原籍。"同时下诏将耶律乙辛剖棺戮尸，尽诛其子孙。其党羽及后人徙流边疆，家属、奴婢皆赐予遭到耶律乙辛一党陷害者家属，以示补偿。当然，其中最重要的当属昭雪祖母及父亲耶律濬之冤案。追谥祖母懿德皇后为宣懿皇后，追谥耶律濬为大孝顺圣皇帝，庙号顺宗。

看似匡正乾坤、昭雪冤狱的背后，仍逃不出辽朝政治的腐朽黑暗。天祚帝命耶律阿思和同知北院枢密使萧德里底等审理耶律乙辛余党一案，然而耶律乙辛党羽中的耶律塔不也、萧达古之等骨干却通过向耶律阿思、萧得里底等人行贿，成功逃脱法律制裁。由此可见，所谓天祚帝"净化"官员队伍，在辽末贪污成风

第一章 "五个翁翁四百岁,南面北面顿瞌睡"

的背景下,只是镜花水月罢了。

不仅官员队伍的腐败相较道宗时期有过之而无不及,天祚帝本身更是青出于蓝而胜于蓝。对于天祚帝而言,昭雪冤狱更多只是为了证明其继位的合法性,而严惩耶律乙辛及其党羽,更多是为了报复其曾试图谋害自己。于是天祚帝在稳定统治后,立即卸下伪装,重用奸佞小人,拒绝臣下谏言,赏罚无章,文过饰非。生活上穷奢极侈,沉迷游猎;朝政上不理政事,纲纪废弛,或通过严刑峻法镇压民众反抗,或通过佛教活动来麻痹群众,使其安于现状。

至此,辽朝政治黑暗已日臻极点,内部向心力、凝聚力趋于瓦解,辽朝统治已处于摇摇欲坠的境地,而女真人作为压倒骆驼的最后一根稻草,就是在这样的历史背景下起兵反辽的。

女真,主要由先秦时期的肃慎发展而来,两汉时期肃慎被称为挹娄,南北朝时期被称为勿吉,隋唐时期被称为靺鞨。隋唐时期的靺鞨分成许多部,其中以粟末靺鞨和黑水靺鞨两部最为强大。粟末靺鞨在唐朝时曾建立号称"海东盛国"的渤海政权,唐朝于粟末靺鞨地区置忽汗州都督府,渤海王兼任忽汗州都督,接受唐朝统辖。渤海国自武则天圣历元年(698)建立,至辽太祖耶律阿保机天显元年(926)为契丹所灭,存在长达228年。黑

吞辽灭宋：金朝建立初期的"壮举"

水靺鞨则世居"白山（长白山）黑水（黑龙江）"之地，唐朝置黑水都督府加以统辖，五代时改称女真。辽灭渤海国后，女真各部在辽朝强大的军事压力下，纷纷归附辽朝。因辽朝第七任皇帝兴宗名宗真，为避讳，改称女真为"女直"，文献中又讹为"女质"等。

女真人归附辽朝后，契丹统治者为防止女真势力聚集，尾大难治，威胁辽朝边防，于是采取"分而治之"的策略，将女真中的强宗大姓数千户迁徙至辽阳（今辽宁辽阳）以南，编入辽朝户籍，直接进行管辖。此部分"系辽籍"女真人，或邻近契丹和汉人地区，或与契丹、汉人杂居，在生产和生活上逐渐接受契丹文化和汉文化，被称为"熟女真"，也称"曷苏馆女真"。

留居长白山、黑龙江之地的女真人，未被编入辽朝户籍，自由生长于白山黑水之间，保持女真本民族的风俗习惯与氏族制度，被称为"生女真"。生女真在10世纪前后分作72部，每部有千户至数千户不等，散居于河流沿岸或山谷之中，每部各自推举雄豪为酋长。生女真擅长骑射，以采集、渔猎和粗放的农业生产为生，主要畜养马、牛、羊等，尤擅养猪。

生女真在发展过程中，深受契丹贵族的奴役与压迫。据史书记载，女真人生活的地区，"土产名马、生金、大珠、人参及蜜

第一章 "五个翁翁四百岁，南面北面顿瞌睡"

蜡、细布、松实、白附子"等，"禽有鹰、鹘、海东青，兽多牛羊、麋鹿、野狗、白兔、青鼠、貂鼠，花果有白芍药、西瓜，海多大鱼、螃蟹"。这些土特产品深受辽朝皇帝与贵族喜爱。辽朝在邻近生女真居住区的东北边防重镇宁江州等地设置榷场，生女真以其土特产品前往榷场交换生活必需品。然而辽朝名义上是与女真展开平等交易，但在实际运作中，辽朝贵族、地方官员和商人多低价强买强卖。至辽朝道宗、天祚帝时期，更是发展为强取豪夺、横加勒索，稍不如意便对女真人百般凌辱。如果女真人不服，便直接对女真人进行拘役。辽朝将此行为称为"打女真"，足见朝廷、官府对此事心照不宣。起初对女真人的欺压主要是地方行为，如辽朝军政要员（如东京留守、黄龙府尹等）到任后，女真人必须送礼朝贺，朝廷则睁一只眼闭一只眼，持纵容态度。天祚帝即位后，契丹贵族对女真人的压榨和勒索愈加变本加厉，上至辽朝皇帝，下至地方官员，无一例外地全部加入到欺压女真人的行列之中。

在此之前，女真人在每年元旦和辽朝皇帝生辰时需将土特产品进献给辽朝，重五、冬至等重要节日亦需向辽朝皇帝和大臣进贡。至天祚帝时期，贡物变得愈加常态化，辽朝近乎无时无刻不要求女真人进奉契丹贵族所需，其中尤以北珠和海东青需求量最

吞辽灭宋：金朝建立初期的"壮举"

大，女真人已难以承受。

据史书记载，含有北珠的珠蚌只有在农历十月方能入水采取。十月的东北地区，天寒地冻，女真人需要凿冰入水才能采到珠蚌，常有女真人因此被冻病、被淹死甚至活活被冻死在水中。海东青不仅是契丹贵族用以捕猎游玩不可或缺的助手，还是尊贵身份的象征，故辽朝贵族都想得到海东青。海东青是一种猎鹰，主要产自女真五国部东接大海的海东地区，以青鹘最佳，所以称为"海东青"。由于海东青产地偏远，契丹人自己无法获取，于是便不断向女真人索取。而女真人捕获海东青需要经过五国部等地区，常常与五国部产生冲突，甚至通过战争方能取得。但辽朝贵族压根对女真人历经千辛万苦冒死获得海东青的过程不以为意，反而不断增加女真人进贡海东青的数量。女真人在捕获海东青后，还需要历经艰难险阻才能将海东青送至辽朝贵族手中，进贡海东青的路线被称为"鹰路"，辽朝严令女真人必须严加保护鹰路，确保其畅通无阻，进而保证进贡的海东青的数量、质量并准时送达，任何一步出现差错，女真人都会受到惩罚。

然而即便如此，天祚帝仍觉得不够。天祚帝沉迷游猎已经到了近乎病态的地步，每日沉溺于声色犬马之中。为进一步加大对女真人的压榨，天祚帝频繁派遣使者，号称天使，因出使时皆佩

第一章 "五个翁翁四百岁，南面北面顿瞌睡"

戴辽朝皇帝颁发的银牌为凭信，故被称作"银牌天使"，直接前往女真地区强取豪夺。这些银牌天使到了女真地区，仗着有辽朝皇帝撑腰，无恶不作，不仅肆意勒索土特产品，还任意欺辱女真人。

据出使金朝的宋人洪皓撰写的《松漠纪闻》记载，银牌天使到达女真地区后，除强迫索取海东青、敲诈财物这些常规操作外，还要求女真人每天都必须献上一名美女陪同过夜。最初女真人以中下户尚未出嫁的女子陪同，但由于银牌天使的数量愈加增多，后来只要是被这些所谓的"天使"看中的女真女性，无论其出嫁与否，也不管其门第高低，无一例外皆惨遭毒手。辽朝的这些做法，激起女真人民无比的愤恨和强烈的反抗，在面对辽朝这一"他者"的过程中，女真人逐步萌生了反抗辽朝贵族残暴统治、欺辱压迫的念头。

与此同时，女真地区生产力发展水平亦有着显著提升。大约在10世纪中叶以后，生女真完颜部在首领绥可领导下，开始建造屋宇，定居在按出虎水（今黑龙江阿什河）一带，从事农业生产，种植五谷，并逐渐掌握烧炭冶铁技术。不仅逐渐转向定居生活，还打破了辽朝为防止女真人兴起，严格限制铁器等战略物资出口的封锁。至11世纪中叶乌古乃成为完颜部首领后，完颜部

吞辽灭宋：金朝建立初期的"壮举"

已能够制造铁犁和兵器。铁器的自制不仅极大促进了生产力的发展，同时增强了武装力量，使得完颜部初具整合生女真其他诸部的军事实力。随着女真完颜部的强大，生女真逐渐形成以完颜部为核心的部落联盟，乌古乃被推举为部落联盟首领。辽朝则为羁縻女真部族，于道宗咸雍八年（1072）授予乌古乃"生女真部族节度使"称号。乌古乃生于辽圣宗太平元年（1021），逝世于道宗咸雍十年（1074），从这时起，女真人的历史正式拥有准确的时间坐标，乌古乃成为女真完颜部历史上承前启后的关键人物。

乌古乃去世后，其子劾里钵、颇剌淑、盈哥兄终弟及，相继成为完颜部首领。盈哥逝世后，劾里钵的长子乌雅束继位。天庆三年（1113），乌雅束去世，其弟阿骨打继位。作为女真杰出领袖，完颜阿骨打（1068—1123）继任完颜部首领后，逐步完成女真各部的统一，据有东临日本海、南抵朝鲜半岛东北部、北至黑龙江下游一带的广大地区。辽朝的残酷剥削与压迫已对女真社会发展构成严重阻碍，而完颜部此时"富庶有余，兵强马壮"，已经初步具备反辽条件。女真兴兵，只差一个契机，而这个机会很快就被完颜阿骨打敏锐地捕捉到了。

天庆四年（1114）六月，阿骨打派遣习古乃、完颜银术可前往辽朝，探听辽廷内部虚实。习古乃、银术可经过认真踏查，探

第一章 "五个翁翁四百岁，南面北面顿瞌睡"

知天祚帝"骄肆废弛"的实际情况。二人向阿骨打汇报："天祚帝不理朝政，每日只知道游玩打猎，百姓十分不满，辽朝已经出现分崩离析的趋势。"阿骨打听后，愈加坚定反辽决心，遂召集众将，命其加紧锻造兵器，筑堡屯粮，随时做好起兵准备。

辽朝边将注意到女真人的异动，立即上报朝廷，天祚帝不以为意，认为蕞尔女真岂能是大辽的对手。但为了以防万一，还是下令将浑河以北的部队调入东北路统军司，借以增强防御女真的军事力量。同时命令东北路统军使萧兀纳（一名萧挞不也）具体负责军队调动与部署防御工作，构筑以宁江州（今吉林松原伯都讷古城）为中心的一线防御阵地。

为获悉辽朝军队的驻防情况，阿骨打派遣仆聒剌出使辽朝，但仆聒剌被辽军的往来调动迷惑，回来向阿骨打复命道："辽朝大军云集，难以统计究竟有多少人。"阿骨打听后很是吃惊，不相信辽朝能在如此短的时间内集结这么多的兵马，于是又派胡沙保出使辽朝，再探虚实。胡沙保没有被辽朝来来往往的军队迷惑，返回后汇报："辽朝正在调兵，但尚未集结完毕，目前宁江州一带只有四院统军司与宁江州驻军以及已经抵达的渤海军800人。"阿骨打听闻，眉头舒展，说道："果不出我所料，辽军那些只知道吃喝玩乐的公子哥，怎么可能这么快就完成集结！"胡沙

吞辽灭宋：金朝建立初期的"壮举"

保听后，急忙补充道："但是现在我们要起兵反辽的事，辽朝境内尽人皆知。我见到辽朝统军使后，萧兀纳半开玩笑地说：'大家都说你们要造反，所以我们正在调兵进行防备。'我在路上遇见渤海军，那些渤海人也笑着对我说：'听说女真要造反，说的就是你们这些人吧？'所以我认为，起义之事不能再拖了，待到冬天来临，河面上冻之后，届时辽军全部集结完毕，渡河大举进攻，我们必将难以抵挡。我们必须要赶在他们集结完成之前率先出击，打辽军一个措手不及，方可获得成功。"

阿骨打深表赞同，在得到众将士与靖宣皇后（颇剌淑之妻蒲察氏，阿骨打的婶母）的一致同意后，便按照女真传统风俗习惯，举觞东向，祷于皇天后土，告以起兵伐辽之事，希望得到老天爷的庇佑。随后，阿骨打将起兵反辽的具体细节一一部署，令众将各自返回部落，联络部众，整理兵器，准备粮草，约定九月誓师起兵。

天庆四年（1114）九月的一天，阿骨打聚集女真诸部兵马2500余人，在涞流水（今吉林省松原市得胜镇境内拉林河）河畔举行盛大的反辽誓师大会。阿骨打率众敬祭天地后，慷慨激昂地对众人说道："我们女真人世世代代侍奉辽朝，每年都按照要求恭恭敬敬地向其进贡，帮助辽朝平定乌春、窝谋罕的叛乱，打败

第一章 "五个翁翁四百岁，南面北面顿瞌睡"

萧海里的叛军，为大辽立下汗马功劳。可契丹人不但不将我们的功劳当回事，反而对我们的侵侮变本加厉。背叛我们女真人的罪人阿疏逃往辽朝，我们屡次请求归还，可他们都置之不理。契丹人不仁，我们只能起兵问罪，希望天地明察，保佑我们正义的一方获得胜利！"

客观来说，正如前文已述，阿骨打起兵檄文所言契丹贵族对女真人的欺辱是真，其他内容中，"破萧海里之众"勉强可以算得上对辽朝有功，因为萧海里于天祚帝乾统二年（1102）聚众叛乱，连续攻占乾州、显州等数州之地（今辽宁北镇一带），虽然女真首领盈哥假借平定萧海里叛乱为由，公开招兵买马，发展本部力量，但毕竟最后是完颜阿骨打将萧海里斩于马下。而"定乌春、窝谋罕之乱"与"阿疏事件"则不过是反辽的借口而已，二者本质上是完颜部统一女真各部进程中的插曲。

阿骨打慷慨激昂地控诉辽朝统治者"有功不省，而侵侮是加"的种种罪行后，又与众将士对天盟誓，许下起兵反辽，有福同享，有祸同当的誓言。待到大事竟成之日，约定再次回到这涞流水畔，醑酒而祭，并以"得胜"命名此地。虽然阿骨打病逝于灭辽途中，曾经追随阿骨打的战友亦一个个倒在南征北战的过程中，他们终究未能再次相聚在这"得胜"之地。但阿骨打的孙子，史称"小尧舜"的金世宗完颜雍，兑现了先祖的誓言，在涞流水河畔（今吉林省松原市得胜镇石碑崴子屯）建立大金得胜陀颂碑，以纪念阿骨打起兵反辽建立大金国的丰功伟绩，供后人追思和怀念，不过这已经是70余年以后的事了。

回到当下，众人闻听阿骨打的演说，群情激昂，纷纷表示必当勠力同心，奋勇杀敌，誓死不归。至此，一场声势浩大的女真人反辽斗争正式拉开帷幕……

二、辽朝外强中干的东北边防

关于女真迅速崛起的原因，前贤有多种看法，或称赞完颜阿骨打统军有方，采取了正确的军事策略；或赞扬女真军队以一当十，英勇善战，无坚不摧。但如果仅将女真反辽斗争胜利归结为女真领袖或杰出人物的卓越贡献，则不免掩盖了纷繁复杂的真实历史情形。女真得以在短时间内迅速崛起，并"横扫千军如卷席"，其中的重要原因之一便是辽朝看似铜墙铁壁、坚不可摧，实则外强中干的东北边疆防御。

元朝史臣在《辽史·百官志》"北面边防官"条中，称赞辽朝居四战之区：东与王氏高丽接壤，南与后梁、后唐、后晋、后

第一章 "五个翁翁四百岁，南面北面顿瞌睡"

汉、后周、北宋六代为劲敌，北邻阻卜、术不姑，西部还需制御西夏。而辽朝虎踞其间，周边政权、民族莫敢侵扰，元朝史臣盛赞辽朝采取了正确的边防之"术"。

辽朝军事区划体系可以分为高、中、低三个层级，至辽末，辽朝共存在11处高级军事区划，即史料中及当代学人所称"军事路"。长官为招讨使、留守、都统军使，或留守兼任的都元帅、都总管、都部署等。分别为上京留守辖区"上京路"、中京留守辖区"中京路"、东京兵马都部署（东京留守兼任）辖区"东京路"、南京都元帅（南京留守兼任）辖区"南京路"、西京兵马都部署（西京留守兼任）辖区"西京路"、西北路招讨司辖区"西北路"、西南面招讨司辖区"西南面"、东北路统军司辖区"东北路"、兴中府尹辖区"辽西路"、黄龙府兵马都部署辖区"黄龙府路"、辽兴军节度使辖区"平州路"。从防卫对象上看，上述高级军事区划中的"南京路"与"平州路"，其主要职能为备御北宋；"西京路"负责防御西夏；"东京路""东北路""黄龙府路"负责防备女真、高丽；"西北路""西南面"负责备御阻卜、鞑靼诸部。"上京路""中京路""辽西路"则因地处辽朝内地，无边疆防御之责，军事职能侧重于维护地方治安，故被学人称为"治安区"。

辽代中级军事区划，即高级军事区划的分支机构辖区或因事

吞辽灭宋：金朝建立初期的"壮举"

设置，长官为统军使、兵马使等，其中最具代表性的便是"东京路"下辖诸中级军事区划。前文已述，女真人归附辽朝后，被迁往辽阳（今辽宁辽阳）以南，编入辽朝户籍者，称为"系辽籍"女真或"熟女真"；留居原居住地者被称为"生女真"。此外还有散居二者分布区之间的"非生非熟"女真。辽圣宗即位后，由于高级军事区划"东京路"所辖防御范围过于广阔，为有针对性地防备女真侵扰，在"东京路"辖境内先后设置东北路详稳司、黄龙府都部署司、北女真兵马司、南女真汤河司（又称汤河详稳司）等四处中级军事区划机构，负责特定军事目标的震慑与防御任务。其中东北路详稳司辖区东至混同江（今松花江）流域，西跨金山（今大兴安岭），职责为镇抚生女真诸部。黄龙府都部署司旨在强化对兀惹、铁骊与女真蒲卢毛朵、五国等部的管控，并负责东京辽阳府以北防务。北女真兵马司亦称咸州路兵马详稳司，负责管理咸州以东、松花江以南的"非生非熟"女真。南女真汤河司负责辽阳府以南防务，并管辖辽阳府以南至辽东半岛的熟女真。后东北路详稳司更名为东北路统军司，辖区升格为高级军事区划"东北路"；黄龙府都部署司辖区亦升格为"黄龙府路"。由此可见二者在辽朝东北边防中的重要地位。辽代其他中级军事区划还包括控扼高丽的保州统军司、镇抚乌古敌烈诸部的

第一章 "五个翁翁四百岁，南面北面顿瞌睡"

乌古敌烈统军司等。

低级军事区划即节镇，长官为节度使。辽朝节镇体制上承晚唐五代，节度使下辖军队，拥有统兵权与指挥权。节镇内设置的军队分为衙军与州军两类。衙军为节度使招募来的雇佣军，州军则为通过兵役征调来的乡兵。衙军由衙内都指挥使、指挥使负责管理，州军由马步军都指挥使等负责管理。和平时期，衙军与乡兵共同维护地方治安。战时，衙军为作战部队，负责城防事宜，乡兵负责后勤辎重等事务。辽代节镇自成军区，遍布战略要地，其中辽兴军节度使辖区因其控扼海路的重要战略地位，至辽末，亦升为高级军事区划"平州路"。

辽朝构建的高、中、低三级军事区划体系为辽朝得以"雄长二百余年"做出重要贡献。以备御生女真为例，至辽末，形成以"东北路"为前沿、"黄龙府路"为纵深、"东京路"为依托的三处高级军事区划协同负责的战略态势。其中"东京路"中的北女真兵马司辖区，虽为中级军事区划，但涉及生女真与"非生非熟"女真事务时，亦参与对生女真的管理。

如天祚帝天庆初年，完颜部在阿骨打领导下加快统一女真各部进程，但"非生非熟"女真部赵三、阿鹘产等人对抗完颜部的统一活动，坚决不愿归附以完颜部为核心的女真大联盟。阿骨打十分生气，为树立权威，于是将赵三和阿鹘产的家属进行扣押。赵三、阿鹘产见状，前往北女真兵马司治所咸州（今辽宁开原），状告阿骨打羁押自身家眷，希望直属部门严厉惩罚阿骨打的所作所为。由于负责"非生非熟"女真事务的北女真兵马司为"东京路"的分支机构，而负责生女真事务的"东北路"在军事层级上与"东京路"平行，北女真兵马司无权处置生女真事宜，故北女真兵马司将赵三、阿鹘产移送辽朝最高军事机构——北枢密院，希望由北枢密院出面，协调"东京路"与"东北路"，共同处置生女真与"非生非熟"女真争端问题。

然而，此时辽朝北院枢密使为萧奉先，一个只醉心于争权夺利，为满足自身私欲，而置国家利益于不顾的人。论在辽朝覆亡过程中所作的"贡献"，萧奉先绝不亚于耶律乙辛。萧奉先收到报告后，压根没有将蠡尔女真放在心上，不仅未协调"东京路"与"东北路"处理，反而直接将赵三和阿鹘产送回咸州，令北女真兵马司酌情处置。北女真兵马司无奈，只得派遣使者召唤阿骨打前往咸州与赵三、阿鹘产对质。由于北女真兵马司无权处置生女真事宜，故阿骨打对兵马司的多次传唤不屑一顾，始终未予前往。

直到天庆三年（1113）年初，阿骨打为一探辽朝北女真兵马

第一章 "五个翁翁四百岁，南面北面顿瞌睡"

司军事力量虚实，于是率领500名女真骑兵突然出现在咸州城下。面对长驱直入，如神兵天降般的女真骑兵，咸州军民大惊失色。阿骨打来到北女真兵马司后，面对辽朝的武力威胁，始终没有屈服，坚持与赵三、阿鹘产的纷争是女真人的内部矛盾，与辽朝无关，辽朝无权干涉。面对阿骨打的强势态度，北女真兵马司官员萌生除掉阿骨打以绝后患的想法，于是借口等候辽朝方面调查处理，希望将阿骨打等人软禁在咸州城内。阿骨打预感到危险，当天夜间，率众冲出咸州城。回到驻地后，为继续麻痹辽朝廷，遣使向天祚帝诉苦，称北女真兵马司意图加害自己，故不敢停留。在此之后，虽然天祚帝及北女真兵马司官员多次召唤阿骨打前往咸州解决争端，但阿骨打心知辽朝已有意除掉自己，便谎称身体不适，不再赴约。阿骨打咸州之行，连续穿越"东北路"与"黄龙府路"辖境，却能进退自如、安然无恙，辽朝看似铜墙铁壁，实则外强中干的东北边防之不足暴露无遗。

天庆四年（1114）九月，阿骨打在涞流水得胜陀之地誓师后，以完颜宗翰、完颜希尹为谋主，以银术可、娄室、阇母、宗干、宗雄等人为将帅，与撒改分路进攻宁江州（今吉林松原宁江区伯都讷古城）。

宁江州作为控扼女真的前哨阵地，辽朝在此部署了由宁江州

吞辽灭宋：金朝建立初期的"壮举"

及周围各卫城、堡、寨组成的"宁江州防御圈"，除文献记载外，亦已得到考古学证实。宁江州即今伯都讷古城，各卫城、堡、寨对应方圆20公里内分布的土城子古城、新安古城、杨家古城、班德古城、小城子古城等诸多古城遗址。值得注意的是，虽然阿骨打起兵时，女真总兵力仅有2500人，但辽朝部署在宁江州的驻军同样没有对女真人形成绝对的兵力优势。前文已述，阿骨打战前调查宁江州一带只有四院统军司与宁江州军以及渤海军800人。学者武文君研究辽代部族军制时指出，自唐末五代至金初，以"院"称呼营军、兵营是当时通例，"院"即"营"（营军）。四院统军司，即下辖4个营的兵力。虽然四院统军司下辖具体兵力不详，但我们参照高丽《大辽事迹》记载，辽朝保州统军司部署防御高丽的营军人数为：太子营正兵300，大营正兵600，蒲州营正兵200，新营正兵500，加陀营正兵300，王海城正兵300，柳白营正兵400，沃野营正兵1000。即便我们按照人数最多的一个营1000人计算，四个营也仅有4000人。宁江州军同样人数不详，对比黄龙府驻军5000人、咸州驻军1000人的数据，黄龙府作为辽朝大蕃府之一（大蕃府介于京府与节镇之间，另一处大蕃府为兴中府），驻军5000人；咸州为辽安东军节度使治所，节镇驻军1000人，宁江州为低于节镇一级的观察州，推测州军

第一章 "五个翁翁四百岁，南面北面顿瞌睡"

数仅百余人。由此可见，阿骨打起兵时，宁江州守军最多在 5000 人上下，与女真兵力对比约为 2：1。而各堡、寨中的守军仅 20 人，基本可以忽略不计。

阿骨打率军由唐括带斡甲之地（今吉林松原徐家店乡附近）进至扎只水（今吉林松原伯都讷东），派遣完颜宗干率领士兵填平辽朝为防御女真人所挖掘的界壕，随后大军直逼宁江州城下。由于辽军长期疏于训练，面对士气如虹的女真人，仅渤海军有一战之力，其余各部皆不堪一击。这场战役，辽将耶律谢十战死，士卒死伤无数，阿骨打取得反辽斗争的首场胜利。

辽朝东北路都统军使萧挞不也收到战报后，连忙派人骑上快马向天祚帝汇报。此时，天祚帝正在庆州（今内蒙古自治区巴林右旗西北）一带射猎，听闻阿骨打起兵，并未在意，只是派遣海州刺史高仙寿率领渤海兵 1000 余人前往增援。然而萧挞不也未能等到援军赶到。先是萧挞不也与女真军野战失利，紧接着女真军以迅雷不及掩耳之势攻占宁江州，辽朝守军战意全无，至天庆四年（1114）十月，号称固若金汤的宁江州防御圈全线瓦解，女真俘获辽朝防御使大药师奴、渤海人梁福、斡答剌等大小将领数十人，萧挞不也仓皇逃离战场。

阿骨打占据宁江州后，迅速安抚城中百姓。阿骨打深知女真

吞辽灭宋：金朝建立初期的"壮举"

兵力不足，一时大胜只是由于打辽朝一个措手不及，当务之急在于扩充兵力，以应对辽朝大军的反扑。阿骨打首先联合的对象便是渤海人，一方面是由于渤海人与女真同源，另一方面则是由于渤海国为契丹所灭，契丹之于渤海有灭国之仇。于是阿骨打令渤海人梁福、斡答剌等人招谕渤海人。阿骨打强调："女真人和渤海人皆为肃慎、靺鞨后裔，本就是一家人。女真人之所以起兵反辽，是因为辽朝贵族残暴，故替天行道，除暴安良，决不滥杀无辜。希望你们替我广为传达，愿渤海人与女真人一道，共同反抗辽朝暴政。"与此同时，阿骨打又派遣完颜娄室前往熟女真地区，招抚被纳入辽朝户籍的熟女真。

阿骨打通过一系列正确的安民及招抚措施，不仅有效巩固了新占领的宁江州及其周边地区，亦不断吸纳渤海人、熟女真及"非生非熟"女真人加入反辽阵营，军队由最初的2500人迅速扩充至3700人。为了强化对军队的组织领导，阿骨打对女真的猛安谋克组织进行改革与整顿。

据《金史·兵志》记载，在阿骨打改革之前，猛安谋克只是一种军事组织。统辖女真部众的首领称"孛堇"，战时则根据所率领军队的人数多少称"猛安""谋克"。猛安、谋克作为军事编制单位，其人数多少并不固定。粗略来说，大约率领百人者为谋

第一章　"五个翁翁四百岁，南面北面顿瞌睡"

克，率领千人者为猛安，故猛安亦被称作千夫长，谋克也被称作百夫长。宁江州大捷后，完颜阿骨打始定制以300户为一谋克，10谋克为一猛安，并规定猛安、谋克不仅管理所领部众的军事事务，行政事务亦由其管辖，将猛安谋克改革成为集军政统辖于一体的女真社会组织，为应对辽朝反扑并展开更大规模的军事进攻以及金朝建国创造有利条件。

回到辽朝方面，阿骨打攻取宁江州时，天祚帝正准备从庆州（今内蒙古自治区巴林右旗西北）前往显州（今辽宁北镇）冬猎，听到宁江州失守的消息，才稍稍意识到问题的严重性，于是取消冬猎计划，召集群臣商议对策。

在军事会议上，汉人行宫副都部署萧陶苏斡指出："女真虽地瘠人少，但其勇而善射。自从他们帮助我们诛杀萧海里后，势力不断扩张。而我大辽的军队则由于长期没有战事，缺乏军事训练，一旦遭遇强敌，难保不出现失利。一旦一败再败，届时诸部离心，再想聚拢士气就难了。为今之计，莫若倾全国之力，趁着女真势力尚未强大难制，毕其功于一役，同时起到杀鸡儆猴的效果。"

面对萧陶苏斡一针见血指出辽朝军政诸方面存在的问题，北院枢密使萧得里底却嗤之以鼻，不以为意。萧得里底提出："萧

吞辽灭宋：金朝建立初期的"壮举"

陶苏斡涨女真志气，灭我大辽威风，实属通敌叛国，请治其罪。我大辽兵强马壮，哪里需要动用全国的兵力去征讨区区女真，只需调集滑水（浑河）以北军队，便可轻松消灭叛军。"

昏庸如天祚帝自然无自知之明，压根未考虑现实形势，只是觉得萧得里底所言简单易行，便无视萧陶苏斡进言，以萧奉先之弟萧嗣先为行军都统，萧挞不也为副都统，调集契丹、奚军3000余人，中京禁兵及地方私兵3000余人，另选诸路武勇2000余人，进击女真。辽朝轻敌之心可见一斑。因为此时女真兵力亦已达3700人，辽军与女真兵力对比仍维持在2∶1左右。同时需要注意的是，萧得里底提出以浑河以北军队为主力消灭女真。浑河以北即辽东北路都统军司辖区（东北路），据《辽史》记载，"东北路"除宁江州混同军（宁江州军）外，还下辖长春州韶阳军、泰州德昌军二节镇驻军。部族军则包括突吕不室韦、涅剌拏古、伯斯鼻骨德、遥里、伯德、奥里、南剋、北剋、图卢、术者达鲁虢、河西、达马鼻骨德等。降宋辽人史愿将辽朝驻防模式概括为部族军与汉军"牙爪相制"。辽朝节镇、州军多用于城池守卫，非野战部队，萧嗣先下辖契丹、奚军3000余人应即突吕不室韦、涅剌拏古、伯斯鼻骨德等部族军。由此可见，面对来势汹汹的女真人，辽朝边防部队人数严重不足。可能是辽朝廷内有人

第一章 "五个翁翁四百岁,南面北面顿瞌睡"

意识到这个问题,也可能是萧奉先为保证其弟旗开得胜,立不世之功,故抽调中京禁军、地方武装等"汉军"5000余人,以中京诸路都虞候、安州防御史崔公义为都管押侍卫控鹤都指挥使,商州刺史邢颖为副指挥使。萧嗣先大军集结于鸭子河(今吉林月亮泡以东,黑龙江肇源以西嫩江之一段)北,屯驻于出河店(今黑龙江肇源西南,另说在今吉林扶余市境内)等地,计划待诸路军队集结完毕后,从鸭子河北岸直击对岸的女真军,试图一举消灭阿骨打。

阿骨打在得知辽军屯驻出河店后,当即决定亲自率军迎击。天庆四年(1114)十一月,阿骨打率军急行军连夜渡过鸭子河,辽军完全没有防备。然而由于女真军赶到鸭子河时已是黑夜,加之少数辽朝哨兵破坏岸边道路,至黎明时分,女真军只有约三分之一渡过鸭子河。阿骨打当机立断,丝毫不做停留,立即向辽军发起进攻。睡梦中的辽军一触即溃,女真军队乘胜追杀百余里,斩杀崔公义、邢颖、耶律佛留、萧葛十等辽将,俘获甲马4000余匹。阿骨打一直追击辽军至斡邻泺(今吉林松原查干湖)以东,辽军几乎全军覆没,缴获物资不计其数。

出河店之战,由于萧嗣先不战而溃,导致辽军惨败。枢密使萧奉先本想借此机会令其弟萧嗣先建立功勋,结果寸功未立,反而面临被诛杀的风险。于是萧奉先急忙向天祚帝上奏道："东征溃军害怕被惩罚，不敢回朝，到处劫掠，若不下诏赦免他们的罪过，恐会相聚为盗，成为朝廷的心腹大患。"昏庸无能的天祚帝听闻萧奉先所言，自觉有理，便下诏赦免败军之罪。萧奉先见目的达到，便命人将萧嗣先带到天祚帝面前，正如天祚帝向萧奉先表明的态度一样，天祚帝赦免了萧嗣先的全部罪过，仅免去其官职。辽廷众将见状，纷纷不满道："战则有死而无功，退则有生而无罪。"辽军的凝聚力进一步瓦解。

此时有人向天祚帝进言："枢密使萧奉先及其弟萧嗣先皆非帅才、将才，对领兵打仗、率军征战之事根本一窍不通，故而导致我军在战场上屡战屡败。应更换统帅，这样才能取得对女真战争的胜利。"天祚帝也没有更好的办法，于是"病急乱投医"，令南府宰相张琳接替萧奉先，统一负责东征女真之事。面对女真困局，张琳压根不想接手如此烫手的山芋，故称"按照辽朝旧制，凡军国大事，汉人不得参与"，连忙推脱。然而天祚帝此时亦无人可用，张琳好歹勉强能算作是天祚帝心腹，故说什么也不答应张琳的请辞。张琳无奈，只好勉强答应下来。

张琳对天祚帝说道："前两次宁江州、出河店对战女真人之所以失败，主要是由于我军轻敌，准备不足。再加上我大辽久无

第一章 "五个翁翁四百岁,南面北面顿瞌睡"

战事,野战部队士兵骄奢淫逸,疏于训练,已失去战斗力。我建议下次进剿,起用汉军部队20万,分道合击,一战必胜。"

张琳所言"汉军",即《辽史·兵卫志》记载"五京乡丁"。"丁"指15岁至50岁之间的成年男性,正常约为一户出二丁。故《辽史》记载辽朝鼎盛时,乡兵多达110.73万。然而至辽末,由于土地兼并、隐瞒户口、人口流失等问题,乡兵人数已大幅减少。加之张琳短时间内索要20万汉军,天祚帝一时也难以凑齐。然而这时,辽廷再次开启自我毁灭之路,天祚帝下诏取消原有一户二丁的兵役制,改为按照家庭经济情况出兵。天祚帝责令东北路、上京路、中京路、辽西路四路民户,家庭收入凡达300贯者需提供一名士兵,即令普通民众分担募兵费用。当时一些条件较好的大户人家,需招募士兵多达一二百人,资产随之枯竭。

鉴于辽廷财政紧张以及辽军自建国后长期以来自备武器装备之传统,张琳还要求出资各户不仅负责募兵相关费用,还必须为所募士兵提供武器、盔甲。出资各户为尽量压缩开支,多以普通刀、枪和毡甲充数,几乎不见强弓硬弩及铁质甲胄。然而即便如此,四路依旧民怨沸腾,同时辽朝"竭泽而渔"的行为,榨干上京路、中京路、辽西路三处"治安区"的民脂民膏,在后续女真军进攻三路时,辽朝甚至都未能组织起像样的抵抗,便落入女真

吞辽灭宋：金朝建立初期的"壮举"

人之手。

至天祚帝天庆四年（1114）十二月，依靠此举，又杂以属国、属部军队，辽朝终于凑齐20万汉军。于是张琳将这些临时组织起来的乌合之众分成四路：第一路为涞流河路，以北院枢密副使耶律讹里朵为都统，卫尉卿苏寿吉为副都统；第二路为黄龙府路，以黄龙府尹耶律宁为都统，桂州观察使耿钦为副都统；第三路为咸州路，以复州节度使萧涅曷为都统，将作监龚谊为副都统；第四路为草峪路，以左祗候郎君详稳萧阿姑为都统，商州团练使张惟协为副都统。张琳要求四路大军分道并进，一举灭亡女真。

分道并进的方案不可谓不好，起码也算是当时环境下辽朝较为正确的选择之一。但问题在于，四路大军中，只有涞流河一路按照张琳部署由长春州经达鲁古城挺进涞流河，这支孤军深入的乌合之众哪里会是女真军的对手，很快便败下阵来。都统耶律讹里朵见势不妙，当天夜里率领自己的亲兵弃营而遁，独留临时拼凑而来的"汉军"留在原地如无头苍蝇般不知何去何从。后虽然汉军推举将作少监武朝彦为都统，再次与女真军展开决战。但结局显而易见，以惨败告终。其他三路大军，听说涞流河路几乎全军覆没，立即作鸟兽散。张琳的四路进攻计划，才刚开始便结束

第一章 "五个翁翁四百岁，南面北面顿瞌睡"

了。

在涞流河战役大获全胜的鼓舞下，女真军顺势向辽军展开反攻。仆虺、浑黜率领的女真军渡过混同江（今松花江），击败耶律赤狗儿率领的辽军，攻占宾州（今吉林农安广元店古城）。吾睹补、蒲察率领的女真军击败萧乙薛率领的辽军，攻取祥州（今吉林农安东北万金塔古城）。与此同时，斡鲁古招降斡忽、急塞二路的熟女真，完颜娄室招降移炖、益海等路的熟女真，紧接着斡鲁古与完颜娄室兵合一处，击败辽朝南军统军实娄、特烈率领的辽军，攻取咸州（今辽宁开原老城）等地。经过一系列军事胜利，女真军队迅速扩充。当时流传着这样一句话："女真兵如果满万，则无法抵挡。"而在全取咸、宾、祥三州后，女真骑兵正好已发展至万人。

三、金朝建国，女真横扫千军

早在女真攻克宁江州后，女真贵族撒改就曾派其子完颜宗翰与完颜希尹一起劝进阿骨打称帝，阿骨打拒绝道："才获得一次胜利就称帝，岂不是让天下人笑话！"出河店大捷后，阿骨打之弟吴乞买和撒改、辞不失等人又率领众将劝阿骨打称帝，阿骨打

吞辽灭宋：金朝建立初期的"壮举"

仍严词拒绝。涞流河大胜后，女真众将再次重议称帝建国之事。

为成功劝说阿骨打称帝，女真众将推举渤海大族、铁州（今辽宁大石桥东南汤池镇）人杨朴为代表谏言。只听杨朴对阿骨打说道："技艺娴熟的工匠，可以给人们制作精良的器具，却不能使人们都心灵手巧；德高望重的师长，可以作为人们的楷模，却不能使人们都学到其品德和行为。大王兴兵反辽，现在已经创建了一支拥有铁骑千乘的强大军队，接下来便应该图霸天下，变千乘之家为万乘之国。现在各部民众皆已归大王调遣，正如开弓没有回头箭，如果不趁此良机革故鼎新、称帝建国，日后只会产生坏影响，而不会带来好处。故希望大王能够如臣下所希冀般，建万世之基业，兴帝王之社稷。届时四方传檄响应，真正建立起一个东临大海、南接大宋、西通大夏、北安远方各部的大国。"

杨朴言罢，阿离合懑、蒲家奴、宗翰等人急忙跟进道："现在众将士浴血奋战，建立功勋，大王如果不乘时建国称帝，为将士们加官晋爵，计功行赏，如何拢住人心士气？"

阿骨打听后，未再拒绝，只是说了句："称帝事大，你们容我再考虑考虑。"至此，女真建国一事基本敲定。

辽天庆五年（1115）正月正旦，完颜阿骨打在按出虎水（今黑龙江哈尔滨市阿城区阿什河，后建为会宁府，又加号上京）即

第一章　"五个翁翁四百岁，南面北面顿瞌睡"

皇帝位。阿骨打向众人自豪地宣称："我听说辽朝以镔铁为号，是取镔铁坚固之意。然而镔铁虽然坚固，但终究也会生锈腐坏。我认为，这世上唯有黄金不变不坏，故决定定国号为大金。加之五行之中，金对应白色，我们完颜部也崇尚白色，定国号为金，正好与我们完颜部的风俗习惯相一致。"

阿骨打的提议得到众人的一致赞成，众人纷纷赞同道："按出虎水盛产黄金，故也被称作'金水'，'按出虎'在女真语中便是'金'的意思，'大金'国号正合我们的按出虎水。以后我们将皇帝陛下在按出虎水之地居住的寨子称作'皇帝寨'，未来将皇帝寨修建为我们大金国的都城。"

确定国号与都城后，阿骨打又说道："辽朝、西夏以及南边的宋朝都有年号，咱们大金国也应有个年号。我看正值此反辽斗争节节胜利，我大金攻城略地，攻必取、战必克之时，故将年号定为'收国'，今年为收国元年，以预祝我大金顺利收取辽朝国土！"

众人听罢，山呼万岁，称帝建国大典达到高潮。

金朝建立后，女真军士气高涨，阿骨打遂决定亲自率军攻打辽朝军事重镇黄龙府（今吉林农安）。于是在称帝后仅四日，便于正月初五向黄龙府属州益州（今吉林农安小城子乡）发起进攻。辽时益州为黄龙府下辖观察州，州等级与宁江州同，然据《辽史·地理志》，不见益州军号，推测辽朝在益州未部署卫戍部队，仅有部分警巡、巡检负责地方治安。此时面对金朝大军压境，益州军民纷纷退保黄龙府。

黄龙府，辽朝大蕃府之一，地位仅次于五京府。作为东北军事重镇，辽朝自圣宗太平初年置黄龙府兵马都部署司，都部署由黄龙府知府兼任。黄龙府兵马都部署司起初为东京留守辖下中级军事机构，后辽朝为强化东京辽阳府以北防务，将其升级为高级军事机构。黄龙府兵马都部署司下辖信州彰圣军、宾州怀化军、祥州瑞圣军三处节镇驻军，安远州怀义军、威州武宁军、清州建宁军三处刺史州驻军以及益州、雍州两处巡检、警巡部队。同时领有隗衍突厥部、奥衍突厥部、北唐古部、五国部等部族军，此外还下辖一支"铁骊军"。除军队外，黄龙府周围还建有3座军堡、10座烽燧，防卫极其严密。

和平时期，黄龙府驻军5000人。此时在涞流河一战中不战而逃的辽朝行军都统耶律讹里朵，与左副统萧乙薛、右副统耶律张奴、都监萧谢佛留等，收集残兵败将亦后撤至达鲁古城（今吉林松原境内）一带。辽军残部号称有步骑20余万，并携带大量农具，意图在达鲁古城一带进行军事屯田，且战且守，与女真军

第一章 "五个翁翁四百岁，南面北面顿瞌睡"

进行持久战与消耗战。

面对辽军于达鲁古城一带与黄龙府守军形成犄角之势及相互策应的意图，为破解二者夹击的不利局面，阿骨打决定先进攻达鲁古城以解除后顾之忧。收国元年（1115）正月二十九日，阿骨打亲率金军主力攻打达鲁古城，耶律讹里朵不甘示弱，亦率军出城列阵。阿骨打登上达鲁古城城外高地观察辽军阵势，只见辽军人数虽众，但阵列不齐，于是对众将士说道："辽军阵势呈连云或灌木之状，说明士兵心怀二心，士气不振，并未做好死战不退的准备，辽军人数虽多，但不足为惧。"于是命令挞懒率军率先进击辽军突出部，挞懒领命后，身先士卒，很快将辽军突出部的千余人击溃。

与此同时，阿骨打令完颜宗雄进攻辽军左翼，击破左翼后迂回进击辽军右翼，完颜娄室和完颜银术可率军冲击辽中军，又令完颜宗干率小股精兵从背后偷袭辽中军，辽军在金军的奋勇拼杀下已见颓势。见辽军不支，阿骨打遂令完颜宗翰率领预备役全军压上，辽军防线彻底崩溃，金军乘胜追击，一直追杀至阿娄冈，至次日黎明，辽朝步军全军覆没，仅少数骑兵突出女真包围圈。

达鲁古城之战，女真军再次大获全胜，不仅大量歼灭辽军有生力量，沉重打击辽军士气，同时缴获辽军以备屯田战守之用的

吞辽灭宋：金朝建立初期的"壮举"

数千农具。农具的获得有助于提高女真农作物的生产水平，为与辽军长期作战奠定物质基础。

在金军准备攻打达鲁古城之战的同时，辽朝天祚帝也终于意识到女真的强大，遂改变对女真一味武力镇压的策略，开始剿抚并用，派遣使者僧家奴赴女真军营议和，其目的为拖延女真进攻脚步，为自己亲征争取整军备战的时间。

僧家奴抵达女真军营时，阿骨打尚未向达鲁古城发起进攻。僧家奴向阿骨打递交了天祚帝的书信，并传达天祚帝愿意与女真议和的消息。然而阿骨打当即识破天祚帝议和的真实目的，但看破不说破，还是派遣赛剌出使辽朝，命其告知天祚帝，议和的前提在于辽朝需归还女真叛徒阿疏，并罢废军事重地黄龙府。阿骨打料到天祚帝断不会答应此两项要求，遂在赛剌随僧家奴返回辽地后，继续对达鲁古城展开进攻。

金军攻克达鲁古城后，天祚帝于天庆五年（金收国元年，1115）三月，派遣耶律张家奴、蒲苏、阿息保、聂葛、纥石保、得里底6人携带天祚帝书信，再次出使金朝。天祚帝在信中仍然如首次遣使般直呼完颜阿骨打之名，命令阿骨打速速投降。阿骨打阅信后十分生气，将蒲苏、阿息保、聂葛、纥石保、得里底5人扣留，仅让耶律张家奴携带书信回辽，阿骨打在信中亦直斥天

第一章 "五个翁翁四百岁，南面北面顿瞌睡"

祚帝耶律延禧之名。就这样辽朝令张家奴二次出使，后又令萧辞剌出使，内容无非命令女真投降。金朝则令张家奴将书信带回，后直接将萧辞剌扣押，对天祚帝的书信置之不理。双方的"口舌之争"一直持续到同年七月，阿骨打意识到，光靠打嘴仗是完成不了金朝的"收国"任务的，加之此时金军的整军备战已经完成，各参战部队完成休整，前几次战役的战斗减员亦已补足，于是阿骨打决定攻取黄龙府，用武力迫使辽朝承认金朝地位。

前文已述，辽朝在黄龙府部署了周密的防御网络，阿骨打采纳完颜娄室建议，先令娄室率军清扫黄龙府周围军堡、烽燧，佯攻黄龙府兵马都部署司下辖各节镇、州及部族军，使其不敢贸然救援。同时又以完颜娄室所部与完颜银术可、浑黜、婆卢火、石古乃等部相配合，在白马泺击破耶律讹里朵残部，彻底扫清辽水以北、咸州以西各部及城邑，至此，黄龙府彻底成为一座孤城，外部救援被金军完全阻隔。随后，完颜娄室进军黄龙府，驻扎城南，静待阿骨打亲率大军会合。

收国元年（1115）九月，金军渡过混同江（今松花江），将黄龙府团团包围，从四面向黄龙府发起总攻。东南方向由完颜娄室负责，他身先士卒，被大火烧伤亦死战不退，辽军见状，士气全无，黄龙府很快被金军攻克。

吞辽灭宋：金朝建立初期的"壮举"

金军攻取黄龙府，还有一个插曲广为流传。据说阿骨打率军横渡混同江时，发现没有船只渡江，为节约过江时间，争取战事主动权，阿骨打便骑上一匹赭白马，在一名当地人的引领下率先渡江。阿骨打对众人说道："我率先渡江，你们按照我马鞭所指方向前进。"众人在阿骨打的带领下，江水仅没及马腹部位，大军得以顺利渡江。攻取黄龙府后，金军回军至混同江时，仍涉水而渡。后来阿骨打派人测量江水深浅，发现渡江处深不见底。为纪念这一"神迹"，阿骨打嫡长孙完颜亶（1119—1150）于天眷二年（1139）将黄龙府更名为"济州"，军号"利涉军"，以纪念太祖未用舟楫，人马涉济而渡混同江之举。直到金大定二十九年（1189），金世宗因其与山东济州同名，更名隆安（亦作龙安），即今日吉林省农安县。

与阿骨打涉水渡江相同时，天祚帝亦下诏亲征女真。天祚帝计划以围场使阿不为中军都统，耶律张家奴为都监，率蕃、汉兵15万。以萧奉先为御营都统，诸行营都部署耶律章奴为御营副都统，率精兵2万为先锋。其余兵马分5部为正军，大臣贵族子弟千余人为硬军，扈从百司为护卫军。大军北出骆驼口（今吉林松原松花江南岸）进攻女真。又以都点检萧胡睹姑为都统，枢密直学士柴谊为副都统，率领汉军3万，南出东北路，自长春州分道

第一章 "五个翁翁四百岁，南面北面顿瞌睡"

而进。

天祚帝此次亲征，可以说终于采纳了萧陶苏斡最初所提建议，倾全国之兵，试图毕其功于一役，灭亡女真。然而今时不同往日，一方面，辽军面对女真人屡战屡败，士气已降至冰点；另一方面，辽廷上下早已腐败堕落到了极点，不仅中枢组织极其混乱，军队调集更是乱七八糟。天祚帝早在正月女真建国后便征召军队，直到黄龙府被金军攻克，亲征准备工作仍未完成。

天庆五年（1115）十一月，辽军终于集结完毕，天祚帝以驸马萧特末、林牙萧察剌等率军北出骆驼口，进逼斡邻泺（今吉林松原查干湖），号称骑兵5万、步卒40万、亲军70万，携带数月粮草分道而进。

此次天祚帝御驾亲征，倾全国之力，大军连亘百余里。面对天祚帝下达的"剪除女真"的死命令，阿骨打心中亦没有必胜把握，于是将女真众将召集在一起，按照女真风俗，以刀劙面，仰天痛哭道："我们女真人起兵反辽，主要是为了反抗契丹贵族的暴政与侮辱，如今天祚帝亲率百万大军前来讨伐，众寡悬殊，如果我们女真人不能人人做到置之死地而后生，殊死一搏，恐怕我们刚刚建立的大金国也就到了尽头。与其这样，不如你们把我和我的族人杀了，拿着我的人头前往天祚帝军前请赏，这样你们不

吞辽灭宋：金朝建立初期的"壮举"

仅不会受到惩罚，反而还会立功受奖。"

众将听了阿骨打的话，纷纷表示必死战到底，女真将士一定会战斗至最后一滴血。阿骨打知士气可用，遂决定亲自率军迎击天祚帝。

收国元年（1115）十二月，金军进抵爻剌（今吉林松原境内松花江北岸），考虑到敌我力量悬殊，遂决定以静制动、以逸待劳。于是阿骨打下令在爻剌安营扎寨，静候辽军主动进攻。结果一直等到第二天，辽军不仅没有如预想般发起攻击，反而营帐内死一般寂静，如无人一般。阿骨打不解，于是命女真将士去抓个"舌头"回来，探知一下辽军虚实。不一会儿的工夫，几名女真士兵押解一名负责辽军后勤粮饷运输的官员来到阿骨打面前，阿骨打一问才知道，由于耶律章奴叛变，天祚帝撤军已两日有余。

前文已述，耶律章奴为天祚帝亲征军御营副都统，他见辽军人人皆面露惧色，知道此次天祚帝亲征，虽声势浩大，但仍难逃失败。于是便与耶律淳（后建立北辽，此时封魏王）妻兄萧敌里、外甥萧延留以及麾下将士商议道："天祚帝无道，每日不理政事，只知道吃喝玩乐。而兴宗皇帝之孙、宋魏国王耶律和鲁斡之子、道宗皇帝之侄耶律淳深得民心。如果罢黜天祚帝而另立魏王，则天下归心，女真必不战而降。"由于耶律章奴麾下将士早

第一章 "五个翁翁四百岁，南面北面顿瞌睡"

已对天祚帝的荒淫无道表示不满，遂一致表示赞同。于是耶律章奴一面派萧敌里与萧延留前往南京（今北京）游说耶律淳，一面做好武力迫使天祚帝退位的准备。

然而没有不透风的墙，耶律章奴的行为很快为天祚帝所知晓，天祚帝急忙命人抓捕耶律章奴等叛党。耶律章奴见事情败露，来不及等候萧敌里的回信，立即带领耶律淳之子阿撒等300余名亲信，慌忙逃往上京（今内蒙古自治区赤峰市巴林左旗南波罗城）。而天祚帝则因害怕耶律章奴与女真人里应外合，于是一面令驸马萧昱领兵赶往广平淀保护后妃家眷，一面派行宫小底乙信持书信稳住耶律淳，一面率军后撤30里，驻扎在护步达冈（今吉林农安西，一说吉林榆树一带），不知是该先班师回朝镇压耶律章奴叛变，还是应该继续与女真人决战。

阿骨打从俘虏口中得知耶律章奴叛变与辽军后撤的消息后大喜，不禁感叹："真乃天助我也！"立即决定趁辽军军心不稳之机，一鼓作气挫败天祚帝亲征。此时辽军内部正陷入进退两难的尴尬局面，天祚帝一方面急于班师回朝剿灭耶律章奴，另一方面实则害怕如狼似虎的女真人，担心亲征自身安全受到威胁，故极力想借耶律章奴叛变之机撤军。然而辽军中亦有血性尚存之将领，坚持进谏道："我大辽百万大军现已深入女真之地，连女真

吞辽灭宋：金朝建立初期的"壮举"

人的影子都还没有见到便退军，难道不让天下人耻笑吗？再说了，我们一退再退，把大好河山拱手让与女真人，等到无路可退之时，哪里还有我们的容身之地？"天祚帝及一众跑路派将领听罢，纷纷无言以对。就在辽军内部尚未达成共识之际，女真大军已追击至护步达冈一带。

面对突然映入眼帘的辽军主力，金军此时到达战场的仅有2万余人，且多为轻装简从的轻骑兵，为打辽军一个措手不及，阿骨打当即决定立即发起攻击。阿骨打吩咐众将道："我军只有2万人，敌众我寡，切记断不可分散兵力。天祚帝一定身处中军指挥作战，我命令全军直扑敌中军，不管付出多大代价，一定要击溃辽中军，这样我们才有获胜的可能。"

结局果真如阿骨打所料，经过女真将士的奋勇拼杀，终于击穿辽中军防线，天祚帝见势不妙，立即掉转马头，慌不择路开始逃跑。辽军见皇帝御旗反方向溃败，士气瞬间崩溃，仓皇逃窜，自相践踏。据说当时辽军尸体足足遍布沿途100多里，金军缴获军用物资、珠宝、牛马不可胜计。天祚帝疯狂逃命一天一夜，狂奔500余里，才敢停下马来歇息。

护步答冈之役，辽朝能征调的军队损失殆尽，再也无力组织起对女真军队的有效进攻。女真大破天祚帝亲征，标志着辽金战

第一章 "五个翁翁四百岁，南面北面顿瞌睡"

争局势正式转入金攻辽守阶段。

我们回过头来再说说导致辽军崩盘诱因之一的耶律章奴叛变之后续。萧敌里与萧延留来到南京拜见耶律淳后，对耶律淳说道："天祚帝已被女真军击溃，生死未卜，国不可一日无君，希望大王立即权知军国大事，不然人心离散，我大辽国运前景难料。"耶律淳听罢，惊恐之余，恢复冷静道："如果天祚皇帝遭遇不测，则应立即召开诸王与南北臣僚会议，共商由谁来继承大统，现在不见诸王和南北面大臣，只凭你等三言两语便让我权知国事，其中不免有诈。"于是令手下将萧敌里等人抓捕，并立即遣人向天祚帝报告。与此同时，行宫小底乙信持天祚帝书信抵达南京，耶律淳得知耶律章奴欲发动政变之事，立即处死萧敌里与萧延留，携带二人首级前去向天祚帝请罪，并一再向天祚帝表忠心。天祚帝难得清醒一回，并未怪罪耶律淳，结合耶律淳在耶律章奴等人"废帝谋立"事件过程中的所作所为，认为其忠贞不贰，特加封耶律淳为秦晋国王。

耶律章奴听闻耶律淳斩杀萧敌里等人，知道辽朝已无其立身之地，遂率领手下乱兵及流寇数百人攻掠辽上京，意图夺取上京盐铁使司府库财物。萧挞不也时为上京留守，取府库财物犒赏士卒，并晓以大义。在萧挞不也的率领下，上京守军修葺城池，以

吞辽灭宋：金朝建立初期的"壮举"

死拒战，耶律章奴见无法得手，遂转攻庆、饶、怀、祖等州。章奴所部在流窜过程中，不断吸纳盗、寇加入，兵力一度多达数万人。于是耶律章奴又进攻广平淀，企图将天祚帝的后妃家眷一网打尽。然而在广平淀行宫，耶律章奴的乌合之众被辽朝女真属国军阿鹘产率领的300名骑兵一战击溃，跟随耶律章奴叛乱的辽朝贵族悉被擒获，一些漏网之鱼投奔女真。耶律章奴亦意欲投靠女真人，于是诈称自己为辽金议和使者，试图蒙混逃出辽军搜捕，但最终为辽军擒获，送交天祚帝。天祚帝对耶律章奴等人早已恨之入骨，下令将叛党全部诛杀，家属赐予近侍为奴。对于罪魁祸首耶律章奴，天祚帝下令将其腰斩于市，将心脏挖出，用来献祭祖庙。天祚帝仍不解恨，又下令将耶律章奴大卸八块。然而其中最值得深思的还是追随耶律章奴反叛的耶律术者对天祚帝说的一段话。天祚帝问耶律术者："你为何要背叛于我？"术者对曰："臣死而无憾，臣并未背叛大辽，因为陛下已无法代表我大辽。臣看到天下大乱，天下已非我大辽所有，小人奸臣充斥朝堂，忠臣贤良则被排挤、被流放，臣不忍看到我太祖大圣大明天皇帝历尽千辛万苦建立的功业毁于一旦，故有今日之举，非为自身着想。"天祚帝无言以对，遂将耶律术者收押，数日后再问，耶律术者仍坚持他的所作所为问心无愧，反而厉声怒斥天祚帝昏庸无道，无力扶大厦之将倾。天祚帝恼羞成怒,最终下令将耶律术者诛杀。耶律术者的言辞代表了当时有识之士的看法,接下来的历史走向果然正如耶律术者所言,辽朝在天祚帝的带领下一步步走向灭亡。

四、自大短视的天祚帝与册封闹剧

辽朝在全国设有五京,分别为上京临潢府(今内蒙古自治区赤峰市巴林左旗南波罗城)、中京大定府(今内蒙古自治区赤峰市宁城西大明城)、南京析津府(今北京)、西京大同府(今山西大同)、东京辽阳府(今辽宁辽阳)。五京体现出辽朝"分区而治"的国家治理体系特色,不仅为区域政治、经济、文化中心,也是辽朝高级军事区划治所所在地。正如前文所述,东京地区作为辽朝控扼女真、高丽的战略要地,辽朝设高级军事区划"东京路",至辽末,下辖北女真兵马司、南女真汤河司、保州统军司等中级军事机构。

话说天祚帝倾全国之力亲征女真失败后,辽朝再也无力组织军队大规模进攻女真,辽金战略态势正式转为金攻辽守,于是天祚帝诏令各地募兵以自守。东京统军司(降宋辽人史愿《亡

吞辽灭宋：金朝建立初期的"壮举"

辽录》中称"契丹奚汉渤海四军都指挥使司"）招募渤海高永昌等2000余人驻扎在东京附近的白草峪，以防备金军偷袭。此时东京地区的最高军政长官为东京留守并兼任东京兵马都部署的萧保先，萧保先是萧奉先的堂弟，与萧嗣先一样，同样也无真才实学，靠裙带关系而成为辽朝高官。虽然面对女真大军压境，萧保先却依旧沉湎于声色犬马，盘剥百姓，渤海军也在压榨之列，东京地区军民怨声载道。

高永昌见辽政日蹙，知道辽朝为女真所灭只是时间问题，于是趁渤海军民对萧保先不满之机，计划发动政变，占领东京，进而建立属于自己的政权。

天庆六年（1116）正月初一晚，10余名渤海刺客翻墙进入东京留守府，大声呼告称城外渤海军哗变。萧保先听闻渤海军兵变，急忙走出内宅，召集军士询问情况。刺客见萧保先出现，趁其不备，将其杀死，然后按照事先约定举火为号。高永昌在得知刺客得手的消息后，立即率兵进逼东京，城内渤海人迅速打开城门，引渤海军入城，高永昌兵不血刃占据东京辽阳府。高永昌以恢复渤海国为旗帜，自称大渤海国皇帝，改元隆基（一说"应顺"），吸引远近渤海遗民前来投靠。随后，以东京为大本营，迅速分兵攻取东京辽阳府周围各州县，辽朝在辽东地区的统治瞬间

第一章 "五个翁翁四百岁，南面北面顿瞌睡"

土崩瓦解，除沈州（今辽宁沈阳）外，全部落入高永昌之手。

天祚帝惊闻渤海人发动兵变，急忙派遣张琳率军前去镇压，然而此时辽朝已无兵可调，张琳只得招募辽东无业游民及放奴从良之人2万余众，与高永昌展开激战。辽军与渤海军大小30余战，起初互有胜负，后高永昌渐渐不敌，只能退守东京。高永昌无奈之下，派遣挞不野、杓合等人出使女真，请求阿骨打派兵支援。

面对高永昌的求援，阿骨打展现了高超的政治艺术。一方面，阿骨打早在攻取宁江州后便号召渤海人与女真人共同反抗辽人统治。如今渤海人起兵反辽，无疑对金辽战争进程起到重要推动作用，为贯彻"女真、渤海本同一家"的政治口号，金军必须援助高永昌。于是阿骨打派遣斡鲁和阇母率军，以增援高永昌为名进击辽军，务必一路高举"女真与渤海同出靺鞨，为一家人"的大旗。

另一方面，阿骨打虽联合渤海人共同抗辽，但大前提是以金朝为核心，现在高永昌建立政权，显然是与女真分庭抗礼，而非归附，阿骨打必须将任何企图对抗大金的可能性扼杀在萌芽状态。于是阿骨打派遣使者命令高永昌归顺，并许以高官厚禄。然而高永昌拒绝了阿骨打的"美意"，相反又派遣熟女真胡突古与

吞辽灭宋：金朝建立初期的"壮举"

挞不野索还投靠金朝的渤海人。此时阿骨打心中已萌生用武力解决高永昌的想法，但大敌当前，他还是强忍怒火，将胡突古扣留，另派大药师奴随挞不野返回东京，仍责令高永昌放弃帝位，投降女真。

再说斡鲁与阇母率领的女真大军兵临沈州城下，此时的辽军谈"金"色变，张琳在卫士的保护下带头逃跑，金军几乎没费吹灰之力，便将沈州城收入囊中。高永昌听闻自己始终难以攻克的沈州，金军唾手而得，急忙派遣家奴铎剌出使斡鲁军中，表示愿意去掉帝号，向女真称臣。斡鲁在辽朝进士高桢的提醒下，识破了高永昌假投降的阴谋，率军一鼓作气攻克东京城。高永昌率残部逃窜至长松岛（今辽宁瓦房店西海中长兴岛），后为挞不野等人所执，交送女真，高永昌登极大渤海国皇帝终成南柯一梦。

金军攻克东京辽阳府，成为女真反辽斗争中的一个标志性事件，辽朝五京五去其一，金人兵锋所指，各地州、县闻风而降。随着金朝实际控制区的不断扩大，如何使金朝真正成为令周边各族群、政权所认同的"正统"王朝，就成为女真君臣亟需思考与解决的问题。

以女真与高丽的关系为例，金朝建立前，女真人只是东亚一支边缘力量，隶属辽朝的同时，亦向高丽朝贡，高丽给予前往交

第一章 "五个翁翁四百岁,南面北面顿瞌睡"

聘的女真人赏赐或与其进行交易,授予内附的女真酋长官职,同时还仿效中原王朝置羁縻府州,招抚女真人。又据《金史》《高丽史》等史书记载,金朝皇室祖先亦来自高丽。故女真尚未建国时,女真人常用"我祖宗出自大邦(高丽)""以大邦(高丽)为父母之国"之类的话语来拉近与高丽的关系。即便在阿骨打称帝建国早期,为防止腹背受敌,依然安抚高丽道:"兄大女真金国皇帝致书于弟高丽国王,自我祖考介在一方,谓契丹为大国,高丽为父母之邦,小心事之。"并希望与高丽和亲,以结为"兄弟之国"。此时在高丽人心中,女真是"夷狄",早在高丽太祖王建在位时期(918—943),便称女真人"人面兽心""见利忘耻""向背无常"等。高丽人用"顽黠变诈""妄怀狠戾""夷獠中最贪丑"等一系列侮辱性词汇形容女真人。受认为金朝是"夷狄"观念的影响,加之女真崛起时高丽以辽朝为"正统",是辽朝的藩属国,故高丽选择站在辽朝一边,甚至一度试图派兵援助辽朝抗击女真人的进攻。

故在女真攻克辽东京辽阳府后,如何树立大金政权的合法性便被提上议事日程。由于女真人长期受辽朝统辖,一直视辽朝为自己的宗主国,故渤海人杨朴向阿骨打提议道:"自古英雄开国,或受禅,或求大国封册。"杨朴认为,历史上英雄开国,或有如

吞辽灭宋：金朝建立初期的"壮举"

尧、舜、禹一样，接受前任皇帝禅让，或者就是接受大国的"封册"，这样建立的政权才具有合法性。然而想让辽天祚帝将皇位禅让给阿骨打显然是不可能的，因此，金朝想要得到周边各政权、族群的认同，只能走请求大国册封的路子。

杨朴指出，北宋距离金朝过于遥远，即使能够获得宋朝册封，但耗时甚巨，满足不了金朝急需巩固正统性的诉求。西夏不仅远隔重山，且西夏既向辽朝称臣，又向北宋称臣。同样的情况还有高丽，高丽虽距离较近，但高丽是辽朝的藩属国。如果金朝向西夏或高丽请求册封，那金朝岂不成了辽朝臣下之国的臣下之国了？自降身份，适得其反。因此，排除掉所有的不可能，剩下的即使再不可思议，那也是真理。故金朝只能请求辽朝册封。

杨朴强调，最不希望女真人独立建国的便是辽朝，而现在辽军屡战屡败，统治已呈崩溃之势，此时寻求辽朝册封，辽朝出于缓兵之计，应该会予以同意。而如果我们能够迫使辽朝承认大金的合法性，令曾经统辖我们的契丹人承认大金的正统性，为我们号令诸部，震慑高丽、西夏等政权以及下一步的发展，肯定是有百利而无一害。

对于杨朴的建言，阿骨打表示同意。一方面，虽然女真此时连战连捷，雄踞辽东，势力发展迅速，但战斗减员亦十分严

第一章 "五个翁翁四百岁，南面北面顿瞌睡"

重，地方匪盗亦未肃清。金军需补充兵员，整军训练，维持地方治安，保证百姓生活回归正规。此时与辽朝借册封之机，稍事停战，以为日后的决战做足准备。另一方面，辽朝毕竟是立国200余年的大国，金朝能否最终灭亡辽朝，阿骨打心中也没有必胜的把握。阿骨打担心现在金军势如破竹之时，诸部归心，一旦遭遇失败，若大金没有像杨朴所言塑造"合法性"，届时恐面临土崩瓦解之危局。不如暂且迫使辽朝承认金朝的独立地位，承认大金"正统"，以备日后不时之需。于是阿骨打问道："那辽朝怎样册封我们，才算承认我大金的合法性呢？"

杨朴答道："具体应分作十点：第一，辽朝需册封我大金皇帝为'大圣大明皇帝'。辽朝的开创者耶律阿保机的尊号为'大圣大明天皇帝'，谥号为'大圣大明神烈天皇帝'，我们要求将阿保机的'大圣大明'四字册封予我大金皇帝。第二，册封我们国家的国号为'大金'。第三，精心打造玉辂（古代帝王专属座驾，以玉为饰）赠予我大金皇帝。第四，精心制作衮冕（衮衣和冕冠，古代帝王专属礼服和礼冠）赠予我大金皇帝。第五，精心挑选美玉制作大金国玺，上刻'御前之宝'。第六，辽朝皇帝与大金皇帝以兄弟相称，大金皇帝为兄，天祚帝为弟，国书往来必须要称'弟大辽皇帝致书兄大金皇帝'。第七，每年正旦（阴历

吞辽灭宋：金朝建立初期的"壮举"

正月初一）和大金皇帝生日，辽朝必须遣使朝贺。第八，辽朝每年要向大金进贡，岁贡银、绢15万两、匹。第九，辽朝割东京、长春两路予大金。第十，将女真起兵前对抗完颜部且叛入辽朝泄露女真机密的女真人赵三、阿鹘产等人送还金朝。"

众人听后，拍手叫好。因为杨朴所言虽在名义上是金朝寻求辽朝册封，但实则金朝地位处处高于辽朝，阿骨打亦表示十分满意，于是当即派遣使者赴辽，与天祚帝围绕册封具体内容展开谈判。

天庆七年（1117）八月，金使抵达辽廷，向天祚帝传达了金人请求册封的消息。枢密使萧奉先第一个站出来表示赞同，作为辽朝最高军政长官，萧奉先对辽军屡战屡败的军事行动理应负全责，只是仗着天祚帝宠臣的身份才得以继续身居高位。为缓和辽廷上下对自己的不满，萧奉先提出承认金政权，答应其条件，以换取金朝停止对辽朝的进攻。萧奉先的观点表达出辽廷"投降派"的心声，即答应金人的一切条件以换取停战。天祚帝发自内心地赞同萧奉先所言，但身为辽朝最高统治者，又不能过分表现出畏金如虎的情绪，只能静候众人皆赞同萧奉先的"佳音"。

然而，并非所有人都如天祚帝、萧奉先般同意无条件接受金人的一切条件。有人便言辞犀利地指出，金人请求册封阿骨打为

第一章 "五个翁翁四百岁，南面北面顿瞌睡"

"大圣大明皇帝"，我朝太祖耶律阿保机即称"大圣大明神烈天皇帝"，字词尚需避讳，何况是尊号与谥号。"大圣大明皇帝"之名号，绝对不能册封给阿骨打。还有大臣指出，金人要求我大辽皇帝称阿骨打为"兄"，显然是在降低我朝地位，坚决不可以，等等。

天祚帝见反对声较多，一时也拿不定主意。一方面，天祚帝也觉得无条件全盘接受，更会令女真人瞧不起。另一方面，此时又传来金军在斡鲁古率领下，在蒺藜山（今辽宁北镇北）大败耶律淳部，显州（今辽宁北镇）陷落的消息，面对金人的凌厉攻势，天祚帝又不敢拒绝与金人的议和谈判。于是天祚帝决定继续遣使入金，就册封条件等问题与女真人展开进一步磋商。

天庆八年（金天辅二年，1118）正月，辽朝再次派遣耶律奴哥等人出使金朝，表示辽朝愿意承认金朝的独立地位，只是册封的具体事宜还需商量。

二月，金朝将最新的要求反馈给辽朝："其一，天祚帝需称阿骨打为兄长；其二，辽朝每年向金朝进贡土特产品；其三，将上京（今内蒙古自治区巴林左旗南波罗城）、中京（今内蒙古自治区宁城西大明城）、兴中府（今辽宁朝阳）三路州县割让金朝；其四，将亲王、公主、驸马、大臣的子孙送到金朝作为人质；其五，归还扣留的金朝使者；其六，归还曾经任命女真人为辽朝官员时，辽方留存的任命凭证；其七，辽朝与宋、夏、高丽往来的书信、诏令、表文和牒文，需交付金朝留存。"

与杨朴建议请求辽朝封册时索要东京、长春二路相比，此时阿骨打要求辽朝割让上京、中京、兴中府三路州县。由于辽朝地方区划纷繁复杂，故在此需稍作介绍。

前文已就辽朝的地方军事区划作简要说明，实际上，辽朝地方区划分为行政区划、监察区划、财赋区划与军事区划4种。辽代地方行政区划从整体上看实行的是府、节镇—州—县三级制模式，但不同地区的统辖模式又有所不同，可以称作是"复式层级"式行政区划。监察区划可分为朝廷遣使巡查区与地方日常监察区两种类型，《辽史·地理志》所言"五京道"，便是辽朝沿袭唐代"十道""十五道"遣使廉察制度，中央派遣官员廉访、按察刑狱的地域单位。地方日常监察区，即上述京府与节镇一级。

行政区、监察区、军事区之外，辽朝陆续在境内设置8个财政路司负责地方赋税的征收与转运，并最终发展出路级财赋区划。8处财政路司分别为上京盐铁使司、中京度支使司、东京户部使司、南京三司使司、西京都转运司以及长春路、辽西路、平州路三处钱帛司。与之相对应的便是8个财赋路，即五京路（上

第一章 "五个翁翁四百岁，南面北面顿瞌睡"

京路、东京路、南京路、中京路、西京路）与长春路（驻长春州）、平州路（驻平州）、辽西路（驻兴中府）。至辽末，财赋路分区已成为正式的、常见于公文中的财政分区。辽金谈判时，即以此8路来划分辽朝的领土。同时由于军事区划的设置涉及物资调配等诸多财赋问题，辽代军事路与财赋路设置密切相关。军事路"西南面""西北路"依靠财赋路"西京路""上京路"提供物资调配。军事路"东京路"下辖各中级军事区划，如黄龙府兵马都部署司辖区、北女真兵马司辖区、南女真汤河司辖区等，皆由东京户部使司提供物资调配。黄龙府都部署司辖区升为"黄龙府路"后，同样由财赋路"东京路"供应物资。其他军事路辖境则与财赋路相合。

金朝最初向辽朝索要的长春路，包含长春州、泰州与宁江州。宁江州早已为金军攻取，长春州与泰州于天庆七年（1117）正月为女真攻取，此时金军已占据长春路全境。东京路所辖范围即《辽史·地理志》"东京道"除宁江州外的州、府、军、城，此时绝大多数已为金军攻占，偶有漏网者，已属孤城，被攻陷或主动归降只是时间问题。如天庆八年（1118）正月，耶律奴哥赴金议和前后，保安军节度使（治双州）张崇以双州200户降金，虽一度为辽军收复，但仅过了5个月，双州保安军与通州安远军、

吞辽灭宋：金朝建立初期的"壮举"

祺州祐圣军、辽州始平军四州军民800余户再次归附金朝。长春路、东京路已基本在金朝的控制之下，故阿保机改为索要上京、中京、辽西三路。

然而上京为契丹龙兴之地，上京路范围即《辽史·地理志》"上京道"中除泰州德昌军、长春州韶阳军外其他军、府、州、城。中京原为奚人故地，圣宗创置中京，下辖恩州怀德军、惠州惠和军、高州、武安州、利州、榆州高平军、泽州广济军、北安州兴化军、潭州广润军、松江州胜安军及成州兴府军。辽西路包含兴中府、宜州崇义军、锦州临海军、川州长宁军、建州保静军与来州归德军。由此可见，若依阿骨打所言，割让上京、中京、辽西三路予金朝，加之辽朝此时已失去的长春路与东京路，辽朝"八路"江山则仅剩南京路、西京路与平州路以及负责边疆防御的"西北路""西南面"而已，辽朝疆域锐减一半，天祚帝即使再昏庸无能，也是万万不会同意的。

因此，天祚帝又于三、四月间多次派遣耶律奴哥等人出使金朝，不断与阿骨打讨价还价。由于始终无法达成共识，阿骨打对辽朝下达最后通牒，要求五月必须敲定和谈细节，否则就发起新一轮攻势。最终双方各退一步，于五月达成"酌中之议"。

虽然史书中没有对"酌中之议"的详细记载，但六月，天

第一章 "五个翁翁四百岁,南面北面顿瞌睡"

祚帝再次派遣耶律奴哥出使金朝,按照金方要求,将辽朝与宋、夏、高丽交聘往来文书交付金人。七月,阿骨打同意免取辽朝亲王、公主、驸马、大臣的子孙为质,免割上京、中京、兴中府所属州县,裁减岁币之数等条件。可见"酌中之议"最终确定为天祚帝必须称阿骨打为兄长,册封阿骨打为大金的"大圣大明皇帝",赠予阿骨打玉辂、衮冕、国玺等,辽朝每年遣使向金朝朝贡,归还相关人员及交纳相关文书凭证等。

正常而言,天祚帝应借与金朝议和之机,缓和内部矛盾,整军备战,但天祚帝可能是忘记了议和只是一时权宜之举,而非长久之计,天祚帝沉迷于与阿骨打讨价还价,而对辽朝的政治腐败、民生凋敝却视而不见。就在辽金反复拉扯之时,辽朝各地饿殍遍野,尤以辽西路最为严重,粮食价格不断飙升,普通民众只能削榆树皮为食,甚至出现人吃人的惨剧。而天祚帝在与金朝达成"酌中之议"后,竟又开始后悔,自八月开始,不断派遣耶律奴哥、突迭出使金朝,一度令阿骨打愤怒地将突迭扣留,只将耶律奴哥放回去给天祚帝带话:"以上条件不允许更改,有意见的话战场上见。"直到十二月,天祚帝终于不再折腾,册封进入实际操作阶段。

天辅三年(辽天庆九年,1119)正月,阿骨打派遣乌林答赞

吞辽灭宋：金朝建立初期的"壮举"

谟（乌陵思谋）持国书前往辽朝迎接天祚帝册封阿骨打的册书。三月，天祚帝派遣静江军节度使、奚王府监军萧习泥烈为册封大使，翰林学士杨勉为册封副使，归州观察使张孝伟为庆问大使，太常少卿王甫为庆问副使，卫尉少卿刘湜为管押礼物官，将作少监杨立忠为读册文官，前往金朝册封阿骨打为"东怀国至圣至明皇帝"。并令耶律奴哥与金使乌林答赞谟先行出发，告知金朝方面做好准备。

六月，册封使团抵达金朝皇帝寨（后为金上京，今黑龙江哈尔滨市阿城区），准备举行册封大典。为防止辽人耍小聪明，杨朴坚决要求必须先行审阅册封文本，当册文展开后，杨朴等人大惊失色。只见册文中写道：

"朕（天祚帝）身膺天地赐予的无穷福佑和祖宗开创的宏伟基业，统御九州四海，日理万机，不敢忘记自己身兼重任，谨慎从事。每天晚睡早起，勤于政务，以继承先人遗志，用心治理天下。遥想女真先世肃慎人生活的地区，与扶余境土相接，风俗与扶余大体相同。地处大海之滨，境内物产丰饶，素有名山大川之美誉。在祖、父开创的基业上，你（阿骨打）继承家业。碧云广覆原野，于是生长出栋梁之材（原文作'渠材'）；千里冰封，万里雪飘，造就绝世之人。你们金人请求册封的表章屡次送到我

第一章 "五个翁翁四百岁,南面北面顿瞌睡"

面前,诚恳的心意我亦已知晓。你们女真羡慕我大辽的文化和制度(原文作'遥芬'),希望得到大辽的庇护和册封(原文作'多戬')。为了满足你们的请求,特派遣萧习泥烈等人,持符节,备礼仪,册封你为'东怀国至圣至明皇帝'。希望我们日后守信待人、宽厚驯物,友好和睦,臻于美善。此次册封,为你准备了你希望获得的玉辂和象辂,御宝则为玉刻'东怀国印'。"

杨朴等人阅读完册文后,本来欢乐的气氛一瞬间降至冰点。杨朴等人对阿骨打汇报:"辽人在册文中并没有按照我们的要求去写,天祚帝不仅没有称您为兄长,也没有称'大金',而称'东怀国'。所谓'东怀',乃是'小邦怀其德'的意思。册文中的'遥芬',指清香、芬芳之意,言下之意为我大金羡慕辽朝的制度与文化。'多戬'为福佑、庇护之意,将我大金寻求辽朝册封一事称为寻求辽朝的保护和庇佑,皆非美意。称呼您为'渠材',看似说您是'栋梁之材',实则暗含轻侮之意。同时辽使携带来的册封仪物,仅为诸侯所用之物,而非天子之制。由此可见,辽朝并未将我大金视作对等之国,而是摆出一副宗主国册封藩属国的架势。"

阿骨打听闻,下令取消册封典礼,将萧习泥烈、杨勉等人直接推出去腰斩。完颜宗翰等人见状,急忙上前劝解。于是阿骨打

吞辽灭宋：金朝建立初期的"壮举"

下令免去萧习泥烈等人死罪，拉下去重责100大板。然后阿骨打令杨朴与完颜宗翰、完颜宗雄、完颜宗干、完颜希尹等人拟订新版册文，由胡十答、阿撒、高庆裔等人翻译为契丹文后，命萧习泥烈带回辽朝，并向辽朝下达最后通牒，若秋天时还未达成共识，金军将向辽上京发起进攻。

萧习泥烈返回辽朝后，将在金朝的遭遇以及阿骨打所言向天祚帝进行详细汇报。天祚帝听后，既不想满足金方要求，又害怕金人出兵进攻，于是天祚帝的"神操作"再次上线，直接将此事搁置，仿佛一直拖下去金人的威胁就会消失一般。而这一拖，就从七月拖到了九月。

面对天祚帝的不作为，阿骨打依照给辽人规定的最终期限，命金军各部做好战斗准备，随时攻取上京。天祚帝见状，继续"扯皮"，于九月至次年三月间，多次派遣萧习泥烈、杨立忠等人出使金朝，表面上继续与金人商议册文之事，实则稳住金人，能拖一天是一天。直到天辅四年（辽天庆十年，1120）三月，历经三年的休养生息，金朝不仅在攻取的辽地内站稳脚跟，同时整军备战亦已完成。三年间虽未与辽朝发生大规模战事，但由于越来越多的辽人看清辽朝风中残烛之势，不仅越来越多的辽人投奔金朝，甚至还出现辽境内府、州、城军政长官，率领一城百姓集体

第一章 "五个翁翁四百岁，南面北面顿瞌睡"

投降金朝的情况。如辽宁昌军节度使（治懿州）刘宏便以懿州户3000户降金。随着辽弱金强形势的不断明朗，金朝君臣终于下定决心不再考虑通过请求任何政权册封以获得"正统""合法性"一事，决定凭借自身实力，取代辽朝而成为真正的"正统"。于是阿骨打下令，于天辅四年（辽天庆十年，1120）四月二十五日，兵分三路，直取辽上京。

辽金册封谈判，历时三年有余。在此期间，天祚帝不断虚与委蛇，敷衍金朝，从谈判的角度而言，这都没有问题。假借谈判拖延，为招募军士、训练新兵争取时间，同时整顿内部，消除腐败，改善民生，最终获得战场主动权，这样的案例古今中外比比皆是。然而这三年里，天祚帝都做了什么呢？天庆七年（1117）议和之初，还知道拜耶律淳为都元帅，赐金券，授其自招将士之特权。令耶律淳招募辽东饥民，号称"怨军"，以对抗女真人。但在怨军组建后，天祚帝却又不提供粮饷、冬装，致使怨军情绪骚动，最终导致部分怨军暴动，进而在与女真人作战中惨败，显州丢失。天祚帝则当起了甩手掌柜，往中京一躲，依旧整日狩猎，不问国事。面对谈判破裂、金人发起新一轮进攻的危急局面，天祚帝不思战守，反而令手下打包500多包金银首饰、珍珠美玉，并挑选骏马2000多匹准备随时逃跑。天祚帝曾私下对近

吞辽灭宋：金朝建立初期的"壮举"

侍说道："金军如果来了，我有日行三五百里的千里马，向南与大宋为兄弟，向西与夏国为甥舅，他们都能收留我，仍不失一生富贵，又有什么可忧惧害怕的呢？"天祚帝只谋求自身安危而不顾国家社稷的自私自利可见一斑。然而天祚帝又是一个复杂的个体，既然随时做好亡国准备，却坚决不肯答应金朝的册封要求。既然只要能够自身富贵，寄人篱下也无妨，那么面对金人所提条件，对于天祚帝而言，似乎也没有多少难以抉择。总之，天祚帝既自大，始终在金朝面前摆出一副宗主国高高在上的架势；又短视，长达三年的议和停战，不仅未能挽大厦之将倾，反而使辽朝境内的各种矛盾愈发严峻，人民生活愈加凄苦。天祚帝又自私，只思考自身后路；又昏庸，重用一众奸佞小人。辽朝至此，灭亡只是时间问题……

第二章

"君王莫听捐燕议,一寸山河一寸金"

并力攻辽盟共寻,功成力有浅和深。

君王莫听捐燕议,一寸山河一寸金。

金人左企弓的《献金太祖诗》,最初见于《大宋宣和遗事》中,《金史·左企弓传》仅记载后两句。书接上回,话说天辅四年(1120)四月二十五日,金朝三路大军向辽上京进发,此时阿骨打接到手下报告,说宋朝派来的使者赵良嗣已进入金朝国界,

吞辽灭宋：金朝建立初期的"壮举"

想面见皇帝。阿骨打令宋使由咸州前往青牛山，与大军会合。之后，赵良嗣见证金军攻克辽上京，后金宋签订"海上之盟"，约定并力灭辽，金朝攻取辽中京大定府，宋朝攻取辽南京析津府。辽亡后，宋朝将原给辽之岁币转输于金朝，金朝则将燕云十六州之地归还宋朝。左企弓此诗意在劝说阿骨打不要履行还燕与宋的协议，因为国家的疆土对于王朝而言是最珍贵的东西。而说起金宋联合灭辽，还要从五代时期后晋石敬瑭割让燕云十六州给辽朝说起……

一、海上来客与金宋联合灭辽动议的提出

燕云十六州也称幽云十六州，包括幽州（今北京）、蓟州（今天津蓟州）、瀛州（今河北河间）、莫州（今河北任丘）、涿州（今河北涿州）、檀州（今北京密云）、顺州（今北京顺义）、新州（今河北涿鹿）、儒州（今北京延庆）、妫州（今河北怀来）、武州（今河北宣化）、蔚州（今河北蔚县）、云州（今山西大同）、朔州（今山西朔州）、应州（今山西应县）、寰州（今山西朔州）十六州。后晋天福元年（936），后晋开国皇帝石敬瑭（后唐河东节度使）反唐自立，向契丹求援。辽太宗耶律德光出兵帮助石敬瑭建

第二章 "君王莫听捐燕议,一寸山河一寸金"

立后晋,并与石敬瑭约为父子。天福三年(938),石敬瑭按照契丹要求将燕云十六州割让给契丹,辽朝疆域扩展到长城沿线。燕云十六州入辽,成为中原诸政权的一个心结。后周世宗柴荣曾率领水陆两军攻辽,收复莫、瀛等少数几个州,但因柴荣病重等原因未取全功。北宋太祖赵匡胤曾设立"封桩库",试图或用金钱赎回燕云十六州,或招兵买马,用武力强行收回。宋太宗亦曾两次组织北伐,结果不仅未能达到收回燕云十六州的目的,反而损伤惨重。辽、宋签订澶渊之盟后,收回失地的想法在宋朝并未消失,宋神宗仍然想筹集军费以备收回燕云之地,拓边西北的最终目的亦为断契丹膀臂,平定西夏后挥师东进,收复燕云。

北宋君臣期冀收复燕云十六州,一方面是由于燕云地区本为"汉唐旧疆",北宋作为继承者,理应收回。另一方面则是根本原因,燕云地区大致相当于今北京市和天津市的大部以及河北省北部及山西省北部的部分地区,具有极其重要的战略意义。外长城(边墙)绵亘于燕云十六州的北部,内长城(次墙)与燕山山脉将燕云十六州等在地形地貌上分为山前与山后两个地区。幽州位于山前地区,多平原;奉圣州(即新洲)、蔚州、云州、应州和朔州位于山后地区,多山地。内长城在山脉缺口处设置了内三关(居庸关、紫荆关、倒马关)与外三关(偏关、宁武关、雁门

吞辽灭宋：金朝建立初期的"壮举"

关）。辽朝获得幽州，便获得了内三关中的居庸关与紫荆关，使得中原政权在华北平原上无险可守。山后地区位于黄土高原东北部，多山脉、盆地，地势险要，中原政权即使从三关出兵，也不利于大规模军队的展开。而作为幽州东部"藩篱"的平州，地处辽西陆路与海路的交通咽喉部位，既是东北与中原陆上交通的重要门户，也是海防前沿。

如此，相较于北宋"自定州西山东至沧海，千里之地，皆须应敌"的防守区域，辽朝在战略上处于绝对优势，辽朝只需控制居庸关、古北口等关隘，便可直接出兵华北平原，宋朝的北境则无险可守。北宋出兵攻辽，只剩下北出瓦桥关、飞狐口、雁门关三条路线。以雍熙北伐为例，当辽朝面对宋军三路来伐时，先令林牙勤德协助辽兴军节度使（治平州）迪里姑守住平州，防止宋军由海路来袭。面对潘美、杨继业连下朔、应、云三州，辽朝并未在山后地区与宋军决战，而是发挥山后地区多山的特点，利用战略纵深与宋军周旋。相反，集中优势兵力与曹彬率领的东路军决战，利用华北平原平坦广阔的有利地形，发挥辽军骑兵的长处。最终，辽军大破曹彬、米信率领的东路军于岐沟关。此后，宋军被各个击破，雍熙北伐以失败告终。

于是，在历史与现实的双重背景下，长期以来燕云十六州一

第二章 "君王莫听捐燕议，一寸山河一寸金"

直无法收复，已经成为北宋君臣内心挥之不去的伤痛。

直到宋徽宗赵佶在位期间，宦官童贯经略西北，取得了自北宋建立以来对西夏作战的最辉煌胜利，将西夏抵挡宋军的战略屏障横山、天都山一线全部攻占。西夏由于战火连年，土地日蹙，政治、经济危机日甚一日，再也无力与宋朝交战，被迫向宋徽宗请和。童贯于西北立不世之功后，自恃麾下西北军团兵强马壮，便又萌生了收复燕云十六州，以建立盖世奇功的想法。童贯的不自量力与宋徽宗好大喜功的性格不谋而合，于是宋徽宗批准了童贯的请求，命其以副使的身份于政和元年（1111）随同正使郑允中出使辽朝，以探知辽朝虚实。

这时辽朝有位名叫马植的人，由于自己在辽朝官场的争权夺利中失势，便有了投靠宋朝并怂恿宋朝灭亡辽朝的想法。当童贯等人完成出使起程南返之时，马植于卢沟桥等候宋朝使团，并连夜秘密求见童贯，向童贯进献"取燕之策"。马植的具体计划，史未明言，故有些史书将马植此时所进"取燕之策"猜测为联金灭辽。然而我们从时间上看便可以发现，此时女真人尚未反辽，马植不可能未卜先知。故符合历史实情的推测应为，马植告知童贯，天祚帝治下的辽朝早已腐朽不堪、千疮百孔，国内阶级矛盾和民族矛盾日益激化，辽朝灭亡已是时间问题。希望宋朝出兵攻

吞辽灭宋：金朝建立初期的"壮举"

取燕云十六州，马植则利用职务之便，大力培植党羽以为宋军内应，届时里应外合、开关献城。童贯听闻马植之言，非常高兴，当即与马植约定，令其培植亲信，待准备完毕后，伺机前来投宋，正式向徽宗皇帝说明详细计划。

政和五年（辽天庆五年，1115），马植按照与童贯的约定将诸事安排妥当后，便秘密派人至宋朝雄州（今河北雄县），向雄州知州和诜呈上蜡丸密信。信中写道：

> 良嗣（马植化名）本汉人，长期居住在燕京霍阴（今北京通州），自远祖以来，在辽朝任职。然而自从天祚帝即位后，排斥忠良，任用奸邪。自去年女真起兵反辽后，辽军屡战屡败。加之国内民不聊生，百姓纷纷揭竿而起，攻陷州县。辽朝在内忧外患下，呈现累卵之势。时下天祚帝又下诏亲征女真，在境内大肆抓壮丁、劳工，军民无不人人自危，惊慌害怕。如此军队岂能有战斗力？良嗣虽愚昧无知，但是也清楚地知晓，辽朝必亡。良嗣日思夜想，想起《论语·泰伯篇》有言："危邦不入，乱邦不居。"即不进入政局不稳的国家，不居住在动乱的国家。良嗣醍醐灌顶，遂决定南归圣域，结

第二章 "君王莫听捐燕议，一寸山河一寸金"

束被发左衽的生活，重新穿回汉家衣冠。重回大宋是我毕生志向，烦请知州替我呈报朝廷，不胜感激。

此时马植化名李良嗣以掩人耳目。和诜接到李良嗣密信后，不敢耽搁，马上向朝廷汇报。宋徽宗一时拿不定主意，遂令太师蔡京、太尉童贯商议是否接纳。蔡京、童贯二人向徽宗上奏道："自古招徕天下名士便是国朝盛德的体现，何况现在辽朝日薄西山，军民离心，李良嗣投诚归明，应当收留，以为天下做表率。"徽宗见亲信宠臣支持，便密令和诜与李良嗣约定，于四月初一夜间入宋。李良嗣在宋朝雄州官员的接应下，顺利渡过界河，并由专人护送，赶往京城（今河南开封）。

李良嗣抵达东京后，得到徽宗的亲自接见。因此时女真人已经反辽，李良嗣正式向宋徽宗提出，应趁辽人应对女真进攻而无力分身之际，趁机收复燕云十六州。李良嗣进言道：

天祚帝沉迷酒色，不务政事，斥逐忠良，任用奸小，辽朝百姓无不被苛政所毒害。去年以来，女真首领完颜阿骨打趁着天祚帝失德无道，已经起兵反辽，攻城陷邑，屡战屡胜。辽军每战皆北，败军溃卒，沿途大肆

吞辽灭宋：金朝建立初期的"壮举"

劫掠，百姓罹难，苦不堪言。辽朝目前已经处于内忧外患的窘境，灭亡已进入倒计时。愿陛下念及燕云故地百姓遭受生灵涂炭之苦，心怀收复汉唐旧疆之志，代天伐辽，以顺伐逆。大宋王师一出，燕云百姓必箪食壶浆，盛情相应。希望陛下速作决断，时不我待，若错过此等良机，照目前女真人的发展速度，恐燕云为女真占据，届时我大宋又将陷于被动。正如古人尝言："先发制人，后发者制于人。"说的正是这个道理。

上述李良嗣进言见于宋人徐梦莘编著《三朝北盟会编》引《封有功编年》，由史料记载可知，此时李良嗣的提议中，仍未提及"联金攻辽"计划，李良嗣只是建议北宋趁着女真连战连捷，辽朝自顾不暇之时，"落井下石"，否则等到女真人占领燕云十六州后，宋朝又将再一次错失收复燕云的机会。

宋徽宗本就有意收复燕云之地，听了李良嗣的进言后，十分高兴，立即大加赏赐，并赐李良嗣国姓"赵"，从此，史书中记作赵良嗣。

然而针对赵良嗣所言趁乱攻取燕云，宋朝绝大多数大臣表示反对，认为不应该主动破坏宋辽间自澶渊之盟以后的"百年之

第二章 "君王莫听捐燕议，一寸山河一寸金"

好"，反对开启边衅。加之此时宋徽宗任命童贯为陕西、河东、河西经略使，在西北战场上对西夏发起全面进攻。童贯命宋军主力兵分两路，合击西夏，连战连捷，筑震武、靖夏诸城。宋军精锐暂时尚无法结束对西夏的最后一击，也就无法东进幽云，故赵良嗣的建议并未马上施行。

直到政和七年（1117），辽人高药师、曹孝才等人为躲避战乱，乘船出海，本意前往高丽避难，结果海上遭遇大风，漂流至宋朝登州（今山东蓬莱）文登县一带，向宋朝带来女真人已占领辽东、辽西之地，辽朝自苏州（今辽宁大连金州）、复州（今辽宁瓦房店）至沈州（今辽宁沈阳）、咸州（今辽宁开原）等地，全都为金军夺取，金军兵锋直指燕云的消息。此时西北战事已临近尾声，宋徽宗觉得是时候启动赵良嗣所献计划，夜长梦多，一旦金朝攻取燕云之地，千年难遇的趁火打劫机会便化作泡影。于是采纳蔡京和童贯的意见，假托恢复宋太祖、宋太宗时期宋朝派人前往女真地界购买马匹的旧制，令登州守臣王师中招募使者，假借买马之名，前往金朝探听虚实。王师中领命后，不敢耽搁，急忙挑选7名将校，于政和七年（1117）八月，携带宋徽宗下达的买马诏书，由高药师等人领路，乘船前往金朝苏州（今辽宁大连金州）。然而高药师等人抵达近海时，远远望去岸边女真巡逻

吞辽灭宋：金朝建立初期的"壮举"

兵马甚众，害怕被金军当成辽朝间谍，心生疑惧，没敢靠岸，便匆匆返回登州。

宋徽宗听闻首次出使的7名将校贪生怕死，未能完成出使使命，大怒，将其全部流放边远地区。严令王师中全权负责出使任务，再不成功，严惩不贷。王师中不敢怠慢，急忙与童贯商议，决定派遣武义大夫马政与"善外国语"的呼延庆等人出使。这时，一些宋朝大臣已经得知宋徽宗真的要单方面撕毁与辽朝的盟约，攻取燕云，纷纷上书反对。郑居中力陈不可，慷慨激昂地指责蔡京身为国家元老、朝廷重臣，不仅不恪守宋辽盟约，反而挑起事端，罪不容赦。安尧臣亦指责蔡京与童贯只为一己之私，采纳赵良嗣建议，殊不知唇亡齿寒，一旦辽朝灭亡，即使大宋顺利攻取幽云，届时与女真也会产生新的边境争端。然而此时的宋徽宗，一心只想立不世之功，超越宋朝的历代帝王，根本听不进去任何反对意见。虽然一面对郑居中、安尧臣等人口头褒奖，减少谏官抗议之声，但是另一面立即下达令马政、呼延庆、高药师等人出使金朝的诏书。

政和八年（金天辅二年，1118）八月，马政、呼延庆、高药师等80余人组成的北宋使节团队，携带礼物，于登州乘船出海，正式前往金朝。由于北宋与女真人之间的关系断绝已长达近200

第二章 "君王莫听捐燕议，一寸山河一寸金"

年，宋朝亦不知晓女真虚实，故徽宗令马政等人仍如北宋太祖、太宗年间般，打着买马的旗号，希望与女真再议旧好，伺机打探女真是否有意与宋朝一道夹攻辽朝。由于马政等人出使未携带国书，当使团抵达金朝苏州海岸时，金军巡逻队将众人包围并抓获，不仅将礼物洗劫一空，还怀疑马政等人为辽朝奸细，多次欲将其就地正法，幸亏高药师等人略通女真语，反复解释其为宋朝使者，希望面见女真首领。金军将领见状，一方面担心耽误金宋交聘大事，另一方面仍不放心，于是对马政等人说道："我们的皇帝现远在距离此地3000余里的阿芝川涞流河（今吉林松原扶余境内拉林河），你们的使者身份是真是假，我并不清楚，因此我需要将你们绑缚至我大金皇帝那里，届时听由皇帝陛下发落。"马政等人没有选择的余地，只得任由金军将其五花大绑，就这样途径10余州，行驶20余日，终于抵达完颜阿骨打行在之所。

此时，阿骨打与宗翰等人正因册封一事而心情烦闷，听闻宋朝使者到来，十分疑惑，急忙命手下将马政等人带到面前。阿骨打问道："你们不远万里来找我，意欲何为？"马政回答道："贵朝在我大宋太祖皇帝建隆二年（961）时，经常派遣使者前往我朝进行马匹交易，最近我徽宗皇帝又听闻贵朝一举攻陷契丹50余城，希望与贵朝复通前好。加之契丹无道，天怒人怨，我大宋

吞辽灭宋:金朝建立初期的"壮举"

欲出兵讨伐,以拯救百姓,使其免受生灵涂炭之苦,希望与贵朝合作,共伐辽朝。为防止消息泄露,被契丹人提前知晓,故此次出使我们并未携带国书,仅奉徽宗皇帝旨意,前来与贵朝商议,如果贵朝也有合作意愿,我朝随后便会派遣专使出使,进一步商讨具体事宜。"

此时金朝虽然已经占领辽朝"八路"江山中的长春路与东京路,但其实阿骨打、宗翰等人心中并无灭辽之必胜把握,加之担忧一旦战败,刚建立的金政权恐瞬间土崩瓦解,于是借大胜之余威与辽朝进行和谈交涉,希望迫使辽朝承认金政权的正统地位。同时杨朴早在代表众将士请求阿骨打称帝建国时,便曾建议阿骨打"南连大宋,西通西夏",即希望争取外部其他政权支持,联合攻灭辽朝。然而此时女真势力尚且弱小,加之与宋朝交聘断绝多年,很难希求宋朝同意与如此蕞尔小邦合作,故杨朴的提议最后不了了之。如今,宋朝主动遣使前来寻求与金朝合作,当然是阿骨打、宗翰等人求之不得之事。

于是,阿骨打高兴地问道:"大宋与我们共伐大辽,你们有什么合作要求呢?"马政回答道:"没有别的附加条件,我们只希望灭辽以后,将五代时期后晋石敬瑭割让给契丹的燕云十六州还给我们。"阿骨打听后,说道:"这没有问题,金宋共同伐辽,

第二章 "君王莫听捐燕议,一寸山河一寸金"

土地谁打下来就是谁的,燕云十六州只要你们出兵攻取,金朝绝不占据一寸土地。"

然而金朝此时与辽、宋相比,毕竟还只是新兴的小政权。加之辽、宋自澶渊之盟后已和好百年,对于宋朝是否真心实意想成为金朝"盟友",阿骨打等人心中并没有底。于是在将马政等人安置好食宿后,阿骨打与完颜宗翰、完颜希尹等人商议数日,才最终得出一致结论,即同意宋朝联合之动议,并定下日后与北宋相处的基本原则。

阿骨打在统一内部思想后,对马政等人说道:"徽宗陛下愿与我大金一道共伐大辽,我们感激不尽。然我大金与大宋尚需进一步相处,这样吧,你们留下几个人作为人质,然后我方派遣使者随同你们回去复命,并前往贵朝商讨联合灭辽的具体细节,不知你们意下如何?"马政听言,非常高兴,满口答应,安排使团中登州小校王美、刘亮等6人为人质。阿骨打则派遣渤海人李善庆、熟女真小散多、生女真勃达3人为金方代表,携带金朝国书以及北珠、生金、貂皮、人参、松子等礼物,随同马政等人回朝还礼,并朝觐宋徽宗,详谈联合攻辽的具体事宜。

马政与李善庆等人于天辅二年(宋政和八年,1118)十二月初出发,次年正月抵达东京。宋徽宗听到金朝同意联合攻辽,并

吞辽灭宋：金朝建立初期的"壮举"

派遣使者出使，为以表重视，令蔡京、童贯、邓文诰等人与金使商议联合攻辽一事的具体细节。可"肉食者鄙，未能远谋"，蔡京、童贯等人只是向金使表示愿与金朝夹击辽朝，事成之后，收回燕云十六州。可能在宋人心中，燕云十六州早已是一个不证自明的概念，但事关国与国之间的领土谈判交涉，应具体到燕云十六州具体涵盖哪些州县，包括哪些土地，殊不知正是宋人每次在燕云范围上的草草了事，为日后金宋交恶、金军南下埋下祸根。加之李善庆等人并未受过较高水平的教育，对于宋人所言皆一知半解，亦未提出相应意见。首次宋金交涉，在一片和谐欢快的氛围中宣告圆满结束。宋徽宗非常高兴，为表示对金朝的重视与友好之情，下诏授予李善庆为修武郎、小散多为从义郎、勃达为秉义郎，并按照所授官职赐以全俸。李善庆3人非常开心地领受了他们在宋朝的第一份俸禄。

随后，宋徽宗下诏回遣使团出使金朝，令朝议大夫、直秘阁赵有开、忠翊郎王瑰等人随从李善庆返回金朝，面见金太祖，进一步商讨出兵时间及收复燕云事宜。由于此次出使与首次不同，宋使需携带交聘文书，在讨论携带交聘文书的体例与样式时，宋廷群臣再次吵作一团。赵良嗣主张应携带国书，礼仪使用与宋朝对待辽朝时一样的"国信礼"，即将金朝视作与宋、辽对等的大

第二章 "君王莫听捐燕议，一寸山河一寸金"

国。赵有开不同意赵良嗣的意见，认为女真历年受辽朝册封，接受辽朝统治，女真首领仅被辽朝授以节度使之职，地位仅相当于辽朝境内节镇最高军事长官，因此大宋对金朝不必过于尊崇，使用给臣下的诏书即可。强调以女真人的政治、经济、文化发展水平，岂能和宋、辽对等，女真人仰慕大宋，恨不得臣属宋朝，只是由于契丹从中作梗，才未能实现，故寻求与宋朝联合。赵有开的心态代表当时宋廷诸多大臣的想法，完全忘记是宋朝寻求女真合作，希望在女真灭辽中分一杯羹。更忘记金军已横扫辽东，辽军都无力抵挡，更何况是连辽军都敌不过的宋军。宋人轻视女真的心态，亦为日后的靖康之耻埋下祸根。

由于两种观点争执不下，于是赵良嗣、赵有开便将争议抛给金使李善庆。而李善庆的知识文化水平显然无法区别国书与诏书的异同，于是便回答道："二者皆可，大宋朝廷决定即可。"于是，宋徽宗最终采纳赵有开的建议，令赵有开等人携带诏书随同李善庆等人赴金。

金天辅三年（宋宣和元年，1119）三月，赵有开等人携带诏书、礼物，随同李善庆等人正式启程赴金。然而此行出师不利，仅行至登州，甚至还未等到乘船入海，赵有开便突发疾病去世。且与此同时，宋朝派遣至辽朝的间谍传来消息，说辽人与女真议

吞辽灭宋：金朝建立初期的"壮举"

和，完颜阿骨打已接受辽朝册封的东怀国皇帝之号。宋廷在接到这一未经证实的消息后，朝野哗然，害怕辽金议和后，宋人寻求金人合作夹击契丹之事败露，进而招致辽朝报复。于是宋徽宗立即下诏停止此次出使金朝活动，将诏书封存毋遣，仅令呼延庆携带一份登州牒文，礼送李善庆等人返金，这样即使日后辽人得知，也可以将此事推脱为地方官员私人行为，与朝廷无关。宋朝在与金朝交涉过程中犹犹豫豫，反复横跳，宋徽宗君臣对形势的判断与对行动的执行，无不暴露出宋朝廷的腐败与无能，在日后面对金人来侵时，最终酿成亡国惨剧。

金天辅三年（宋宣和元年，1119）六月，呼延庆等人面见金太祖完颜阿骨打，此时阿骨打正因辽朝仅册封其为东怀国皇帝，不承认大金国号，不愿意使用与辽朝对等礼仪等问题而愤怒万分，再见到宋朝使用的是"牒文"，仅将金朝视作与宋朝地方州县对等的部族，甚至连在辽人眼中的地位都不如时，更加怒不可遏。当即便严厉惩罚李善庆、小散多、勃达三人，痛斥其私受宋朝官职，且未据理力争，为金朝争取与宋朝的对等地位，失职辱国等罪行。并指责宋朝不讲信誉，不仅中途变卦，且未派遣国信使，仅携带登州牒文前来商议如此军国大事，轻视大金，罪不容赦。下令将宋使呼延庆等人羁押。

第二章　"君王莫听捐燕议，一寸山河一寸金"

呼延庆见状，急忙解释道："本朝听闻贵朝已与契丹议和，再加上朝廷派遣的国信大使赵有开抵达登州后便因病去世，为了能够以最快的速度见到您，以确认是否与契丹议和，故与贵朝使者李善庆等人商议，暂时不返回朝廷更换国书，仅令登州移文作牒，以供闻讯之用。若贵朝与契丹议和，则大宋使者与国书便失去意义，若贵朝不与契丹通好，届时大宋朝廷再另派国信大使前来商议具体夹攻辽朝细节也为时不迟。"

然而阿骨打此时被辽朝册封一事搅得焦头烂额，对宋朝亦持怀疑态度，遂无论呼延庆如何辩解，仍将其羁押，不予遣返，宋金交聘一时陷入停滞。直到半年后，阿骨打在完成对新占领辽地的整顿与改置后，认识到请求辽朝册封以确立王朝正统性这条路走不通，且金军此时已完成新兵补充与整训，阿骨打决定对辽朝发起新一轮全面进攻。为进一步寻求外部支持，阿骨打于天辅三年（宋宣和元年，1119）十二月，将呼延庆释放并说道："跨海求好，并非是我大金所提动议。共议夹攻辽朝，也不是我大金主动去乞求你们宋朝，而是你们宋朝再三来寻求我们帮助。我大金自立国至今，已占领辽朝大片土地，攻取其他州郡对于我而言，就如同俯身拾物一样简单。我现在把你放回去，告诉你们朝廷，你们不以国书对我，已失去大朝礼仪，大使虽去世，你们理应重

吞辽灭宋：金朝建立初期的"壮举"

新派遣国信使。而你们只安排一般使人携带'牒文'前来与我议事，非礼殊甚，这才导致我们双方交往中断半年之久。我本来想将你永久扣留，不予放还，但念在过错在你们朝廷而并不在你自身，同时我也不愿因此失去大宋这个朋友，遂决定明日安排你启程返回。回去后转告你们的皇帝，如果大宋真的想与我大金结好，共同灭辽，请尽早派遣国信使携带国书前来，若仍使用诏书或牒文，合作一事就不用再考虑了。"

最后，针对辽朝册封金朝一事，阿骨打说道："我们大金尚未与你们大宋通好时，的确曾经遣使赴辽，希望辽天祚帝册封我为大金皇帝，但辽使未至，你们宋朝的使者便已前来共商攻辽一事。前些日子，辽朝确实曾派人前来，欲册封我为'东怀国至圣至明皇帝'，因其礼仪不全，又念及与大宋已经结好，已经议定共同夹击辽朝之策。遂鞭其来使，不受法驾，并未接受天祚帝的册封。我们大金遵守约定如此，不曾料想你们竟如此轻侮我朝，根本未将我们视作对等之国看待，是可忍，孰不可忍。你回去后，一定要向大宋徽宗皇帝说明此情况。"

此时此刻呼延庆哪里敢说一个"不"字，急忙满口答应。于宣和二年（1120）二月回到宋朝都城东京，将上述金太祖所言，一五一十全部转达宋徽宗，并反复强调金朝与契丹并未讲和，希

第二章 "君王莫听捐燕议，一寸山河一寸金"

望朝廷正式派遣国信使团出使金朝。宋徽宗在听取呼延庆的汇报后，经与蔡京、童贯等人商议，决定"解铃还须系铃人"，派遣中奉大夫、右文殿修撰赵良嗣出使金朝，赵良嗣所献取燕之策，是时候由其亲自推动了……

二、燕云交涉与"海上之盟"

宣和二年（1120）三月，赵良嗣等人正式启程，于四月抵达金朝苏州地界。赵良嗣此次出使金朝仍未携带国书，只携带宋徽宗亲书御笔，打着恢复宋金马匹买卖传统的旗号，与完颜阿骨打面议夹击辽朝，收回幽云十六州之事。赵良嗣此次出使，宋徽宗授予其与金太祖谈判的筹码为"燕京下辖州城原本即汉地，若能复归于宋，可将旧有每年赠予契丹之银绢转交于金朝"。宋徽宗给予赵良嗣的"谈判筹码"从一开始便为日后的金宋之争埋下隐患。一方面，宋徽宗此举暴露了宋朝外强中干的本质，谈判伊始便未承想凭借自身实力收回"汉唐故地"，而是想以金钱赎买。宋、金交涉尚未开始，宋朝便自己提出交纳"岁币"的屈辱条件，将"联金灭辽"变为"求金灭辽"，从而把交涉的主动权拱手让与金人，导致日后步步受制于金人，一旦令金人不满，金人

吞辽灭宋：金朝建立初期的"壮举"

便以拒绝交割为由，令宋朝处于极其被动的局面。另一方面，宋徽宗御笔中只提及"燕京一带州县，本是旧汉地"，"燕京一带"指代不明确，不仅未提及云州等地，燕京一带是否包括平、营、滦三州亦未说明。

据《辽史·太宗本纪》记载，会同元年（938）十一月，后晋太祖石敬瑭派遣赵莹以幽、蓟、瀛、莫、涿、檀、顺、妫、儒、新、武、云、应、朔、寰、蔚十六州并图籍来献。于是辽太宗下诏升幽州为南京，改新州为奉圣州，武州为归化州。石敬瑭所献幽云十六州以燕山山脉为界，分"山前""山后"两个区域。"山后"包括幽云十六州中的新、妫、儒、武、云、应、寰、朔、蔚9州，"山前"即幽、蓟、瀛、莫、涿、檀、顺7州。然而在宋人心中，其心心念念意图恢复的"幽云地区"中的"幽"，实则指唐末五代初的幽州卢龙军节度使辖区，包括幽、蓟、瀛、莫、檀、顺、武、新、妫、儒、营、平、涿13州，只是由于营、平二州早已先于石敬瑭献幽云十六州，为契丹夺得。后唐庄宗同光二年（924）七月，置新州威塞军节度使，下辖妫、儒、武3个属州。故入契丹时，幽州卢龙军节度使实领幽、蓟、瀛、莫、檀、顺、涿7州。辽太宗升幽州为南京后，继承节镇体制管辖模式，南京留守辖区继承原卢龙军节度使下辖的蓟、涿、檀、顺、

第二章 "君王莫听捐燕议，一寸山河一寸金"

瀛、莫6个属州，直到应历九年（959）瀛州、莫州被后周攻取。后经过增设与改置，最终形成《辽史·地理志》记载南京留守除析津府外"统州六"：顺州归化军、檀州武威军、涿州永泰军、易州高阳军、蓟州尚武军、景州清安军的统辖格局。辽兴军节度使除治州平州外，下辖营州、滦州，辽兴军节镇并不隶属南京留守司，二者在民政、军事等方面均为平行机构。节度使在军事上由南京留守所兼都元帅（兵马都总管）负责。

由此便可以发现，宋人心心念念意图收复之"幽云地区"，实则在石敬瑭所献幽云十六州基础上多出平、营二州（即辽朝辽兴军节度使辖区）。但由于表述不清，实际表达的"燕京一带州县"，经过有辽一代的行政区划改易，仅包括南京留守所辖析津府及顺、檀、涿、易、蓟、景六州，即"山前"地区。"山后"的西京大同府、奉圣州武定军、蔚州忠顺军、朔州顺义军、应州彰国军及各自下辖之属州，皆不在交割范围之内。如此表述之粗糙与不严谨，为日后宋金燕云疆土谈判纠纷与宋人毁约接纳张觉以获取平州埋下祸根。

赵良嗣抵达金境后，由于辽金册封谈判此时已彻底破裂，金朝大军兵分三路进击辽上京（今内蒙古自治区赤峰市巴林左旗南），完颜阿骨打在接到赵良嗣觐见的消息后，命其自咸州前往

吞辽灭宋：金朝建立初期的"壮举"

青牛山，与金朝大军会合。赵良嗣见到金太祖后，阿骨打也未多言，令赵良嗣随军一道，亲眼见证女真大军攻克辽上京的历史时刻。

五月，金军抵达辽上京地界，金太祖令完颜宗雄率军阻截辽朝援军，宗雄首战告捷，击溃辽朝5000名援兵，辽上京彻底成为一座孤城。

随后，完颜阿骨打亲率金军主力进抵上京城下，为减少伤亡，阿骨打先令辽朝降将马乙对上京守军进行劝降。强调辽朝天祚帝荒淫无道，天怒人怨。金朝顺天应人，兴兵伐辽，所过州县无不望风而降，偶有抵抗者亦无力阻挡金朝大军脚步。金朝对于辽朝降臣，皆给予丰厚优待，希望上京军民弃暗投明，不要再为天祚帝卖命。然而辽朝上京留守萧挞不也自恃城防坚固，兵精粮足，且此前面对耶律章奴反叛，上京军民众志成城，令耶律章奴一无所得而逃，故决定死守坚城，坚决不愿意向金朝投降。

金太祖见招降无效，且宋使亦在旁观战，是时候展示一下女真军力了，遂下令攻城。阿骨打亲临前线指挥将士进攻，女真将士早已因辽朝利用册封一事反复横跳、欺骗女真人而满腹怨恨，故战场上纷纷奋勇冲杀，其中阇母所部率先登城，先行夺得辽上京外城。辽朝上京留守萧挞不也见状，大受震撼，知金军神勇已

第二章 "君王莫听捐燕议，一寸山河一寸金"

超出认知，为减少伤亡、保全百姓，萧挞不也下令守军自内城出降。

赵良嗣目睹金太祖以迅雷不及掩耳之势攻克辽上京，对金军实力佩服得五体投地。战役结束后，完颜阿骨打在龙冈接见赵良嗣，金宋正式开始商议夹击辽朝之事。

赵良嗣向金太祖呈上宋徽宗的御笔亲书，表示奉徽宗皇帝旨意，与金朝约定共同出兵伐辽，由金朝攻取辽中京，宋朝攻取辽南京。因辽南京一带土地本便是"汉唐旧疆"，辽朝灭亡后，南京一带土地归宋朝所有。金太祖对赵良嗣的提议没有异议，只是强调："契丹无道，我大金的实力足以平定契丹全域，辽境内所有府、州、军、城皆应为我大金所有。但为了感谢宋朝皇帝好意，加之燕京地区本便是汉地，故特许事成之后将燕京之地还予宋朝。"

赵良嗣见金太祖允诺，非常高兴，随即又提出金军能否在追击天祚帝途中一并攻取辽西京，金太祖亦未表示异议。赵良嗣见状，急忙乘胜追击，说道："燕京之地，即石敬瑭当年割让给契丹的'幽云十六州'，包含云州（辽西京）等地。希望大金攻取辽西京后，一并还予大宋。"金太祖闻言并未在意，随口答道："可以，待我们俘获天祚帝后，大宋便可以办理交接手续。"

吞辽灭宋：金朝建立初期的"壮举"

赵良嗣见金太祖如此"大方"，连忙又补充了一句："辽朝辽兴军节度使辖区，即平、滦、营三州，亦原'幽云十六州'之地，同样应还予大宋。"未等金太祖回答，辽朝降将高庆裔急忙说道："大宋使者所言差矣，今日所讨论的交割范围，仅限于宋朝皇帝所言'燕京一带州县'，也就是辽朝南京析津府及其下辖州县。如是，则只包括析津府及顺、檀、涿、易、蓟、景6州。平、滦、营3州在辽朝并不隶属南京留守，请使者不要偷换概念。并且云州等地亦与南京无关，是否交割我大金还需从长计议。"杨朴深知平州在贯通东北与中原及控扼海防的重要军事地位，亦补充道："平、滦、营三州，断不可划入燕京一带土地交割范围。"

完颜阿骨打听闻，恍然大悟，说道："今日关于辽朝南京交割一事已达成共识，我大金决定于今年八月初九对辽发起总攻，使者回去后，转告宋朝皇帝，必须按照此期限，配合我部向辽南京发起进攻。具体行军路线为，金军自平州松林（今内蒙古自治区东部克什克腾旗一带）向古北口进军，宋军自雄州向白沟攻击前进。"

赵良嗣见宋徽宗交代的核心议题已经达成，并未多言。杨朴进而补充道："根据我大金与宋朝大使相关提议，首先，双方出兵以后，我军攻击范围以松亭关（今喜峰口）、古北口、榆关

第二章 "君王莫听捐燕议,一寸山河一寸金"

(今山海关)三地为限,以免与宋军接触,发生摩擦。其次,辽朝灭亡后,应重新划定金、宋疆界,暂时先以古北口、松亭关、榆关一线为界,双方各安军民。再次,盟约既成,金、宋任何一方不得单方面与辽朝讲和。最后,辽朝灭亡后,金、宋于榆关以东设置榷场,进行官方贸易活动。"

赵良嗣提出,希望能补充两点:"其一,辽朝西京地区,因蔚、应、朔三州毗邻宋境,故由宋朝发兵攻取。西京大同府、归化州、奉圣州等府州,由金军在追击天祚帝途中一并攻取。待俘获天祚帝之后,再将西京大同府、归化州、奉圣州等地交付宋朝。其二,金朝除约定岁币外,不应增加其他钱物要求。"

赵良嗣言毕,完颜宗翰说道:"大使所言,唯西京地区攻取一事,届时具体问题具体分析,目前暂不做定论。"

在宋金约定夹击辽朝计划后,接下来进入岁币交涉。赵良嗣提出:"大宋获得幽州一带土地之后,将会每年给予金朝 30 万岁币作为答谢。"金太祖不满道:"幽州在契丹手中时,贵朝尚且每年给契丹 50 万岁币。如今我大金将幽州一带土地还予大宋,大宋却只愿拿出 30 万作为感谢,如此区别对待有伤两国盟好。"赵良嗣听罢,自知理亏,急忙连说是自己口误,大宋每年答应给金朝岁币银、绢 50 万两、匹以示感谢。

吞辽灭宋：金朝建立初期的"壮举"

经过双方反复磋商，最终订立联合灭辽的盟约。由于赵良嗣从登州（今山东蓬莱）渡海与金朝签订盟约，故历史上将此盟约称为宋金"海上之盟"。主要内容包括：

第一，金宋两国地位平等，互致国书，对等交往。

第二，金宋双方正式确立联合灭辽方针，由金朝攻取辽中京大定府（今内蒙古自治区赤峰市宁城西大名城）、西京大同府（今山西大同），宋朝攻取辽南京析津府（今北京）。

第三，辽朝灭亡后，燕京一带交付宋朝。赵良嗣提出金朝将云、应、蔚、朔等州交还宋朝的想法，未得到金朝明确答复。至于交割平、滦、营三州，更是直接遭到金朝拒绝。

第四，宋朝将每年交付辽朝的50万岁币转送金朝。

第五，金、宋双方展开互市贸易。

第六，金、宋双方不得单方面与契丹讲和。

"海上之盟"达成后，金朝盛情款待赵良嗣等宋朝使者，赵良嗣意气风发，即兴作《宴延和楼即事》诗一首：

第二章　"君王莫听捐燕议，一寸山河一寸金"

建国旧碑胡日暗，兴王故地野风乾。

回头笑谓王公子，骑马随军上五銮。

可见赵良嗣被所谓的"胜利"冲昏了头脑，然而由金宋双方订立的盟约内容便可发现，宋朝软弱无能的腐朽局面一览无余。自金宋交涉伊始，宋朝便没有想过凭借自身努力收回原幽云故地，而是希望在金朝灭辽过程中拾取好处，为此不惜付出巨额岁币。金朝之所以基本答应宋朝请求，一方面过高估计宋朝实力，另一方面则是希望凭借宋军牵制辽军，以便更快结束灭辽战争。但金朝自一开始便保持独立平等原则，对宋朝不卑不亢、据理力争，不断争取有利于己方条约的达成。金朝许诺归还幽州一带土地，只是觉得以宋军的实力，攻取辽南京至少不在话下。但金廷内部有先见之明的大臣已经向赵良嗣提出，若宋军无力攻取燕京，一旦燕京为金军占领，则宋朝想要获得燕京，需拿钱赎买。虽赵良嗣希望除岁币外，金朝不要增加额外钱物要求，且也得到完颜宗翰的同意。但说到底，幽云十六州能否顺利交割，到头来还是要靠实际战绩来下结论。试想，若宋军依靠自身实力连下幽、云、平、蔚、朔诸州，金朝又岂敢违约？而宋朝一味希望

吞辽灭宋：金朝建立初期的"壮举"

金朝先行攻取，然后交付宋朝，甚至无缘无故便向金朝岁输50万岁币，看似宋金平等，实则不过是"买"来的"胜利"。如此软弱无能之举，从根本上奠定了金宋关系的走向。

金天辅四年（宋宣和二年，1120）七月，赵良嗣等人离开金朝地界返回宋境，金朝方面派遣女真人斯刺习鲁及渤海人大迪乌高随等人携带国书出使宋朝。为以示盟好，金太祖特将在上京之战中俘获的辽朝上京盐铁使苏寿吉交与赵良嗣。苏寿吉本为燕京人，金太祖强调，按照"海上之盟"协定，苏寿吉亦在燕京一带土地及民户交付范围内。当然，金太祖肯定不能将辽朝境内所有祖籍燕京者皆交与宋朝，此举只是为了表示金朝对宋朝通好的诚意。同时金太祖又将马政出使时作为人质被扣留的王美、刘亮等6人交与赵良嗣，令其一同带回。

九月，赵良嗣与金朝使者斯刺习鲁、大迪乌高随等人抵达宋朝都城开封。宋朝按照对辽朝的交聘礼仪，热情接待了金朝使者。斯刺习鲁、大迪乌高随向宋徽宗进呈金朝国书，称"按照徽宗御笔'燕京并所管州城原是汉地'的要求，金朝已答应在灭辽之后，将燕京地区土地及汉民皆交付宋朝"。其中注明"除燕京地区以外辽朝领土及祖籍燕地徙居辽朝其他地区民户不在交割范围之内"。

第二章 "君王莫听捐燕议,一寸山河一寸金"

赵良嗣亦向徽宗汇报道:"金朝已经按照皇帝御笔要求,答应归还燕京一带土地及民户。但辽西京大同府、蔚州、朔州、应州、奉圣州及平、滦、营等州交割一事,我反复强调诸州皆属于我朝皇帝所言'燕京一带旧汉地汉州',可金人强调西京等府州与平、滦、营三州在辽朝时并非隶属南京管辖,在行政、军事、财赋诸方面皆分属不同区划,因而不在交割范围之内。且交割燕地民户时,仅交付汉户,非汉民户亦不在交割范围之内。后经反复磋商,金太祖答应暂且搁置争议,待俘获天祚帝后,再商议西京等府州交割事宜。"

宋徽宗听罢,意识到御笔中所言"燕京一带州县"存在重大疏漏。急忙在接见金朝使者后,派遣马政(时为登州兵马钤辖、武义大夫)及其子马扩(承节郎、京西北路武学教谕)随同斯剌习鲁、大迪乌高随等人再次出使金朝。

马政、马扩此次出使目的非常明确,即与金朝敲定西京等地交割事宜。宋朝为此专门在国书中写道:"所有五代以来为契丹获取的州城及汉民,包括'山前'之蓟、涿、易、檀、顺、营、平与'山后'之云、寰、应、朔、蔚、妫、儒、新、武(即'幽云十六州'之地),皆在交割范围之内。除上述府州外,还包括居庸关、古北口、松亭关、榆关各战略要地,亦需交付宋朝。"

吞辽灭宋：金朝建立初期的"壮举"

同时马政、马扩告诉金朝，宋朝已令太傅、知枢密院事童贯领兵出征，要求金朝必须攻取辽中京与西京之地，宋朝只负责燕京一地战事，若金朝不执行，便是违约。

宋朝此次的确是将交割地区的具体范围进行了详细划定，但宋朝只一味要求金朝交割而自己除岁币外却不想付出其他努力的行为深深引起了金朝君臣的不满。金太祖在看到宋朝国书后，十分生气，直接拒绝承认自己曾答应归还宋朝西京一带土地，对于平、滦、营三州更是表明交割之事绝无可能。金朝大臣与众将士通过宋朝的所作所为也开始轻视宋朝，认为宋朝之所以反复交涉交割一事，是由于其根本无法凭借自身实力收复燕云，于是朝堂之中开始出现反对与宋朝合盟的声音，认为以金朝的军事实力，完全可以独自灭亡辽朝，无须将一寸土地交与宋朝，待辽朝灭亡后，宋朝迫于金军的武力恫吓，岁币仍将双手奉上。甚至有人提出，不如待辽朝灭亡后，直接南下灭宋，到时候整个宋朝都是大金的，又何必在乎区区岁币。

眼见群情激奋，完颜宗翰急忙给众人"降温"，强调宋朝毕竟已经立国 150 余年，如果没有强大的兵力，怎么能与辽朝、西夏等强敌相抗衡。建议金太祖不宜轻视宋朝，眼下毕竟残辽未灭，还是应借助宋朝的力量，哪怕只是作为声援也好。完颜阿骨

第二章 "君王莫听捐燕议，一寸山河一寸金"

打觉得宗翰所言有理，遂将马政、马扩等人暂时安置，从长计议。

就这样到了天辅五年（宋宣和三年，1121）正月初一，金朝准备好回复宋朝的国书，决定让马政等人带回宋朝。金朝在国书中明确指出："前者赵良嗣出使时金朝方面已说得明白，只答应将辽朝燕京及其下辖州县、汉民交还宋朝。宋朝如果想要获取西京诸府州，请自行发兵攻取。一旦金军先行占领，绝无交割可能。"同时明令宋朝按时出兵夹击辽朝，若宋朝违约，则燕京亦不会交与宋方。

二月，金朝使者曷鲁等人随同马政抵达宋朝登州地界。由于此时宋朝集结完毕计划按照宋金"海上之盟"约定夹击辽朝的15万大军，已由童贯率领前往杭州等地镇压方腊起义军，宋徽宗害怕无法按时出兵得罪金朝，便密令登州守臣，不允许放行金朝使者。就这样，金使曷鲁等人被软禁在登州长达3个月之久，直到宋徽宗得知曷鲁等人怒不可遏甚至计划脱逃步行前往开封时，才不得不下诏将金使送往京师。

五月，曷鲁等人终于抵达北宋都城开封，由国子司业权邦彦和观察使童师礼等人接待。宋徽宗昏招不断，又萌生毁约之意。遂又将曷鲁等人再次扣留长达3个多月，直到八月放归，并不再

吞辽灭宋：金朝建立初期的"壮举"

派遣宋朝使者赴金，可以说是单方面终止了与金朝的"海上之盟"。

曷鲁返回金朝后，向金太祖君臣道来北宋毁约行径。金朝上下对于宋朝出尔反尔的不满已达到顶点，众将纷纷请战，待灭辽之后连不守承诺的宋朝一并消灭。金太祖采纳完颜宗翰等人的建议，于同年十二月，下达对辽朝总攻的命令。金军以忽鲁勃极烈完颜杲（斜也）为内外诸军都统，以完颜昱、完颜宗翰、完颜宗干、完颜宗望、完颜宗磐为副都统，率军进取辽中京。金太祖明确下诏，称此次作战的目标为灭亡辽朝，实现"中外一统"。金朝的先锋军则由辽朝降将耶律余睹率领。

耶律余睹（？—1132），辽朝宗室，其妻萧氏为天祚帝文妃之妹，耶律余睹是辽天祚帝文妃萧瑟瑟的妹夫。文妃萧瑟瑟生晋王耶律敖卢斡，晋王为人贤能、聪明伶俐、谦虚谨慎，时人皆希望敖卢斡能够继承大统，挽狂澜于既倒，扶大厦之将倾。同时文妃萧瑟瑟本人亦立志报国，多次作诗进谏天祚帝，希望天祚帝能够排除奸佞、任用贤臣，不要再排斥忠臣、沉迷玩乐。

流传至今的萧瑟瑟作品包括：

丞相来朝兮剑佩鸣，千官侧目兮寂无声。

第二章 "君王莫听捐燕议,一寸山河一寸金"

养成外患兮磋何及,祸尽忠臣兮罚不明。

亲戚并居兮藩屏位,私门潜畜兮爪牙兵。

可怜往代兮秦天子,犹向宫中兮望太平。

——《咏史》

勿嗟塞上兮暗红尘,勿伤多难兮畏夷人;

不如塞奸邪之路兮,选取贤臣。

直须卧薪尝胆兮,激壮士之捐身,可以朝清漠北兮,夕枕燕云。

——《讽谏歌》

如果说《咏史》通过对辽朝政治腐败和社会动荡的描绘,表达了作者对当下混乱局面的忧虑和对过去太平盛世的怀念之情,《讽谏歌》则在表达作者对辽朝现实政治的观察与反思,呼吁天祚帝应当振奋精神,封堵奸邪之路,同时需要抱定杀身成仁的决心。唯有"卧薪尝胆""激壮士之捐身",才能战胜金人,实现天下太平。

然而萧瑟瑟的讽谏诗不仅触犯了天祚帝的权威,更令佞臣萧奉先瑟瑟发抖。原来,萧奉先的妹妹萧贵哥也嫁给了天祚帝,是为元妃。元妃生秦王耶律定。萧奉先唯恐秦王将来若无法继承大

吞辽灭宋：金朝建立初期的"壮举"

统，届时自己不仅将失去荣华富贵，而且必将性命难保。于是仗着自己担任枢密使，掌握辽朝军政大权，遂决心寻机除掉文妃、晋王等人。

保大元年（1121）的一天，萧奉先诬陷耶律余睹勾结驸马萧昱，与文妃及文妃的姐姐（耶律挞葛里之妻）、文妃的妹妹（耶律余睹之妻）等人密谋，欲罢废天祚帝，立晋王敖卢斡为帝。天祚帝作为出了名的"无道昏君"，听闻有人意图颠覆自己的统治，根本不调查真假，当即下令赐死文妃，诛杀驸马萧昱、文妃的姐姐和姐夫耶律挞葛里等人。由于耶律余睹正在前线率军防御女真人，侥幸逃脱一死。耶律余睹见辽朝已无自己容身之所，遂于同年五月率军投降金朝。耶律余睹作为辽朝宗室且身为辽朝统军大将，降金之后，将辽廷内部虚实及辽朝军事布防全数告知金朝。金太祖大喜，遂令耶律余睹仍统率旧部，并委任他为攻辽总先锋与向导，直至抓获天祚帝为止。

金军有了耶律余睹的加持，如虎添翼，没费吹灰之力便攻克辽中京。天祚帝压根没组织起有效的抵抗，便向南京方向逃窜。耶律余睹不作停留，急忙率军追击。天祚帝不敢逗留，急忙又从南京出居庸关，逃往鸳鸯泺（今河北张北西北安固里淖）。耶律余睹听闻，急忙与赶来接应的完颜娄室大军会合，两军直追天祚

第二章 "君王莫听捐燕议，一寸山河一寸金"

帝而去。

面对耶律余睹的穷追不舍，天祚帝方寸大乱，一时不知如何是好。即便到了如此危急的境地，萧奉先仍未放弃对自身利益的追逐。前文说到，在萧奉先的诬陷下，文妃、驸马萧昱等人被杀，耶律余睹投金，然而萧奉先的"心腹大患"晋王仍未被处死，依然有继承皇位的可能。萧奉先见时机再次成熟，遂怂恿天祚帝："耶律余睹之所以摆出一副赶尽杀绝的架势，是因为他属文妃、萧昱一党。现在他以金人为后援，目的仍是要除掉你这个皇帝，然后另立晋王敖卢斡。如果皇帝能为国家前途命运着想，不惜一子，向天下昭告晋王敖卢斡结交外敌谋逆之罪，并将其明正典刑，这样耶律余睹失去篡逆的目标，也就不会继续追击了。"

萧奉先这番"鬼话"，昏庸的天祚帝还真就相信了，不仅相信而且立即执行，下诏将晋王敖卢斡赐死。此番过后，天祚帝身边为数不多的将士无不对天祚帝彻底死心，从此以后，辽军再也组织不起像样的抵抗。反之完颜阿骨打听闻天祚帝如此荒唐的行径，只觉得天亡契丹，又加派完颜杲领兵出青岭（今长城独石口附近）、完颜宗翰领兵出瓢岭（青岭北），以更加迅雷不及掩耳之势奔袭鸳鸯泺。贪生怕死的天祚帝无奈，只能继续逃往西京，因为慌不择路，就连传国玉玺也丢失在桑乾河中。此时天祚帝身边

吞辽灭宋：金朝建立初期的"壮举"

仅剩下 5000 名卫士。

金军怎能给天祚帝喘息的机会，天祚帝前脚刚到西京大同府，后脚完颜杲和完颜宗翰率领的大军便已追杀过来。穷途末路的天祚帝只能继续逃跑，慌忙逃出西京，由天德（今内蒙古自治区乌拉特前旗东北）过渔阳岭，逃往夹山（今内蒙古自治区萨拉齐镇西北大青山中部）。

直到此时，天祚帝终于意识到萧奉先的危害，但为时已晚。为防止仅剩的千余名将士如安史之乱后马嵬坡前发生"兵谏"般叛乱，天祚帝令萧奉先父子自行逃窜，免得群情激奋的将士们诛杀萧奉先父子时祸及自身。萧奉先，这位凭借一己之力将辽朝推向无底深渊的辽末奸臣，终于大势已去。萧奉先父子才逃出去没多远，便被辽军抓获，作为投名状献给金军。萧奉先臭名昭著、恶名远扬，金军见到后，不由分说便将萧奉先长子萧昂处死，以泄心中愤恨。又将萧奉先及其次子萧昱五花大绑，准备交由金太祖处置。然而途中遇到辽军溃兵，一番激战下来，萧奉先与萧昱又被辽军截获，送回天祚帝面前。天祚帝知道不杀萧奉先不足以安抚众将士，于是无奈将萧奉先父子处死。

金天辅六年（1122）三月，金军攻克辽西京。虽然天祚帝在离开西京时仍抚谕西京留守萧查剌，令其与军民守城。但面对天

第二章 "君王莫听捐燕议，一寸山河一寸金"

祚帝的不战而逃，辽朝军心涣散，兵败如山倒，金军基本上没有遭受抵抗，便顺利攻下辽朝五京中的第四京。四月，辽朝西南面招讨使耶律佛顶降金，云内、宁边、东胜等州皆降，阇母、娄室所部进驻天德、云内、宁边、东胜等州。

面对连战连捷的大好形势，同年六月，完颜阿骨打以其弟吴乞买留守阿木火（阿勒楚喀，即后世金上京，今黑龙江哈尔滨市阿城区），自己亲率大军赶往前线，准备对残辽发起最后一击。

三、宋军孱弱，金人始有轻宋之意

再说天祚帝逃亡夹山，音讯不通，成为压垮辽朝的最后一根稻草。与金朝攻克辽朝西京相同时，保大二年（1122）三月，留守南京的李处温与其弟李处能、其子李奭，宰相张琳、都统萧干以及耶律大石、左企弓、虞仲文、曹勇义、康公弼等一众辽朝大臣，外加南京城内各衙门官员、诸军将士及百姓数万人拥立天祚帝的叔叔、秦晋国王耶律淳为帝。上尊号为"天锡皇帝"，改保大二年为建福元年，降封天祚帝为湘阴王。耶律淳所建政权仍以辽为国号，历史上称为"北辽"。《辽史》称自此以后，燕、云、平、上京、中京、辽西六路为耶律淳势力范围，沙漠以北、南北

吞辽灭宋：金朝建立初期的"壮举"

路两都招讨府、诸蕃部族等为天祚帝管辖，"自此辽国分矣"。

由此我们可知，此时天祚帝势力范围内，已无能为其提供钱粮兵谷的农耕州县区及财赋机构存在，天祚帝所依仗者，仅剩下辽朝各部族及属国属部。而耶律淳"北辽"辖境内虽包含有"南京路""平州路"两个完整的"财赋/军事路"与西京、上京、中京、辽西诸路中未被金军占领的相关州县，但有辽一朝，真正的野战担当是部族军，京州军仅作为部族军的补充或后备力量。至此，本就江河日下的残辽政权又分裂为两股势力。

辽朝此时的形势可以用屋漏偏逢连夜雨，墙倒众人推来形容。为什么我们将天祚帝逃亡夹山作为辽朝崩盘的最后节点？是因为受此影响，此前一直在场外观望，踟蹰不前的宋朝终于也开始有所行动。话说宋徽宗本来都已经违约背盟，不再与金朝遣使联络灭辽事宜了，但收到金军连下辽中京、西京，天祚帝北遁西逃的消息后，徽宗心中收复幽云十六州的"大志"又再次被点燃。加之此时方腊起义已被镇压，宋军主力还朝。于是在未向金朝通报出兵时间的情况下，急忙以太师、领枢密院事童贯为陕西、河东、河北路宣抚使，蔡京之子蔡攸（官居开府仪同三司、少保、镇海军节度使）为河北、河东路宣抚副使，率军直取燕京。

第二章 "君王莫听捐燕议，一寸山河一寸金"

宣和四年（1122）四月，童贯率军10万，号称百万，进驻高阳关（今河北高阳东），发布榜文悬赏，希望幽州军民尽快来投："以一州一县来归者，当即任命其为该州该县长官。以燕京来献者，无论官员、士兵还是百姓，当即授予其幽州节度使之职，并赏赐钱10万贯、豪宅1座。其他官员来投者，仍担任原有官职不变。此奖励不仅针对汉人，契丹、奚、渤海、女真各族归顺，亦享受同等待遇。"

五月，宋军入河间府（今河北河间），分东、西两路向辽军展开钳形攻势。随即，童贯率东路军主力进驻雄州（今河北雄县）。本着先礼后兵的原则，在发起总攻之前，令赵良嗣撰写谕降书招降耶律淳，希望耶律淳开门迎降，归朝纳土，看在宋辽百年兄弟之情的份儿上，高官厚禄随便耶律淳来取。耶律淳收到谕降书后，大怒，感叹虎落平阳，当即下令将宋朝使者拖出去斩杀。

与此同时，宋朝东路军在种师道副将杨可世的指挥下，已贸然向燕京城发起攻击。此时宋军上下弥漫着盲目自信的情绪，一方面觉得辽军早已不堪一击，金人能够将辽军追杀得丢盔弃甲，作为在西北战场与西夏军血战多年的宋军精锐，一样可以所向披靡。另一方面，宋军受情报误导，认为幽州地区汉民苦契丹久

吞辽灭宋：金朝建立初期的"壮举"

矣，必每日盼望南归，天兵一到，百姓箪食壶浆以迎宋军。可令杨可世没有想到的是，其率领的轻骑兵刚到兰沟甸（今河北雄县境内）便遭到辽军耶律大石所部截击。如果说辽军面对金军不堪一击，那宋军面对辽军便是一触即溃，杨可世的数千骑兵很快便败下阵来。

种师道听闻杨可世初战受挫，急忙增兵白沟，但还是被耶律大石击败，杨可世差一点命丧疆场。随后，辽朝四军大王萧干所统领的契丹、渤海、奚、汉四军又在范村（今河北涿州西南）击溃宋朝西路军，宋军全线受挫。但其实此时宋军只是进展不利，主力并未遭受巨大损失，但种师道本就不想自毁宋辽百年之好，他曾形容进攻辽南京的行为譬如强盗入邻家，我们不去帮忙救人，反而趁火打劫，与强盗分赃，如此行径，失信于天下，可惜无人理睬。加之此时耶律淳遣使前来对种师道说："想必南朝也同样憎恶属国背信弃义的行为（暗指西夏叛宋），如今贵国为获一时之利，不惜弃百年之好，结豺狼之邻，待到日后酿成大祸，后悔不及。救灾恤邻，是古今通义，希望大国思量！"辽使所言正合种师道本意，种师道遂以宋军损失巨大、无力再战为由，于六月初向雄州撤退。

童贯在得知种师道等人撤军后，本就贪生怕死的他更不敢率

第二章 "君王莫听捐燕议，一寸山河一寸金"

军离开宋境半步，于是一面上书宋徽宗，称辽朝之所以丢失四京是由于其主力部队全部集中于南京一地，实力极强，不宜强攻，请求班师。一面将宋军失败的责任全部推给种师道、杨可世等将领。宋徽宗不明真相，很快便批准童贯的撤军请求，并罢免种师道等人官职。童贯、蔡攸率领宋军自瓦桥关、莫州退回河间府，宋朝第一次进攻南京以失败告终。

再说天祚帝在得知耶律淳僭号称帝后，大为震怒，毕竟天祚帝在帝位面前可以六亲不认，连亲儿子都加以诛杀，怎能容忍耶律淳的行为。于是在同年六月，天祚帝在夹山站稳脚跟后，声称集结部族5万精兵，要杀回南京，诛杀叛贼。耶律淳虽然挫败了宋人对南京的第一次进攻，但他年老多病，加之北辽小朝廷风雨飘摇，让他心力交瘁，听闻天祚帝东山再起的消息后，竟急火攻心，惊惧而死。李处温等人于是又拥立耶律淳之妻萧氏为皇太后，主持军国大政，改建福元年为德兴元年。并遵照耶律淳遗嘱，准备迎立天祚帝之子秦王耶律定为帝。

然而李处温父子不过是萧奉先父子的翻版罢了，此时所想已非辽朝命运，而是自身退路与荣华富贵。遂计划一面联系童贯，一面联系金人，筹码便是劫持萧太后等北辽军政要员并携南京析津府辖下土地、民户投诚，看宋金两方谁出价高、给的待遇好，

吞辽灭宋：金朝建立初期的"壮举"

便向谁投降。计划尚未成功便被尚忠于辽朝之人发现，向萧太后举报李处温父子的阴谋。萧太后大骂道："正是因为有尔等奸佞小人，我大辽才走到这步田地。"随后下令将李处温父子处死。在查抄李处温父子家产时，竟籍没钱7万缗，金银玉器不计其数，皆是李处温担任宰相数月间收受贿赂及搜刮四方所得。最为讽刺的是，宋人收复燕京后，以李处温父子因还地于宋而亡，竟追封李处温为广阳郡王，其子李奭为保宁军节度使。

北辽小朝廷这么一折腾，竟又重新点燃了北宋收复幽州的希望。王黼、蔡京力主再次发兵攻燕，宋徽宗对王黼、蔡京言听计从，立即下诏令童贯、蔡攸停止回师，驻军高阳关。八月，宋朝以检校少傅、河阳三城节度使刘延庆代替种师道为都统制，耀州观察使刘光世代替原西路军统帅辛兴宗，并增兵20万，发起对南京的二次进攻。

在宋军的绝对优势面前，辽朝易州（今河北易县）守将高凤，辽朝都管押常胜军统帅、涿州（今河北涿州）留守郭药师、团练使赵鹤寿等人，相继以易、涿等州投降宋朝。宋军旗开得胜，徽宗大喜，不仅为郭药师等人加官晋爵，并将郭药师所率8000名"常胜军"和易州5000义兵编入刘延庆前军，以为进攻燕京之先锋与向导。

第二章 "君王莫听捐燕议，一寸山河一寸金"

面对如此危局，萧太后自知回天无力，决定向宋朝或金朝投降。然而令萧太后没想到的是，金朝以"海上之盟"中订立的宋金双方不得单独与辽朝讲和的条款，拒绝了北辽的投降请求，只是令其速速放下武器，向宋军投降。而宋朝童贯、蔡攸二人在绝对兵力优势与战场形势下，再次狂妄自大，竟然也拒绝了北辽朝廷的投降请求。估计童贯和蔡攸觉得南京已是笼中之鸟，唾手可得，必须靠真正实力攻取，以立下有宋以来的"第一功"。然而世事无常，童贯、蔡攸这一"拒绝"，却令宋朝滑向了无底深渊。

十月，郭药师向刘延庆建议："北辽仅有2万军队，为防御我大宋进攻，全部部署在白沟河一线，正面进攻辽军虽无力抵御，但他们一定会殊死反抗，我大宋亦会付出较为惨重的代价。不如我们遴选轻骑精兵，由固安偷渡卢水至安次，然后出其不意攻入燕京。燕京汉民得知我天兵天降，必开城门为应，如此燕京唾手可得。"刘延庆大喜，当即令郭药师率领5000名常胜军为先导，引领赵鹤寿、高世宣、杨可世、杨可弼等部6000名轻骑，半夜渡过卢沟河，于黎明时分抵达燕京城下。宋军打扮成老百姓的样子，乘一早城门开放之机，夺取迎春门。后续部队随后相继进入燕京，迅速控制燕京七门。

然而此时，宋军充其量只能称作控制了南京外城，可宋军已

吞辽灭宋：金朝建立初期的"壮举"

被胜利冲昏头脑，开始大肆抢夺财物，屠杀契丹、奚、渤海各族人民，乱战中，甚至连汉人都不放过。萧太后则在听闻宋军进城后，一面下令关闭内城城门，立即派人召回耶律大石、萧干率领的仅存的辽军主力，一面组织人马顽强反击。萧太后以身作则，亲自登上内城宣和门，手执弓箭射杀宋军。辽军人数虽少，但在萧太后的鼓励下，以一当十，奋勇战斗。燕京城内的百姓，面对宋军的打砸抢掠，纷纷拿起武器，配合辽军，誓死抵抗，一时竟与进城的宋军打得难解难分。

就在这千钧一发之时，萧干率领的辽朝生力军赶回燕京。由于宋军人少且兵力分散，加之沉浸在胜利的喜悦中，丝毫没有防备，很快战局便呈现一边倒的溃败之势。高世宣、王奇、李峻、石洵美、王端臣等10余名将领战死，杨可世、杨可弼、郭药师等人侥幸逃脱，入城宋军几乎全军覆没。萧干、耶律大石等辽朝将领乘胜追击，宋军兵败如山倒，不仅此次征燕主力损失殆尽，并且涿州安次、固安两县也被辽军收复。时人称宋朝王安石变法以来的积蓄，经此一战损失殆尽，足见惨败之巨。

童贯、蔡攸得知前线惨败后，害怕宋徽宗怪罪，急忙派遣王瑰出使金朝，秘密联系金太祖，希望金朝能够出兵攻取燕京。为保留颜面，王瑰未提及宋军惨败一事，只是称宋军已兵临燕京城

第二章 "君王莫听捐燕议，一寸山河一寸金"

下，但考虑到宋金"海上之盟"约定，未敢擅自进入燕京，特派遣使者王瑰前来议定双方夹攻的具体日期。完颜阿骨打明知宋军惨败，但亦未戳破，当即表示十二月初起兵，助宋攻取燕京城。

辽军听闻金军发兵，萧太后、耶律大石、萧干等人连夜出城逃跑，左企弓、虞仲文、曹勇义、刘彦宗等辽朝官员开城投降。金太祖自十二月初一起兵，初六进入燕京城，用时不足六日，令宋军损兵折将的燕京城如同灰色幽默般被金军占领。

结果金太祖君臣这边还没有视察完燕京，宋朝使者赵良嗣、周武仲等人便又紧急求见，重提"海上之盟"中燕云十六州的交割一事。然而此一时彼一时，如果说一开始金朝同意与宋朝合盟，是由于当时的女真人势力弱小、孤立无援，希望借助宋朝的力量结束对辽战争。甚至到了天辅六年（1122）五月，听闻宋朝在未向金朝确定出兵日期，便派遣童贯率军攻燕时，仍害怕宋朝直接攻取燕京，据险守关，不给金朝岁币，急忙遣使赴宋以确认宋朝是否还承认"海上之盟"的有效性。但此时辽朝五京均已被金军占领，宋人未立尺寸之功，连一京都无法顺利攻取，反而损兵折将。相反，金人不费吹灰之力便接收北辽全境，金朝上下愈发瞧不起弱宋。投降金朝的辽朝文武官员更是对宋人联金攻辽恨之入骨，乘机劝谏金朝不要将燕京之地还予宋朝，即便交割，也

吞辽灭宋：金朝建立初期的"壮举"

要宋朝付出巨大代价。

在这种情况下，宋朝心心念念的西京、蔚州、朔州及平、滦、营等地成为泡影已成既成事实。不仅如此，金太祖明确向赵良嗣提出，燕京可以交与宋朝，但燕京每年的赋税收入，宋朝必须交与金朝。即宋朝每年除巨额岁币外，还需支付金朝一笔不菲的"代税钱"，作为对金朝交还燕京地区的感谢。赵良嗣还想作最后一次努力，争辩道："赋税自古以来都是随土地征收，哪有得地却得不到税收的道理呢？"然而在绝对的实力面前，赵良嗣的一切争辩都显得苍白无力。听闻赵良嗣所言，完颜宗翰直接回答道："如不照做，宋军立即退回白沟以南，否则以入侵我大金疆域论处。"赵良嗣无奈，只能随同金朝使者李靖等人返回开封，商议燕地赋税等事宜。

天辅七年（1123）二月，宋金双方达成共识，宋朝每年除岁币银20万两、绢30万匹外，另缴纳燕京代税钱100万贯，且答应补交天辅六年（1122）岁币。宋帝的"豪爽"令金太祖都大为震撼。同时为尽快交割燕京，宰相王黼一反宋辽交聘旧例。自澶渊之盟签订后，百余年来，辽朝使者进入宋境后，宋人为避免辽人侦悉宋朝山川形势，皆引导辽使绕道而行，酒宴和犒赏皆简约，从不显示奢华。宋使进入辽境后亦是如此。然而王黼却令宋

第二章 "君王莫听捐燕议,一寸山河一寸金"

朝接伴使七日之内引导金使抵达开封,每次设宴招待,都极尽奢华,甚至把皇家使用的锦绣、金玉、瑰宝摆设陈列,夸耀宋朝之富有。金使返回金朝后,将宋朝地大物博、府库充盈一一讲述,更是令金朝众将羡慕不已。降金辽臣辽将趁机怂恿金朝发兵攻宋,"南下"的种子在宋人炫富的背后悄悄在金人心中种下。

由于金朝发展之快超出所有人的想象,甚至完颜阿骨打自己也没有想到,当初只是为了反抗辽朝暴政,如今却如秋风扫落叶般灭亡辽朝,如何治理庞大的辽朝疆域便成为摆在金朝君臣面前的首要问题。尤其是面对幽云十六州的州县地区,金人的猛安谋克制度显然并不适用,如今见宋徽宗如此"豪爽""大度",阿骨打觉得将云州、朔州、蔚州等地一并还予宋朝,然后如幽州般每年收取代税钱,似乎是当下最好的选择。因此当赵良嗣提出能否将西京等地一并交割宋朝时,金太祖予以同意。完颜宗翰、完颜希尹等人虽为坚定不移的反对派,但见金太祖心意已决,也不好反对,提出西京一带土地可以交还宋朝,但所有民户必须迁回金朝内地,不能留给宋人。或宋人交纳"助军旅之费",才能予以交割。

三月,金使完颜银术可等人抵达开封,宋徽宗又"大方"地增加 20 万赏军银绢作为对金军攻取西京的"感谢"。双方又讨论

吞辽灭宋：金朝建立初期的"壮举"

了事关宋金双方地位的交聘礼仪，确定了以兄弟之国进行对等交往的根本原则。虽然金宋关于燕京、西京等地的交割事宜看似有条不紊地顺利推进，但金朝朝廷内，坚决反对交割的大臣如宗翰、希尹、高庆裔等人仍在苦劝金太祖收回成命。因此在宋使卢益、赵良嗣、马扩等人再次出使金朝，签订两国盟约誓书时，高庆裔等人以宋朝所撰誓书存在种种问题令其反复修改、润色誓书文字。又以誓书所载宋金双方不得招纳对方逃人（叛亡者）为据，指责宋朝不讲信用，招纳叛亡。金朝明确指出，赵温讯（一作赵温信）、李处能、王硕儒、韩昉、张耷等人逃亡宋朝，宋朝应立即予以遣返，否则金朝不予签订盟约。

卢益等人辩解道："这些人逃入宋朝后，隐姓埋名，更名改姓，隐居山林，我们根本找不到他们，不然早就给金朝遣送回来了。"但完颜希尹指出："那郭药师、董庞儿等人，现在就在宋军军中，你们能说也找不到他们吗？"马扩解释道："郭药师、董庞儿投降之时，贵朝尚未攻取燕京，不在誓书范围之内。"

董庞儿，辽朝易州人，少年贫贱，但沉勇果敢。辽朝在南京地区抽调乡兵抗击金朝进攻，董庞儿应募参军，被任命为营级军事官员。战败后，主将将战败责任都推脱到董庞儿身上，欲杀人灭口。董庞儿于是亡命山林，借燕地民众怨恨辽朝征发之机，聚

第二章 "君王莫听捐燕议，一寸山河一寸金"

众为盗，剽掠州县，人数发展至万余人。契丹调集重兵加以围剿，董庞儿不敌。宋朝雄州知州和诜得知消息后，上奏蔡京请示招降董庞儿。蔡京闻之大喜，许诺董庞儿待宋朝收复燕云后封其为燕地之主。董庞儿立即上表归顺宋朝，自称"扶宋破虏大将军"，并袭杀辽朝牛栏寨将军，函其首级来献。后董庞儿入宋，被宋徽宗赐名为"赵诩"。

马扩所言本属实情，但无奈此时金人已笃定宋朝并没有抗议的勇气，完颜希尹和杨朴遂强硬地表示，若宋朝不把上述人员遣返回金朝，金朝便直接出兵涿州、易州，将宋军赶出大金的国土，燕京交割一事更无须再提。果然赵良嗣将金人的态度汇报给徽宗君臣后，徽宗立即下令将赵温训等人押送雄州，交由金朝使者撒卢母、杨天寿等人带回。同时将搜刮筹集来的20万赏军银绢送往金朝，希望金朝立即办理交割燕京事宜。

金人见宋朝如此软弱，又提出金军当前还在为宋朝能够顺利接受燕云地区而忙于肃清残辽的散兵游勇，宋朝应向金军提供10万石粮草，宋徽宗亦是一口答应，没有丝毫犹豫。

然而宋徽宗越是"豪爽"，金人越是瞧不起宋朝，欺辱之心愈重。于是在四月即将交割燕京地区州县时，金人提出按照约定，松亭关、榆关以外民户需交由金朝，郭药师所率常胜军皆为

吞辽灭宋：金朝建立初期的"壮举"

辽东人，按照约定应归还金朝。但郭药师率领的常胜军，在徽宗、童贯等人心中犹如大宋北部屏障，徽宗君臣希望借助郭药师的力量守卫北部边防，一向毫不犹豫接受金人条件的他们，此时却犯了难。不将常胜军交还金朝，金人必定爽约，交割燕京一事毁于一旦；交还金朝，又有如失去至宝，心中难舍。就在此时，点检文字李宗振揣摩上意，提出不如模仿向金人索要西京时，金人提出以民户换土地的策略，即将燕京城内居民全部交与金人，任由金人尽数迁走，借以换取不交换常胜军。如此一则可以留下常胜军，使其帮助大宋守卫燕京；二则可以用燕京城内田产房宅安置常胜军，无须大宋另行拨付钱粮。一举两得，两全其美。童贯采纳李宗振的建议，立即上报宋徽宗。宋徽宗大喜过望，立即准许。

诏令发布后，立即引起轩然大波。燕人获悉被宋朝"背刺"，需要抛家舍业，放弃一生甚至是几辈人的基业而被迁走的消息后，大为愤怒，纷纷向金人表示抗议。加之此前赵温讯等人被送还金朝后，金人不仅没有为难他们，反而好生安抚，授官分田，希望他们能为建设金朝贡献自身的力量。赵温讯等人大为感动，此刻纷纷向完颜宗翰进谏道："幽燕之地，早已非宋朝所有。宋人软弱，自己无法从辽人手中收复，转而请求我大金出兵，宋人

第二章 "君王莫听捐燕议，一寸山河一寸金"

未立尺寸之功，大金岂能空辛苦一场？幽燕作为战略要地，北控大漠、南御中原、西通流沙、东临海疆，如此形胜之地，岂能随便割与他人？"赵温讯继续补充道："早在辽时，幽燕地区便是契丹境内经济最为发达的地区。宋人苏辙尝言'契丹占据全燕，拥有桑麻枣栗之饶，坐享赋税收入之丰'。辽时南京析津府户口多达 10.2 万户，冠绝辽朝，辽朝其他京府州县的民户数量远低于南京地区。大金若放弃幽州，经济损失无法估量，宋朝每年给予的代税钱根本无法弥补。"

赵温讯及燕人代表慷慨陈词，声泪俱下。宗翰本就坚决反对将燕京一带土地交还宋朝，听后大为触动，立即面见金太祖，请求仅承认宋朝对先前已入宋的涿州和易州的占有权，按照涿州和易州的疆界与宋朝划定边界即可，其余土地皆不许交割。降金的辽朝大臣左企弓更是当庭赋诗一首："并力攻辽盟共寻，功成力有浅和深。君王莫听捐燕议，一寸山河一寸金。"这便有了本章开头的一幕。

然而此时金太祖有其自身的顾虑，一方面，金朝尚未建立管理庞大疆域的完整体系，且战火过后，一片狼藉，需要恢复生产力、安置流民、安抚百姓，还需稽查盗匪、肃清辽朝散兵游勇等。最为紧要的是此时人心不稳，金朝境内反抗不断。凡此种

吞辽灭宋：金朝建立初期的"壮举"

种，金朝皆需要一个稳定的外部环境，因此金太祖此时并不想因毁约而与宋朝发生军事摩擦。另一方面，金朝虽即将灭亡辽朝，但金朝的地位尚未得到周边各政权的认同，西夏、高丽此时仍以辽朝为宗主国。例如完颜阿骨打称帝之时，高丽明确表示支持辽朝。后阿骨打遣使高丽，希望双方和亲时，高丽君臣欲斩金朝使者。即使是金朝节节胜利，辽朝一溃千里之时，高丽使者出使金朝，带来的国书中仍暗讽女真人"发源于高丽"，处处可见轻视之词。西夏则不畏金朝铁骑，多次出兵援辽抗金，虽然结果多以失败告终。与辽朝有着翁婿之亲的西夏国主李乾顺甚至亲自率兵前来支援天祚帝，并邀请天祚帝前往西夏避难。故而金太祖希望借金宋合盟之机，树立自身大国形象，借以获得周边各政权的心理认同，进而构建属于金朝的东亚秩序。

念及此，完颜阿骨打对金朝众大臣强调道："我与大宋'海上之盟'已定，不可失信于天下，哪一天等我不在人世了，再按照你们的意思办理。"见太祖之意不可更改，宗翰等人纷纷表示同意。于是阿骨打令完颜宗翰负责接下来向宋朝移交西京一带土地之事；令习古乃、婆卢火等人按照与童贯的约定，护送燕人由"傍海道"（平州、榆关一线）徙居金朝内地；自己则亲率大军出居庸关，前去捉拿天祚帝。金人在撤出燕京时，将涿州、易州以

第二章 "君王莫听捐燕议，一寸山河一寸金"

外各府、州内家产在 150 贯以上共计 3 万余户，尽数迁离燕京。同时将前辽官员、皇宫嫔妃宫女、手工艺人、僧尼道士等尽数押解，钱财、仪仗、车马、辎重、粮草等更是全部运走，不给宋人留下一针一线。如此数量众多的民户、官员、财物，对金人稳定统治体系、开发内地以及发展生产力起到极大的推动作用。加之金人在撤军之时，将燕京及其周围的城墙堡寨悉数摧毁，可以说金人留给宋人的不仅只是一座"空城"，更是一座不设防的城市。

随着金军撤出燕京，宋朝立即派遣李嗣本率河东军 5 万人先期进驻燕京。随后于宣和五年（1123）四月十七日举行盛大的入城仪式。童贯、蔡攸携郭药师所率常胜军，种师中、杨可世所率陕西兵，马公直所率河北、京畿兵，轰轰烈烈进入燕京城。沿途真可谓"锣鼓喧天，鞭炮齐鸣，旌旗招展，人山人海"。两日后，金人将燕京地理图移送宋朝。至此，宋朝历经千难万险，费尽千辛万苦，终于在耗费巨资后，收回燕京"空城"及涿、易、檀、顺、景、蓟 6 州。

四月二十二日，童贯向宋徽宗递交复燕奏文，谎称征燕大军获得空前胜利，收复燕京。宋徽宗大喜过望，祖宗心心念念的"幽云十六州"中的一半地区，已经由自己完成收复，收复余下一半也只是时间问题。又想到早在宣和元年（1119）六月，自己

吞辽灭宋：金朝建立初期的"壮举"

在青唐吐蕃地区置州四、军一、关一、城六、寨十、堡十二，收复西夏土地数千里，筑军一、城七、寨五、堡垒二十四，真可谓"文治武功，定功继伐"。宋徽宗喜不自胜，立即为童贯、蔡攸等收复燕京"有功"人员加官晋爵，举国欢庆。宰相王黼官拜太傅、进封楚国公，童贯进封徐豫国公，蔡攸官拜少师，郭药师授检校少保、河北燕山府宣抚副使、同知燕山府，赵良嗣授延康殿学士，马扩授武功大夫、和州防御使等。凡参与者，即便是反对之人，皆赐予甚厚。八月，不等金朝将西京等地交予宋朝，宋徽宗又命王安中作《复燕云碑》，宋廷上下沉浸在胜利的喜悦之中。正如詹度在《送童宣抚平燕班师》中所写："长亭春色送英雄，满目江山映日红。剑戟夜摇杨柳月，旌旗晓拂杏花风。行时一决平戎策，到后须成济世功。为报燕山诸将吏，太平取在笑谈中。"似乎自此以后，宋朝"大一统"功业完成，从此坐享太平，万事大吉。可令宋徽宗万万没有想到的是，这短暂的胜利不过只是北宋灭亡前的回光返照罢了，仅仅四年之后，自己就要在遥远寒冷的五国城了此余生了……

第三章

"后人收得休欢喜,更有收人在后头"

> 百尺竿头望九州,前人田土后人收。
>
> 后人收得休欢喜,更有收人在后头。

一首辽遗民所作《投坑伎诗》(一说北宋宣和年间开封民谣),道出宿命的无常。上文说道,宋徽宗对金朝极尽屈辱之能事,终于换得燕京等几座残破不堪的空城。从当时的实际情况来看,处于上升期的金朝在灭亡辽朝后必定垂涎于宋朝的富庶,战火的阴云密布在中原大地上空。因而宋朝在收复燕京后,应立即

吞辽灭宋：金朝建立初期的"壮举"

整军备战，据险固守，尽量做到有备无患。然而宋朝在徽宗君臣一系列"神操作"下，让本就瞧不起宋朝软弱的金人，又给自己扣上了违约失信的帽子，从而给金人发兵南下以口实。正如诗中所言，前人（辽）的田土后人（宋）来收，后人（宋）收后休欢喜，更有收人（金）在后头。幽云十六州，终成黄粱一梦。

一、辽朝灭亡，金朝对宋政策的改变

话说天祚帝逃亡进夹山（今内蒙古自治区萨拉齐西北大青山中部）后，辎重尽失，就连天祚帝的幼女也被金军俘获，天祚帝仅以身免。然而传说夹山在大漠之北，进入夹山需经过60里沼泽地，唯有契丹人熟知进出途径，追击的金军因孤军深入且不得其门而入，只得撤退。同样金太祖亲临前线后，于天辅六年（1122）八月率军进入鸳鸯泺（今河北张家口张北西北安固里淖），追袭天祚帝到大鱼泺。完颜昱、完颜宗望又率军追袭天祚帝至石辇驿（今内蒙古自治区额济纳旗西北）等地皆不及而还。无奈金太祖只得令金军屯驻于西京西北以监视天祚帝的行动，待天祚帝出夹山时予以擒获。

天辅七年（1123）六月，金太祖完颜阿骨打在帮助宋朝收复

第三章 "后人收得休欢喜，更有收人在后头"

燕京，并将燕京及其六州交还宋朝后，病逝于北返途中。金军上下一片悲痛欲绝，完颜宗翰等人护送金太祖灵柩返回皇帝寨，群臣拥立阿骨打之弟完颜吴乞买即位，改元天会，吴乞买即金朝第二位皇帝金太宗。

再说耶律大石和萧干逃离燕京后，至松亭关（今喜峰口），二人因逃亡目的地产生分歧。耶律大石主张逃往夹山，投奔天祚帝。奚人萧干则主张前往中京大定府（今内蒙古自治区宁城西大明城）奚人老家。中京本便是奚人故地，辽圣宗时奚王献地，圣宗于此建中京城，萧干希望借辽朝日暮西山之机，自建政权，拥兵自立。于是，道不同不相为谋，双方分道扬镳。契丹军7000余人跟随耶律大石，奚、渤海、汉军5000余人追随萧干。

保大三年（金天辅七年，1123）正月，萧干率军至箭笴山（今河北秦皇岛西北祖山），自立为神圣皇帝，建国号大奚，改元天复。六月，萧干攻克景州、蓟州，兵锋直指燕京。此时金人已将燕京移交宋人，宋朝听闻萧干率军来攻，急忙派遣郭药师率领常胜军前去迎敌。虽然常胜军名不副实，屡战屡败，但这次毕竟身后有大宋为倚仗，反之大奚军人心浮动，最终为常胜军所击败。萧干战败后，被部下耶律阿古哲及外甥乙室八斤、家奴白底哥等人杀死，大奚国建立不到5个月便分崩离析。

吞辽灭宋：金朝建立初期的"壮举"

而耶律大石见到天祚帝后，天祚帝先是下诏废耶律淳为庶人，并诛杀萧太后以泄愤。随后，天祚帝怒斥耶律大石道："你为何背叛我，拥立耶律淳为帝？"耶律大石不卑不亢道："陛下集全国之力，尚无法抵挡金军。陛下置国家命运于不顾而独自远遁，将大好河山拱手让与金人。秦晋国王同为我太祖大圣大明天皇帝子孙，拥立他来保全社稷，总比向金人摇尾乞怜要好吧？"天祚帝闻言无言以对，加之考虑到当下正是用人之际，耶律大石作为为数不多的领兵大将，手下握有生力军，自己尚需依仗其军事能力，只好赐给耶律大石酒食，对于其拥立耶律淳的罪过既往不咎。

保大四年（金天会二年，1124）七月，由于耶律大石率众来归，加上阴山室韦谟葛失表示愿意出兵3万人为援，加之完颜阿骨打病死，天祚帝自谓得到天助，遂决意出兵，收复燕、云。耶律大石得知后，立即劝阻道："自从金人初陷长春、辽阳两路，陛下则前往广平淀，然后又从广平淀逃往中京。金人攻克上京，陛下则逃往南京。金人攻陷中京，陛下则去往西京。待金人攻占西京，陛下又奔往夹山。此前我们坐拥百万大军之时，尚无法抵御金人。现在我军仅有不到5万人马，而金军兵强马壮，此时寻求与金军决战，绝非良策。我以为我们应该养精蓄锐，等待时

第三章 "后人收得休欢喜,更有收人在后头"

机,凭借夹山的复杂地势,据险固守,待金朝发生变故,或金朝与宋朝因分赃不均产生摩擦后,再见机而行,现在绝不可轻举妄动。"

耶律大石所言道出辽朝崩溃的又一重要原因。前文已述,辽朝灭亡的原因有很多,如朝廷腐败,横征暴敛;天祚帝重用奸臣;辽军承平日久,不谋战备;辽朝东北边防体系"外强中干"等。而耶律大石则从辽朝国家体制上点明辽军一败涂地的根本原因,即当以皇帝为核心的辽朝中枢体制遇到只会逃跑的耶律延禧,国家运作瞬间崩溃。

众所周知,辽朝兼具"城国"与"行国"的双重特点,既设置五京作为区域中心城市并兼具都城功能,辽朝皇帝又通过巡幸"捺钵"管理地方。《辽史·营卫志》称辽朝皇帝"四时捺钵",此为元朝史官受宋人记载影响,准确地说,辽朝皇帝应称为"随时捺钵",即《营卫志》所言"无日不营,无在不卫"。辽朝的中枢核心不在五京,也不在斡鲁朵,而是皇帝走到哪里,随从皇帝的"行朝"便走到哪里,中枢核心就在哪里。

和平时期,辽朝皇帝于春捺钵之地接见五国部、生女真诸部,于夏捺钵之地召开南北臣僚会议,于冬捺钵之地与南北面大臣共议国事,兼受南宋及诸国礼贡。故《营卫志》称"皇帝四时

吞辽灭宋：金朝建立初期的"壮举"

巡守"，"巡守"即"巡幸守边"之意。辽朝皇帝表面上看去是四处游猎，实则亲自巡边，向周围各政权、部族夸耀武力，稳定统治，这便是辽朝皇帝大约在正月初三时便顶风冒雪起牙帐，在零下几十摄氏度的寒风中前往鸭子泺（今吉林松原查干湖）的动力所在。

天庆二年（1112）春，天祚帝来到春捺钵地举行头鱼宴时，包括完颜阿骨打在内的各边疆民族首领携带大量土特产品前来朝贺，席间天祚帝命各部首领依次起舞助兴。各部首领为表归顺服从之意，不敢违抗，相继歌舞。然轮到阿骨打时，阿骨打却推辞不会唱歌跳舞，无论天祚帝如何威逼利诱，阿骨打皆不为所动。阿骨打此举实则已体现其反抗辽朝之意，故天祚帝指示枢密使萧奉先，"假托边事以诛之，否则必留后患"。万万没想到一向投天祚帝所好的萧奉先竟然对天祚帝说："阿骨打不过是一个粗人，不懂礼仪。如果只是因为没有唱歌跳舞就把他杀掉，恐怕会影响边疆民族对我大辽的忠心。再说，退一万步讲，即便阿骨打对大辽产生二心，蕞尔女真在我大辽面前，不堪一击，又能有何作为？"可就是萧奉先这一席话，令本就无心朝政的天祚帝本着多一事不如少一事的原则并未追责阿骨打，最终导致女真势力坐大，令辽朝皇帝亲自巡边的行为成为一场笑话。

第三章 "后人收得休欢喜，更有收人在后头"

战争时期，皇帝所在的"行朝"作为辽朝国家体制运作的中枢，对于稳定战局起着举足轻重的作用。正如耶律大石所言，女真兴兵后，天祚帝一逃再逃，不仅军心溃散，更重要的是无法组织起有效的抵抗。辽制，皇帝四时捺钵时，"契丹大小内外臣僚并应役次人，及汉人宣徽院所管百司皆从。汉人枢密院、中书省唯摘宰相一员，枢密院都副承旨二员，令史十人，中书令史一人，御史台、大理寺选摘一人扈从"。可见处理契丹事务的高级中央官员及部分处理汉人事务的官员全部随从皇帝捺钵。故随着天祚帝化身"延禧跑跑"，无论是作为辽朝最高军事管理机构的枢密院，还是处理契丹部族事务的南北宰相府，全都无法履行自身职能，部族军只能各自为战，被金军逐一击破，这也是为什么作为契丹最强战力的部族军面对金军来袭，史料中所见战绩甚至不如部族军的后备力量"京州军"。

京州军由于天祚帝一再逃亡面临同样问题。辽朝五京、节镇中均设有相应驻军，除汉军外，南京、东京还部署契丹、奚、渤海诸军，分别隶属南京统军司与东京统军司（契丹、奚、汉、渤海四军都指挥使司）。京州军并非没有战斗力，只是因皇帝四处逃窜，缺乏统一指挥，士气低落。以西京大同府为例，金军攻克辽西京后，主力继续追击天祚帝，于是西京城内原辽朝守军趁机

吞辽灭宋：金朝建立初期的"壮举"

发动兵变，以军官马权为都统，并向燕京求援。此时耶律淳刚即位，遂令蔚州忠顺军发兵援助西京。然而西京守军未等到北辽援军，得知兵变消息的金军便已回师西京，马权等人据城死守10余日，才力竭城陷。试想若天祚帝不是一味逃跑，而是能够以身作则坚守辽朝五京中的一座，金朝灭辽之战都会产生些许波折。可惜历史没有假设，天祚帝一面自顾自逃命，一面令将士拼死守城，这才出现前脚天祚帝令西京留守萧查剌抵御金人，后脚萧查剌就投降的场景。

耶律大石所言，字字珠玑，可能是因为耶律大石刚刚经历过其与萧太后、萧干等人打着所谓与金军决战的幌子，实则逃跑开溜，导致左企弓等人群龙无首，索性开门投诚之事。耶律大石准确无误地指出天祚帝此前所犯下的战略错误，并指出今非昔比，此时残辽实力远不如金朝，敌强我弱，应韬光养晦，不宜主动出击。

天祚帝听了耶律大石的话，不以为然道："现在负责云州一带防御的完颜宗翰已经回去奔丧了，正是我们出兵的大好时机。如果不抓住这一有利时机，以后就彻底没有希望了。"于是执意要出夹山，进取云中。且由于耶律大石嘲讽天祚帝只知道跑路，天祚帝此次决定"御驾亲征"。

第三章 "后人收得休欢喜，更有收人在后头"

保大四年（金天会二年，1124）七月，天祚帝亲率包括室韦谟葛失在内的5万大军，出夹山，下渔阳岭，直趋天德、东胜、宁边、云内等州。然而完颜宗翰虽未在前线，另一名女真大将完颜希尹仍留守西京一带。因女真兵员不足，完颜希尹以蔚州、应州、奉圣州、大同府汉军负责抵挡辽军冲击，自己则将女真兵马集中在一起，绕到辽军身后，待辽军与汉军交战之际突然杀出，本就畏金如虎的辽军一触即溃，天祚帝再次狼狈南逃。完颜希尹派遣完颜娄室率领500名轻骑拼死追击，在武州地界的奄遏下水（今山西大同西北）再次大败天祚帝的军队。至此，天祚帝刚刚拼凑的5万大军瞬间灰飞烟灭。

说到这里还有一个小插曲。宋徽宗曾招募一位僧人拿着宋徽宗亲自书写的"御笔绢书"，前往夹山招诱天祚帝，答应天祚帝归宋后待之以皇兄之礼，位列燕、赵二王之上，并建筑豪华宅邸，配备女乐300余人，绝对保障其晚年的优越生活。此次天祚帝决意率军南下，正是为了投奔宋朝，故战败后一路南逃。随行将士听闻天祚帝所言，急忙劝谏道："宋朝软弱，招诱陛下只是一时兴起之举，一旦金人索取，他们必将我们交还金人。与其入宋后再由宋人交与金人，不如投降金朝，不但可以避免一再受辱，说不定主动投降还可以确保王侯之封，以保陛下安度晚年。"

吞辽灭宋：金朝建立初期的"壮举"

天祚帝听罢，才如梦方醒，于是决定不再南下。但让他投降金朝也是难以接受的，遂率领残兵败将前往党项，希望在山金司小斛禄处寻得一处容身之地。但由于天祚帝南下，丧失逃出金军包围圈的最佳时机，追兵如同狗皮膏药般紧紧贴在身后，无论如何也甩不掉。次年（金天会三年，辽保大五年，1125）二月，天祚帝在应州（今山西应县）新城东60里为金朝将领完颜娄室所部擒获。八月被解送至金上京，金太宗下诏降封其为海滨王。不久去世，享年54岁。金朝皇统元年（1141）二月，追封天祚帝为豫王。皇统五年（1145），葬于广宁府闾阳县乾陵旁。南宋以后，有天祚帝和宋徽宗在长白山会面之传说，但天祚帝去世之时，北宋尚未灭亡，便知此为小说家虚构之言，而非史实。

说起历史上的辽朝，其实共有3个。天祚帝被俘，标志着由太祖耶律阿保机建立的历太宗、世宗、穆宗、景宗、圣宗、兴宗、道宗至天祚帝的契丹辽朝灭亡。据今人研究，辽朝国号的全称为"大契丹辽国"或"大辽契丹国"，故此处我们称之为"契丹辽朝"。又有耶律淳建立的"北辽"小朝廷，其始末前文已提及。需要提及的是，"北辽"除皇帝耶律淳、摄政萧太后外，还有第三任皇帝耶律雅里、第四任皇帝耶律术烈。保大三年（1123）五月，将军耶律敌烈、硬寨太保特母哥在沙岭（今河北

第三章 "后人收得休欢喜，更有收人在后头"

宣化西）立耶律雅里为帝，改元神历。十月，耶律雅里因沉迷狩猎，一日射杀黄羊40只、狼21只，过度劳累而死，年仅30岁。众人拥立辽兴宗之孙耶律术烈为帝。十一月，耶律术烈在内讧中被杀。次年，特母哥降金，北辽宣告彻底灭亡。

除二者外，还有耶律大石所建"西辽"。话说耶律大石离开天祚帝后，率领200余骑西走，来到距离上京西北3000余里之遥的辽朝西北路都招讨司治所镇州。据《契丹国志》记载，镇州至上京临潢府之间有着一片广袤无垠的大沙漠，方圆数百里，耶律大石一行历经三昼夜方才得以通过。每当起风之时，飞沙走石，能见度不足10米。沙漠中绝无水泉，行人若不准备充足的淡水，只有死路一条。沙漠中唯有一条通行道路，只有契丹人知晓，于是追击耶律大石的女真人只能眼睁睁看着耶律大石残部在眼前逃走。辽朝在镇州部署诸部族2万余骑以为驻军，又有渤海人、女真人、汉人700余户，以供屯田。战马、牛羊更是不计其数。耶律大石迅速补充实力，在漠北站稳脚跟。耶律大石召开西北诸部大会，号召大家精诚团结，共度时艰，抗击女真，恢复大辽。

金天会七年（1129），耶律大石在积蓄力量后，曾向金朝发起一次试探性进攻，面对金朝大举报复，耶律大石率军向西发展，于金天会十年（1132）在叶密立城（今新疆维吾尔自治区额敏县）

吞辽灭宋：金朝建立初期的"壮举"

即皇帝位，称葛儿罕（又译"古儿汗""菊儿汗"，古突厥语大汗或汗中之汗的意思），改年号为延庆，群臣上尊号曰天祐皇帝，正式建立西辽政权。延庆三年（金天会十二年，1134），耶律大石正式建都八剌沙衮（也称巴拉沙衮，今吉尔吉斯斯坦托克玛克市南一带），号称"虎思斡耳朵"（契丹语意为强有力的宫帐），改延庆三年为康国元年。耶律大石定都中亚后，也曾发兵东征，希望光复辽朝大业；也曾试图联络宋朝夹击金朝，共报亡国之仇。但因大漠阻隔，多以失败告终。直到元太祖成吉思汗十三年（1218）为蒙古所灭，在中亚地区延续约90年。西辽灭亡后，契丹贵族八剌黑在波斯的起儿漫（也称乞里弯、克尔曼）地区（今伊朗东南部克尔曼地区）建立起儿漫王朝，又被称作"后西辽"，于1306年被伊尔汗国兼并。至此，辽朝国祚尽数完结。

当然，对于当时的金人而言，抓获天祚帝，标志着反辽斗争的最终胜利。天祚帝未被俘获之时，金人尚需宋朝以为声援，或不想与宋人反目，以避免两线作战。而此时天祚帝被捕，西夏于金天会二年（1124）三月向金朝上表称臣，高丽于天会三年（1125）五月亦遣使赴金，虽金朝以国书非表，又不称臣，再次拒绝接受，但很明显，高丽对金态度开始松动。在金朝君臣心中，开始向往富庶繁华的宋地。而同样是君昏臣庸，吏治腐败，

第三章 "后人收得休欢喜，更有收人在后头"

社会矛盾加剧的赵宋王朝，却丝毫没有从天祚帝的覆灭中吸取教训，而是继续沉浸在收复燕云，建立不世功业的虚幻胜利之中。于是，命运的齿轮开始转动，远在白山黑水之地的天祚帝，向他的弟弟宋徽宗缓缓招了招手……

二、"东朝廷"与"西朝廷"：金军第一次攻宋

天辅七年（1123），金太祖完颜阿骨打病逝。九月，其弟完颜吴乞买（完颜晟）即帝位，是为金太宗。金太宗继位后，于天会二年（1124）正月迫使西夏正式向金朝奉表称臣，次年（天会三年，1125）二月俘虏辽天祚帝。至此，金朝彻底扫除西部及西北部的后顾之忧。与此同时，金太宗恩威并施，不断巩固对于攻占的辽朝旧地的统治力度。随着金朝对内统治的稳定，金宋关系问题再次摆在金太宗面前。

早在金太祖时期，随着金人识破宋朝"外强中干"的本质，金朝内部不断有人反对将燕京一带土地交还宋朝，左企弓"君王莫听捐燕议，一寸山河一寸金"之语便是在此背景下提出的。只是当时金太祖出于大局考虑，为稳定南线，进而得以集中力量攻灭辽朝，才使得宋金海上之盟得以维系。金太宗继位后不久，便

吞辽灭宋：金朝建立初期的"壮举"

传来宋人招纳金朝南京留守张觉（原辽平州辽兴军节度副使）的消息，令金朝君臣大为不满。

张觉亦作张毂，辽朝平州义丰（今河北滦州）人，在辽进士及第，官至平州辽兴军节度副使。当辽朝行将就木之时，州县大乱，辽兴军节度使萧谛里为州民所杀，张觉抚定叛乱，被推举暂代节度使一职。随着北辽皇帝耶律淳病死，萧太后当政，张觉自感辽朝气数已尽，遂决意摆脱辽朝节制，企图凭借辽兴军节度使辖区举足轻重的战略地位、丰富的盐业资源以及数量众多的民户，割据一方。于是暗中招兵买马，积草屯粮，将辖区内丁壮尽数编入乡兵，组建起一支5万人的部队，另有战马千余匹。北辽萧太后得知张觉的企图后，令太子少保时立爱前往平州取代张觉。然而张觉势力遍布辽兴军节镇，时立爱虽名义上为张觉上司，实则没有任何实权。

金军攻克燕京后，张觉虽表面上向金朝投降，实则依旧暗中发展自身势力，持观望态度。张觉此举引起完颜宗翰不满，打算出其不意将其擒获。但降金辽臣康公弼劝谏宗翰道："张觉狂妄寡谋，虽有乡兵数万，然多为百姓，未经战阵，能掀起什么风浪？张觉既已称降，贸然处理恐怕会导致其他降将猜疑。倘若兵戎相见，只会促使其叛金投宋。为今之计，应先将其稳住，日后

第三章 "后人收得休欢喜，更有收人在后头"

再行处置也为时未晚。"宗翰听罢，采纳康公弼意见，任命张觉为临海军节度使，治所仍在平州。又令康公弼前往平州，实地踏查张觉动向。张觉自知以一镇之力无法与金朝抗衡，遂重金贿赂康公弼，请求其在金人面前为自己说情。张觉解释道："辽朝八路江山已为金人攻占七路，今独剩平州一路，怎敢撄大金兵锋？之所以未解兵甲，不是为防备大金，只是以防萧干侵掠而已。"康公弼收取张觉贿赂，回去果然替张觉美言，于是金人升平州为南京，加张觉同中书门下平章事、判南京留守事。金人明知张觉并非真心归顺，但因天祚帝尚未抓获，加之为安抚辽朝降将情绪，只得先对张觉加官晋爵，以便招纳其他辽人来投。

张觉亦深知金朝对其十分猜疑，不会令其长期割据一方，于是召集属下诸将商议对策。正巧此时宋朝以燕地居民交换常胜军，金军押解燕人途径平州东徙辽东，燕民背井离乡，颠沛流离，苦不堪言。燕人希望张觉带领他们兴复大辽，复归故土。加之此时天祚帝意图率军出夹山，收复失地。在此机缘巧合下，张觉决定采纳属下建议，一方面高举天祚帝旗号，打出勤王中兴的大旗，另一方面携平、滦、营三州及燕民归宋。这样即便是日后金朝兴师问罪，依然能够内靠平州之军，外依宋朝之援，以保平州藩镇之固，自己则世袭节度使之职，富贵无穷。

吞辽灭宋：金朝建立初期的"壮举"

张觉下定决心后，遂诛杀左企弓、虞仲文、曹勇义、康公弼4人以表示与金朝决裂，仍称保大三年，遣人奉迎天祚帝之子，并将天祚帝画像挂于节度使府大厅，遇事必告之而后行。张觉在争取辽朝遗民支持的同时，又派遣翰林学士李石前往燕京游说宋人，表达投靠宋廷的意愿。宋朝判燕山府王安中深知平州对于燕云防御的重要性，急忙护送李石前往开封，当面向徽宗汇报。喜功寡谋的宋徽宗本就因未得平州深以为憾，得知张觉愿意携三州来献，心中大喜，当即同意接纳张觉归降。

张觉以平、滦、营三州归宋的消息传到金廷，正值完颜阿骨打去世，金太宗即位之时。虽对张觉及宋朝出尔反尔的举动深感不满，但时逢大丧期间，加之金人认为张觉手下乡兵为乌合之众，不堪一击，故只派遣阿骨打之弟阇母率领3000名士兵前往平州问罪。令金人没有想到的是，阇母竟大败而归。宋徽宗得知张觉击败金人的消息后大喜，升平州为泰宁军，拜张觉为节度使，赐银绢数万。谁料就在宋朝诏书送达平州之时，金朝吸取教训，派遣完颜宗望亲率大军再次进攻平州。张觉由于得意忘形，一门心思坐等宋朝对其加官晋爵，疏于战备，平州为金军攻克，张觉一夜之间变得一无所有，只得化名赵秀才，藏匿于宋朝驻守燕京的常胜军中。宋徽宗给予张觉的诏书、犒赏等物，悉数为金

第三章 "后人收得休欢喜，更有收人在后头"

军截获。

金朝君臣在获得宋朝公开招纳张觉的证据后，大怒，立即派人前往燕山府（今北京）索要叛徒，并要求宋朝给予说法。宋徽宗密令王安中藏匿张觉，勿将其交与金人。但金朝步步紧逼，甚至以开战相威胁，宋朝不堪压力，只得将一个貌似张觉的囚犯斩首，送与金人。然而此举为金人识破，金人声称若宋朝不将张觉交出，金军将前来"自取"。宋徽宗自知理亏，更害怕金军南下，无奈只得密诏王安中缢杀张觉，以水银函其首级送与金人。徽宗此举，看似渡过一时的难关，却在降宋辽将心中留下不可磨灭的阴影，如执掌常胜军的郭药师听闻张觉事件后便宣称："今日金人索取张觉，宋朝便交与金朝，改日金人索要我郭药师，难道宋朝不会把我也交出去吗？"郭药师本就是首鼠两端之徒，至此便开始萌发叛宋降金的想法。

除去张觉事件，北宋君臣怀着投机心理，不顾宋金"海上之盟"中关于双方不能随意招诱对方民户的条款，多次吸纳原辽朝民户逃入宋境者，甚至还做出招诱辽朝末代皇帝天祚帝的蠢事。宋徽宗一度许诺辽天祚帝归宋后，将待之以皇兄之礼，位列诸王之上，并许诺给予天祚帝豪宅千余间、女乐300人。

宋徽宗君臣种种鼠目寸光、投机取巧的行为，给予金朝君臣

吞辽灭宋：金朝建立初期的"壮举"

充足的伐宋理由。金太宗天会三年（宋徽宗宣和七年，1125）十月，在女真贵族以及降金辽人的鼓动下，金太宗以宋人招纳叛臣张觉、招诱旧辽逃亡人户、不按期交纳岁币以及贡物质量不合格等理由，下达了进攻北宋的命令。金军兵分两路，西路军以完颜宗翰为统帅，领兵6万，自云中府（今山西大同）南攻太原（今山西太原）。东路军由完颜宗望率领，同样领兵6万，自平州（今河北卢龙）向西进攻燕山府（燕京，今北京）。按照战前估计，金人认为宋军中有战斗力者，唯陕西军与郭药师率领的常胜军，因此计划东路军击破驻守燕京的常胜军后，南下经河北平原，渡黄河直扑宋朝东京开封府；西路军攻取太原后，南下攻克洛阳，以阻绝陕西军东出增援开封，并断绝宋徽宗西入陕西、南逃四川的通道，最后与东路军会师于开封城下。

先来说东路军。东路军由完颜宗望率领，又有完颜挞懒、完颜阇母等为主将，进展神速。十一月，连克檀、蓟、景、顺、涿、易诸州，诸州及各关隘守军或望风而逃，或一触即溃，金军如入无人之境，兵锋直指燕京。

需要强调的是，东路军进展迅猛除金军骁勇善战，宋朝部分将领及地方官贪生怕死外，还有其他原因。早在宋太宗朝，考虑到契丹占据幽云十六州，自燕京至黄河之间无险可守，极利于契

第三章 "后人收得休欢喜，更有收人在后头"

丹骑兵冲杀突进，于是宋太宗便下令在东起渤海，西至今河北徐水一带，将旧有河道、湖泊、池塘连成一线，使河水深不可涉渡，浅不足以行舟，统称"界河"，作为阻隔契丹骑兵南下的屏障。然而辽宋签订澶渊之盟后，久无战事，宋朝边防官员疏于管理，至金军南下之时，曾经用来阻挡契丹骑兵的界河早已水源枯竭，有些河段甚至被宋朝官员泄去积水作为稻田以取地利，失去阻遏骑兵驰骋的作用。除界河荒废外，宋朝在收复燕京后，自认为将北方防线推进至燕山山脉一线，坐拥松亭关、古北口、居庸关等关山险隘，便将原屯驻于界河一线的军队悉数撤离，金军南下之时，河北地区大部分州县成为不设防地区，宋军自顾不暇，根本无力阻挡金军。

加之宋徽宗偏袒常胜军，衣物粮饷均优先供给常胜军，导致驻守燕京等地的其他陕西、河北军士兵的后勤状况不断恶化，士兵或逃亡，或饥寒交迫，在疾病中去世，军心大溃，士兵们怨声载道，根本不愿也无力阻止金军。除常胜军外，宋朝其他驻军数量由数万人锐减至不足万人，而郭药师下辖的常胜军竟由最初的数千人发展至5万余人，且常胜军士兵拖家带口，士兵及其家属皆需由宋廷供给衣粮。不仅如此，郭药师还负责节制燕京等州县辖下乡兵，数量亦有30万之众。凡此种种，共计数十万士兵及

吞辽灭宋：金朝建立初期的"壮举"

其家属的口粮成为宋朝无法承受的负担，宋廷无奈只得将京城储备粮转运至燕京前线，以保障郭药师所部供给。加之徽宗君臣将燕京防线安危系于郭药师一人，郭药师不受约束，为害一方，其麾下常胜军亦鱼肉百姓、横行乡里。因钱粮全部被常胜军霸占，燕京等地民众甚至出现"父母食其子"的人间惨剧，百姓对宋朝统治失望到了极点。面对金军南下，百姓一时竟无法分辨金宋究竟孰为敌，孰为友。

在此情形下，金朝东路军于十二月初二进抵燕京附近。宋朝方面，郭药师亲率常胜军4.5万人迎敌。金军率先向宋军发起突袭，郭药师所部稍作退却，随即稳住阵脚，命张令徽、刘舜仁率领步军与金军对垒，自己率精锐骑兵迂回突击金军后路，金军逐渐不敌。谁知就在此时，张令徽、刘舜仁二人相继弃军溃逃，宋军当即全线崩溃，郭药师所率亲军仅剩下百余人。郭药师原本便是反复无常之徒，值此惨败，瞬间战意全无，当即决定投降金人以换取自身安全与荣华富贵。于是在十二月初八囚禁蔡靖、吕颐浩等燕京大小官员，以燕山府投降金朝。十二月初十，金军进驻燕京城，至此，宋徽宗为获取幽云十六州所做的长达近10年的努力付之东流。10年间，北宋为获取几座空城可谓卑躬屈膝，对金人的要求尽数满足，如今却如镜花水月般随风消逝，宋徽宗及

第三章 "后人收得休欢喜，更有收人在后头"

其君臣也即将为自身的腐败无能付出代价。

郭药师降金后，鉴于郭药师熟悉宋朝内情，完颜宗望任命郭药师为攻宋先锋并担任金军向导。郭药师遂建言道："宋朝的精兵均由童贯率领驻防于河东地区，如今受到宗翰率领的西路军牵制，无暇他顾，河北地区兵力空虚，多数为近乎不设防的真空地带，大军乘胜南下，必定马到成功。"宗望从之。在郭药师带领下，金朝东路军自宋朝河北路长驱直入，避实就虚，绕过保州（今河北保定）、安肃军（今河北徐水）、中山府（今河北定州）、真定府（今河北正定）等宋朝重兵把守的府州，兵临黄河北岸，兵锋直指北宋都城开封。

与东路军进展神速不同，西路军遭到宋军的顽强阻击，行军陷入僵局。西路军由完颜宗翰率领，又有完颜银术可、完颜突合速、完颜希尹、完颜娄室、耶律余睹等人为主将。宗翰在出兵之前，发布《元帅府左副元帅、右监军、右都监下所部事迹檄书》，晓谕宋朝官民弃暗投明。同时派遣王介儒、撒卢母等人前往太原，要求童贯尽快奏请宋徽宗，"割让河东、河北两路土地与金朝，宋金以黄河为界"。童贯作为宋朝派驻北方边陲的最高军政长官，听闻金人来攻，立即不顾众人反对，仓皇逃回东京开封府。太原知府张孝纯极力劝阻道："金人背盟来侵，太师当召集

吞辽灭宋：金朝建立初期的"壮举"

诸路将士拼死抵抗。太师若离开吾等而去，人心必定动摇瓦解，此为将河东拱手让于金人之举。河东若失，河北岂能保全？太原城防固若金汤，将士久临战阵，抵挡金人不成问题。希望太师留下些许时日，与将士一同保家卫国。"然而童贯却管不了那么多，一心只想以最快的速度逃离战争前线，于是怒斥众人道："吾受皇命宣抚边防，非守土之臣。如果守卫城防都需要我亲自负责，国家要你们这些帅臣何为！"说罢便头也不回地逃离太原。

童贯不战而逃后，太原知府张孝纯并未束手就擒，而是一面安抚管内军民，一面加强守备，收缩防线，抽调辖境内州县军队回防太原。完颜宗翰起兵之初，曾预测必定会有一番苦战，没想到由于驻守朔州（今山西朔州）、武州（今山西神池东北）、代州（今山西代县）、忻州（今山西忻州）等地的宋朝正规军皆回援太原，当地仅留下义胜军驻守。义胜军主要兵源为宋朝招募的原辽地汉人，与常胜军一样是由宋朝官方供应衣粮的雇佣军。不仅多为乌合之众，不堪一击，而且面对金人来侵纷纷开城投降，完颜宗翰率领的西路军势如破竹，一路所向披靡，出兵不足20日便兵至太原包围太原府。

不过，令完颜宗翰没有料到的是，西路军在太原城下却遭受到宋军的顽强阻击。太原府在知府张孝纯、宋将王禀率领下，誓

第三章 "后人收得休欢喜,更有收人在后头"

死守城,多次击退金人的进攻,阻击宗翰大军月余。加之山西境内山多路险,不似河北地形开阔,使东路军能够避实就虚,绕过重兵防守的府州,孤军直奔宋都开封。东路军的战法类似于澶渊之盟前的辽军,即便攻击受阻,仍可以凭借骑兵的灵活性撤军回师。而宗翰所部却不敢孤军深入,见太原城一时难以攻破,只得采取长围久困的办法,分出西路军一半的兵力用于将太原城团团包围,昼夜进攻。另一半士兵则继续攻击前进,欲与东路军会师。但终因宋朝河东诸州地理环境复杂,加之守军据险死守,力战不降,致使金朝东西两路大军会师开封的战略部署化为泡影。

三、徽宗内禅,城下之盟

承平日久的宋徽宗听闻金朝大军兵分两路,星夜兼程南下进逼开封的消息后,不啻晴天霹雳,一时惊得手足无措。值此生死存亡的危急时刻,宋徽宗决心效法安史之乱时唐玄宗传位于唐肃宗之举,将天子之位传于皇太子赵桓。宣和七年(1125)十二月二十四日,宋徽宗传位于长子赵桓,即宋钦宗。宋钦宗为徽宗上尊号曰"教主道君太上皇帝",皇后称"道君太上皇后"。

宋钦宗即位后,立即调整军事部署,试图挽大厦之将倾。钦

吞辽灭宋：金朝建立初期的"壮举"

宗以抗击西夏名将种师道为河北河东路制置使兼都统制，何灌为副，严令河北、河东沿边州军严加守御。并采纳臣僚建议，将长江以北划分为四道战区，诏令各地募兵勤王，以拱卫京师。派遣内侍、威武军节度使梁方平率马军7000人驻守黄河北岸浚州（今河南浚县），断绝桥梁，据守要害。派遣何灌率步军2万人守卫黄河浮桥，以防金军渡过黄河进攻开封。除夕夜，改明年年号为"靖康"，期盼"日靖四方，永康兆民"。

钦宗即位之初，宋人大为振奋，期盼钦宗带领大宋走向复兴。赵桓为太子时便以不好奢华、恭俭仁慈、不好游猎而闻名朝野。早在徽宗以赵桓监国时，时任太常少卿的李纲就曾提出徽宗应禅位于皇太子。李纲强调："皇太子监国，本为礼之常情。然如今敌势猖獗，生死存亡只在呼吸之间，采用常规手段决难渡过难关。太子之位名不正则言不顺，如何能够号令天下？非传太子以天子位号不足以招徕天下豪杰，唯有如此，方能人心归附，以死抗敌，大宋才有希望。"然而时人不知道的是，赵桓虽以徽宗嫡长子身份被立为皇太子，但由于其性格与言行举止均不为徽宗喜爱，故朝堂之上多有劝徽宗废长立幼之语。在此背景下，钦宗养成了多疑猜忌的性格，加之其才智一般，性格懦弱，在此外有强敌大军压境、内有朝政已糜烂至骨子里的非常时期继任大统，

第三章 "后人收得休欢喜，更有收人在后头"

其即位伊始便注定悲剧必将上演。

钦宗的即位并未减缓金人进军的脚步。话说完颜宗望在得知宋徽宗禅位、宋钦宗登极的消息后，起初害怕宋朝革除弊政、整顿军备，金军贸然孤军突进，万一受挫，恐将引发连锁反应，为此完颜宗望对于是进是退犹豫不决。然而"三姓家奴"郭药师站出来说道："以我对宋朝的了解，宋朝君昏臣奸、国事糜烂，未必有所防备。东京开封府皇宫奢华、金银遍地，非旧辽五京所能相提并论，如今我大军如入无人之境，可乘此破竹之势急渡黄河，宋军必定军心涣散、无心抵抗，我军可不战而胜。即便宋军做好防备，我军亦可在黄河北岸夸耀军力，震慑宋朝，宣示国威，然后撤军北返为时未晚。"完颜宗望听罢，以为有理，遂下令全军突击，直驱黄河北岸。

钦宗即位次日，金军攻占庆源府（今河北赵县），两日后攻破信德府（今河北邢台）。靖康元年（1126）正月初一，金军占领相州（今河南安阳）。次日，完颜宗望之弟完颜宗弼攻克汤阴县，进逼浚州。金人此时不知道的是，短短数年后，一位来自相州的宋朝抗金名将将会令他们闻风丧胆，同时会成为完颜宗弼心中挥之不去的阴影，这位名将便是时年24岁的岳飞，此时正在宋朝平定军（今山西平定）中供职。

吞辽灭宋：金朝建立初期的"壮举"

再说浚州此时面对金军大兵压境，被宋钦宗派驻浚州的内侍、威武军节度使梁方平及其下辖的7000名马军又在干什么呢？令人无法接受的是，梁方平率领的所谓马军压根就不会骑马，出征时除了紧紧用双手抓住马鞍不放外，压根无法在马上进行任何战术动作。梁方平则更是效法其前辈童贯，一不做战守准备，二不探查敌情。听闻金人兵临城下，梁方平立即逃回黄河南岸，不顾麾下士兵尚未渡河，急忙下令焚烧黄河浮桥。就这样，滞留在黄河北岸的数千人马几乎全军覆没，而此役金军仅伤亡3人。

深处梁方平后方的何灌，见梁方平仓皇逃窜，连金军人影还未看到便弃军逃往滑州（今河南滑县），其麾下2万名步军自是步主帅后尘，瞬间作鸟兽散。何灌号称名将，其逃跑速度竟与宦官不相上下，宋廷朝政之糜烂由此可见一斑。就这样，宋钦宗即位伊始辛辛苦苦部署的黄河防线未经一战便土崩瓦解，宋军溃逃速度令金人都瞠目结舌。金军抵达黄河北岸后，由于金人不习水战，且未配备渡河工具，只得使用仅能搜寻到的10余条小船渡河，足足用了5天时间，才将骑兵全部运抵黄河南岸，步军仍滞留在北岸，建制混乱不堪。在这5天时间里，竟无一名宋军守御黄河南岸。对于宋人此举，金人嘲笑道："宋朝真是无人可用，如此黄河天堑，若以一两千人守河，我军便只能掉头北返了。"

第三章　"后人收得休欢喜，更有收人在后头"

作为阻挡金军进攻开封府的最后一道屏障，黄河天堑的丢失，将开封完全暴露在女真的铁蹄之下。金军不等步军完全渡河，马军便已进占滑州，梁方平、何灌等人早已逃之夭夭。正月初六，金军进抵开封城外。为便于大军屯驻并扫清攻城时的阻碍，金军开始纵火烧毁民房，一时间火光冲天。开封城中居民惊惧不已，纷纷携家带口涌出东水门，试图沿汴河逃出城去。然而此时金军已将开封城围得水泄不通，为防金军奸细随难民混入城中，开封城彻底戒严。

面对金军的呼啸而至，多疑善变、缺乏主见的宋钦宗没了主意。最初在靖康元年（1126）正月初二时，宋钦宗下诏效法宋真宗御驾亲征澶渊一事，集结兵马，摆出一副与社稷共存亡的架势。然而次日，浚州失守，何灌等人逃回开封，带来金军渡河的噩耗。徽宗闻讯后，被金人吓破胆的他，本来计划正月初四打着前往亳州（今安徽亳州）太清宫烧香的名义逃离京城，现在一秒也无法在开封停留，当天夜间便出通津门逃往东南。童贯率胜捷军，高俅率御林军，打着护卫太上皇帝的旗号亦逃离京城。宋徽宗的出逃，不仅使本就兵力不足的开封城防又蒙上一层阴影，还使开封城内更加人心惶惶，一时间宗室贵戚、王公大臣，纷纷携带金银财宝南逃，百姓逃离开封者更是络绎于道。

吞辽灭宋：金朝建立初期的"壮举"

面对宋徽宗出逃，本来还壮志凌云豪言亲征的宋钦宗顿时像泄了气的皮球。徽宗出逃前，曾留下一句话："其他人可能不知道金人的厉害，但是我知晓我们是抵挡不住金人进攻的。我现在逃往东南，钦宗应逃向陕西，然后学习唐肃宗故事起兵以图恢复。"钦宗知晓后，愈加惊恐不安，或打算向西南逃往襄阳、邓州一带以避金人兵锋；或打算逃往永兴军（今陕西西安）；又害怕自己一走了之后大权旁落，自己苦熬10年换得的皇位被他人夺取。遂惶惶不可终日，坐卧难安，无法拿定主意。

正月初四，在李纲的苦劝下，宋钦宗委任李纲为尚书右丞、东京留守，全权负责抗金事宜。正当李纲准备誓死保卫开封之时，宋钦宗却再次变卦。李纲无奈只得搬出唐玄宗李隆基的下场来向钦宗陈述弃城逃跑的利害关系。李纲直言不讳："禁卫军随陛下出逃，然其妻儿父母均滞留京城，一旦将士中途因此哗变，何人保护陛下？况且金人已近在咫尺，如果让他们得知陛下出城，以金人骑射之利，快马疾追，离开了开封的坚固城防，陛下如何抵挡？"钦宗闻言，不禁大惊失色，慌忙下诏停止出逃。李纲见状当即宣布钦宗决定，以彻底断绝朝中逃跑论调。

正月初六，钦宗在李纲规谏下，登上宣德门城楼，以示与开封共存亡之决心，也算是回应了自己此前号称御驾亲征的言论。

第三章 "后人收得休欢喜，更有收人在后头"

守城将士大受振奋，高呼万岁。钦宗随即任命李纲为御营京城四壁守御使，全面负责守城御敌事宜。

李纲受命于危难之际，不敢有丝毫怠慢，立即加紧修建完善京城的防御工事。李纲将京城中余下的军队重新布防，在开封城东、西、南、北四面各部署正规军禁军1.2万余人，辅之以厢军、保甲等，为守城禁军输送滚木、礌石、火油、弓弩等城防必需之物。又将4万马步军分为前、后、中、左、右五军，每军8000人。前军负责保卫延丰仓，延丰仓内藏40万石粮食，是坚守至援军到来的根本。后军驻守朝阳门外樊家岗，此处护城河水最浅，是开封城防最为薄弱之处。中、左、右三军作为总预备队，策应四方。李纲这边作战命令刚刚下达，金军于正月初七便向开封城发起进攻，第一次开封保卫战正式打响。

在发起进攻前，金朝东路军主帅完颜宗望征求"开封通"郭药师的意见。郭药师此前受宋徽宗恩宠时，曾多次前往开封并陪同宋徽宗打球。此次郭药师"故地重游"，第一时间建议完颜宗望攻取位于开封城西北的天驷监。郭药师说道："我以前和宋徽宗在天驷监附近山冈踢球，此地三面环水，风景秀丽且易守难攻。最为重要的是，天驷监中牧有骏马2万余匹，粮草更是堆积如山。若夺得此地，便于我大军安营扎寨、屯驻休整，一边吃着

吞辽灭宋：金朝建立初期的"壮举"

宋朝的粮草，一边进攻宋朝都城，岂不美哉？"完颜宗望大喜，立刻下令占据此冈。由于之前因宋钦宗或战或守始终拿不定主意，浪费太多宝贵时间，此刻李纲才刚刚勉强完成城内布防，尚未顾及此地，宋军丝毫没有防备，天驷监便被金人攻取。

金军因一路如入无人之境，士气高昂，虽人困马乏，但丝毫不减战意，金军上下皆迫不及待攻入开封，期待在号称中国甚至东亚第一繁华大都会中大肆劫掠一番。于是在攻占天驷监后，立即在数十艘火船的掩护下，向开封外城西水门发起进攻。在完颜宗望和郭药师等人的计划里，宋人必定以金人擅长骑射陆战，故而放松对水战的警惕。完颜宗望因东路军孤军深入，意图速战速决，以免夜长梦多，初战主打一个出其不意。然而令完颜宗望没有想到的是，李纲预判了他的预判，已提前在护城河中设置木障，并命人将蔡京府中花园里的假山石运至城头，以供守城之用。敌船一至，宋军便用长钩钩锁敌船，然后抛落大石将敌船全部击沉。为确保首战得胜，李纲招募敢死队2000人，缒城而下，与金军短兵相接，经过一夜激战，斩杀金军百余人。完颜宗望见奇袭的效果无法达成，遂下令士兵撤退。

正月初九清晨，完颜宗望下令同时对开封城诸门发起进攻，金军士气正盛，一时间渡过城壕，争先恐后架设云梯攻城。李纲

第三章 "后人收得休欢喜，更有收人在后头"

则亲自指挥宋军以神弩手射落云梯上的金军，又令敢死士缒城而下，与金军展开肉搏战并成功烧毁云梯，再一次挫败金人进攻，金军留下数千具尸体，仓皇逃离战场。此时的战场态势已非常明晰，金军虽勇，但孤军深入，西路军被阻隔于太原城下一时半会无法抵达战场。而开封城虽称不上兵精粮足，但城防坚固，军民因初战告捷，士气高涨，守军人数亦多于来犯之敌，只需宋朝君臣精诚团结，同仇敌忾，全力以赴，坚持到各地勤王之兵陆续到来，合围并歼灭金朝东路军于开封城下绝非虚言。然而就在宋军连战连捷之时，宋钦宗等宋朝核心决策层的"恐金症"又犯了。

话说完颜宗望见攻击受阻，心中不由得惊惧起来，心中盘算是否应及时撤军，以防被宋军反包围。然而"宋朝通"郭药师再次进献奇谋，指出宋朝君臣多为贪生怕死之徒，李纲人微言轻，不足为虑，我们只需稍加压力，钦宗等人一定会投降请和。

果然正如郭药师所料，此前奉命出使金军军营与女真人议和的李棁在返回开封后，向宋钦宗报告金军兵强马壮，女真人"人如虎，马如龙，上山如猿猴，下水如水獭，列阵稳如泰山"，而宋朝危如累卵，决不可抵挡女真人的进攻，应速速请降。因李棁假借给事中一职出使，结合其投降言论，被时人讥讽为"六如给事"。但李棁所言深深触发了钦宗君臣心中对金朝的恐惧，于是

吞辽灭宋：金朝建立初期的"壮举"

钦宗不顾李纲反对，遣使前往金军军营议和。临行前，钦宗授权可答应金人在原有岁币的基础上再增加300万至500万两，给予金军300万至500万两犒军银，外加给予完颜宗望私人1万两黄金及礼物等。钦宗天真地以为这些条件就可以满足金人撤兵的要求，从而保住自己的皇位。李纲见状，据理力争，指出金人欲壑难填，贪得无厌，我大宋主动示弱，金人只会更加猖狂。现在优势在我，李纲请求亲自出使与金人谈判。钦宗无奈对李纲直言："卿性格刚直，不可前往。"

此次谈判结果正如李纲所料，完颜宗望见宋人软弱可欺，提出极为苛刻的撤军议和条件，即宋朝必须一次性给予金人黄金500万两，白银500万两，牛、马各万头（匹），帛缎百万匹。宋钦宗称金太宗为伯，金宋两国间关系由此前名义上平等的兄弟之国转变为无论是名义上还是实质上皆不平等的伯侄之国。同时宋朝要将燕云及其以北地区逃亡至宋境的民户全部遣送金朝。完颜宗望同意宋朝提出的不以黄河为界的请求，但宋朝需要将太原（今山西太原）、中山（今河北定州）、河间（今河北河间）三镇及其以北地区全部割让给金朝，并遣送亲王一人、宰相一人作为人质，待金军撤军且交割完全部三镇以北领土后再予放还。此外，宋朝每年还需缴纳巨额岁币，等等。

第三章 "后人收得休欢喜，更有收人在后头"

然而面对如此苛刻的条件，胆怯的宋徽宗竟然全部接受。此时的宋钦宗一心求和，全然不顾李纲的进谏，下令即日起以身作则，避殿减膳。在城中大肆搜刮金银以筹备赔款，上自皇室，下至倡优，财产一律没收，一时之间，开封城内人心惶惶。两天后，眼看最终交付日期已到，宋廷将开封城搜了个底朝天，仅得黄金20万两、白银400万两，仍远不及金人要求之数。钦宗无奈，只得先按照金人要求派遣亲王与宰相做人质，携带誓书和三镇地图及已筹集之物前往金军军营，希望换取金人宽大处理，留出时间继续筹措。人质则定为徽宗第九子康王赵构与宰相张邦昌。钦宗决计想不到，赵构便是日后"大名鼎鼎"的宋高宗，此时赵构被其兄长逼迫作为人质入金，没想到风水轮流转，仅仅一年过后，却换做钦宗作为阶下囚，每日期盼高宗将其接还宋朝了。同样张邦昌后来被金人册立为伪楚政权傀儡，北宋灭亡后，张邦昌却做了33天的傀儡皇帝，真是莫大的讽刺。当然，这是后话，暂且不提。

就在宋钦宗忙着投降议和之时，各地勤王之师陆续赶来。正月十八日，都统制马忠率领的京西募兵抵达开封，并击败包围顺天门的数千金兵，打通开封城西面诸府州城救援京城的通道。二十日，少保、靖难军节度使种师道与武安军承宣使姚平仲率

吞辽灭宋：金朝建立初期的"壮举"

领泾原（今甘肃泾川）、秦凤（今陕西凤翔）两路西北劲兵共计4000人抵达开封。面对金军势大，有人建议应避其锋芒，暂缓入城。种师道否决道："正是因为我军兵力不足，才不能犹豫迟疑，一旦为金人侦知，我军必败无疑。当下我军不仅要进军入城，而且要大张旗鼓，营造出浩大声势，使敌人无法知晓我军虚实。京城中军民知晓援军到来，士气自会大振，到时金军自然不足为虑。"于是种师道下令沿途张贴告示，大书"种少保率领百万陕西军到来"，并直接将军队驻扎在紧邻金军营寨的开封西侧汴水南岸。种师道此举果然达到震慑金人的目的，金军令分散驻扎的游骑兵向中军靠拢，以防被宋军分割歼灭，并增设壁垒以加强戒备。又过数日，诸路勤王大军陆续抵达开封府东、西两侧，勤王大军号称20余万，至此，京城人心稍安。

　　随着宋朝勤王大军的到来，压力转到了完颜宗望一方。宗望因自己提出的要求未得到满足不愿就此撤军，但又担心陷入宋军包围，真是进退两难。为进一步迫使宋钦宗抓紧时间筹措金帛钱粮，完颜宗望下令将开封城外的宋朝后妃、王子墓挖掘殆尽，并声称若不凑齐钱财，待开封城破之时，金军便会杀光所有男子，掳掠所有女子，焚毁所有房屋，抢夺所有财产，借以在宋人心中营造恐慌情绪。然而完颜宗望此举不仅没有加速宋钦宗投降，反

第三章 "后人收得休欢喜，更有收人在后头"

而令其怒火中烧。

自钦宗即位以来，其所有的治国之策皆犹豫不决，朝令夕改。别看钦宗此前畏金如虎，此刻随着种师道等人的大军陆续抵达，便自觉腰杆又硬了起来，遂一反此前懦弱形象，又决定与金人开战。然而李纲、种师道二人提议不应操之过急，目前开封城内粮草充足，着急的是金人，宋军应凭借地势之利，一面坚守京城，一面分兵扼守黄河渡口，截断敌人粮饷，待到金人粮绝之时便是金人的末日。种师道则建议以春分为限，令诸军完成战前准备后，春分时发起总攻。

此时距离春分仅有8天，然而钦宗却等不及了，听闻李纲、种师道建言，钦宗大为不悦。与种师道所属种氏家族同为西北大族的姚氏家族后人姚平仲，见超越种氏家族建不世之功的大好时机到了，遂针对钦宗急于速战速决的心理，提出"我大军多达二十余万，若不能迅速消灭金人，有伤国威，且士兵亦有怨言"，于是自告奋勇前去夜袭金军大营，保证生擒完颜宗望，并救出康王赵构。钦宗听闻甚合心意，亲自批准姚平仲的建议，并根据道士楚天觉占卜所得，将劫营行动的日期定在二月初一夜间。

正常而言，劫营这种军事行动应在极为保密的情况下进行，但钦宗此时徽宗附体，开始了他"好大喜功"的表演。不仅令人

吞辽灭宋：金朝建立初期的"壮举"

在城中开宝寺前竖起三面大旗，上书"御前报捷"四个大字，而且于封丘门上架设钦宗御座，准备等到劫营凯旋时接受金兵俘虏的朝拜。同时令京城百姓修缮道路，静候捷报，唯恐天下不知。经钦宗这么一折腾，金人自然也知晓了宋军动向。结局不难猜测，宋军全军覆没，姚平仲弃军逃遁不知去向，副将杨可胜被擒，偏将陈开战死。

宋军劫营虽以失败告终，但完颜宗望在愤怒之余亦十分后怕，因为他的确没有料到一向软弱的宋人竟会前来劫营，若不是钦宗宣传得满城皆知，此次损失定然十分惨重。完颜宗望反思钦宗此举，认为问题一定出在人质身上。完颜宗望认为，宋钦宗既然会完全不顾康王赵构生死，要么是因为赵构为庶出，对于宋朝而言无关紧要，要么赵构就是假冒徽宗之子前来作为人质。于是完颜宗望一面要求钦宗以其同母弟肃王赵枢为质，一面遣使向宋廷施加压力。

姚平仲劫营失败成为压垮宋钦宗的最后一根稻草，宋钦宗的抗金热情再次从天上跌回地下。投降派李邦彦等人乘机散布"王师覆没，危亡在即"的流言，叫嚣"唯有求和才能保全宗庙社稷"，并在金朝使者面前将劫营之举全部推到李纲、种师道等人的身上。钦宗此时已彻底被金人吓破了胆，虽然明知劫营之事为

第三章 "后人收得休欢喜,更有收人在后头"

自己处置失宜,与李纲、种师道无关,且种师道也已提出补救之法。种师道指出:"兵法云:'虚虚实实,出其不意。'我们虽然首次劫营失败了,但是我们今天晚上应再次分兵偷袭金军营寨,金人肯定会始料不及。如果今晚还无法取胜,那我们就日后每晚皆以数千人劫营扰敌,金人疲于应对,无暇休息,不出十日敌人一定就会退军。"可惜宋钦宗此时心中只有"投降"二字,立即下诏罢免李纲与种师道的官职,并派遣宇文虚中前往金军军营向完颜宗望认错解释,令秦桧奉三镇地图前往金营交割太原、河间、中山三镇之地。虽然在开封军民的群情激奋下,后又恢复李纲与种师道等人的官职,但钦宗已彻底丧失抵抗决心,派遣肃王赵枢、驸马曹晟前往金营,与张邦昌3人作为宋朝人质,换回了康王赵构。而完颜宗望足足等到二月初十,却始终未等来完颜宗翰率领的西路军。相反,宋朝各地勤王之师不断向开封靠拢,为防止陷入宋军合围的不利境地,完颜宗望在宋朝没有完全兑现城下之盟要求的情况下,于靖康元年(1126)二月初十撤军北返,北宋东京暂时解围,宋朝渡过了一次险些亡国的危机。

第四章

"圣贤文字初何罪,群小盈庭事可悲"

> 经籍尽焚秦室乱,孙吴有禁本朝危。
> 圣贤文字初何罪,群小盈庭事可悲。

一首宋代姜特立的《读范文正公上执政书靖康之祸正以人不知兵》,总结靖康之难的根源在于统治者对军事和政治的无知。诗人反思给国家带来灾难的罪魁祸首是那些自私、无能的小人,他们在朝廷中滥用权力、为所欲为,使国家陷入危机。正如诗中所言,靖康之变、北宋灭亡,金人的骁勇与悍不畏死,可能

第四章 "圣贤文字初何罪，群小盈庭事可悲"

的确是其中原因之一，但根本原因绝对在于北宋君昏臣庸，小人占据朝堂、妥协退让、举止失措，一步步令北宋王朝落入无尽深渊……

一、疮好忘痛的宋朝君臣

金太宗天会四年（宋钦宗靖康元年，1126）二月初十起，完颜宗望率领的东路军陆续北撤。金军满载而归，但是内心十分紧张，毕竟自己孤军深入，撤军途中及周边各州、府、军、城皆驻有宋朝军队，随时都有陷入宋军合围或被宋军邀击的风险。于是完颜宗望要求金兵抓紧北返，渡过黄河后方可歇息。

事实也正如完颜宗望所料，种师道在金军撤围后，便立即向宋钦宗请战。种师道指出，金人孤军深入宋朝境内，哪有令其平安返回的道理？建议在金人北渡黄河之际发起猛攻，定让完颜宗望率领的东路军片甲不留。强调一旦此次放虎归山，他日必将后患无穷。但恐金症晚期的钦宗等人岂会答应。李纲则提议派军"护送"金人北归，以防沿途出现不测并减少金人烧杀抢掠。对于李纲的提议，钦宗予以接受，钦宗亦害怕金人不遵守盟约，去而复返，此时派军，名为"护送"，实则监视其北渡黄河，自己

吞辽灭宋：金朝建立初期的"壮举"

方可安心。李纲的本意则是假借"护送"之名，伺机进攻金人。当然，在投降派李邦彦等人的干涉与破坏下，李纲终未能达成目的。东路军于二月十六日北渡黄河，四月中旬回抵燕京。

与完颜宗望率领东路军撤军相同时，在宋人的请求下，完颜宗望派遣王介儒、撒卢母等人与宋使路允迪、滕茂实等前往西路军完颜宗翰军中，告知宋金已经议和的消息。路允迪等人行至泽州（今山西晋城），与自太原城分兵南下的金朝西路军相遇。原来就在钦宗与完颜宗望议和期间，完颜宗翰率军又攻下威胜军（今山西沁县）与隆德府（今山西长治），正急行军前往开封。完颜宗翰在听闻议和的消息后，遂下令军队停止前进，于二月二十六日率领西路军北撤，留下大将银术可继续率部驻扎在太原附近，以待与宋朝办理交割事宜，自己则返回云中（今山西大同）。

眼看金人远去，宋钦宗瞬间又变了脸色，从投降派再次化身抗金的代表。钦宗先是将与金人屈辱求和的过错全部推到李邦彦等人的身上，罢免其官职，并下诏整军备战，以防金人再度来袭。宋钦宗单方面撕毁与完颜宗望所订盟约，拒绝割让三镇，声称"祖宗之地，尺寸不可与人，且保塞陵寝所在，誓当固守"云云。并称自己"不忍心将此三镇拱手让与金人以换得顷刻之安"，

第四章 "圣贤文字初何罪，群小盈庭事可悲"

表示愿意"与民同心，永保疆土"，可谓好话说尽。同时令三镇军民固守，派遣种师道、姚古、种师中等率领大军前往增援。见钦宗旗帜鲜明支持抗金，宋朝上下的抗金呼声也高涨起来，大臣和太学生纷纷上书，反对将河北三镇割与金人，请求钦宗诛杀蔡京、王黼、童贯、梁师成、李邦彦、朱勔等六贼以谢天下，并严惩妄开边衅的赵良嗣等人。

钦宗此举从表面上看没有任何问题，在面对金人大兵压境时签订"城下之盟"，以退为进，待危险解除后，整军经武，拒绝兑现，甚至发起反攻，收复失地亦未尝不可。然而宋朝军民的一腔热血终究还是错付了，宋钦宗色厉内荏、反复无常，对金所谓的"强硬"态度只不过是为了掩盖此前投降行为的"贴金"之举，口号喊得震天响，却未有任何实质行动。如任命种师道、姚古等人率军御敌，但并未调拨一兵一卒归其指挥，对于种师道等人的调兵申请，宋钦宗却以劳师动众为由予以否决。不仅如此，钦宗贬杀王黼、童贯、蔡京等人也非仅出于顺应民心、为国除奸之举，而是为了争权夺利，彻底扫清宋徽宗的残余势力。对于靖康元年（1126）的宋朝政治，南宋著名理学家朱熹的评价是"一无是处"。当时开封民间流传着一首《十不管》歌谣，形象地揭露了在金人二次南伐前，宋廷所做的一切准备：

吞辽灭宋：金朝建立初期的"壮举"

不管太原，却管太学。不管防秋，却管《春秋》。

不管炮石，却管安石。不管肃王，却管舒王。

不管燕山，却管聂山。不管东京，却管蔡京。

不管河北地界，却管举人免解。

不管河东，却管陈东。不管二太子，却管立太子。

此歌谣讥讽钦宗君臣自金人退军后疮好忘痛，关乎国家生死存亡的正事一件未做，每日沉醉在朋党倾轧、争权夺利诸事之中。《十不管》中共言九事。我们一一来看：

其一，不管太原，却管太学。此事是指金朝西路军按照与宋钦宗的和约去接管太原，结果太原知府张孝纯等人拒绝接受钦宗割地命令，拒绝向金朝割让太原，西路军完颜银术可所部遂继续向太原发起猛攻。太原在内无粮草、外无救兵的情况下，足足坚守至靖康元年（1126）九月。而宋朝在此期间无力解太原之围，却忙着强化对太学的控制，忙于堵塞太学生上书主张抗金的言论。

其二，不管防秋，却管《春秋》。"防秋"指中原王朝为防备游牧部落趁秋高马肥时侵扰边境，抽调兵力进行防范。唐人陆贽

第四章 "圣贤文字初何罪,群小盈庭事可悲"

曾言"自河西走廊和陇右地区被吐蕃占据以来,大唐西北常以重兵守备,谓之防秋。防秋军皆由河南、江淮诸地征调而来,轮番戍守,疲于远役"。辽末天祚帝也曾于天庆七年(1117)八月派遣都元帅秦晋国王耶律淳巡边,协同四路兵马防秋。金人退军后,御史中丞吕好问便提醒宋钦宗,按照女真人习性,金军必将在秋冬之际发起更大规模的南侵,希望钦宗早做准备,可惜被钦宗当作耳旁风,置之不理。钦宗君臣不顾金人即将发动的秋季攻势,却要求学者研习《春秋》,将神宗时期王安石废除的太学《春秋》课程重新恢复。

其三,不管炮石,却管安石。第一次开封保卫战后,开封城内的炮石已消耗殆尽,然而此时无人关心补充事宜。同时开封城外有金军遗留的500余座炮架,宋人亦无人收管。据宋人徐梦莘《三朝北盟会编》记载,起初女真人只擅长骑兵作战、近战厮杀,并不擅长攻城作战。但随着战争经验的不断积累,其他民族不断加入金军之中,金军的作战手段日趋多样化。金人攻城之时,先列炮30座,听鼓声齐射,炮石射入城中,大可如斗,楼橹(古代供守兵瞭望敌军动向的无顶盖高台)中炮石者,无不立即毁坏。此次东路军进攻开封,在开封城外架设炮架500余座。宋人陈规在《守城录》中称:"炮手开炮后,若炮石发生偏移,小偏

吞辽灭宋：金朝建立初期的"壮举"

则移动炮手站立位置，大偏则移动炮架。"东路军撤军时，由于携带大量于宋地搜刮之金银珠宝，故将炮架全数舍弃，然而就是如此对于攻守双方都极为重要的战略物资，宋朝枢密院、兵部、军器监等有关机构却相互推诿，谁都懒得去打扫战场，结果等到金军二次围攻开封府时，金人竟然惊奇地发现，时间过去了大半年，自己上次遗留在开封城外的炮架竟然完好无损，整整齐齐地排列在相应位置，就连计算好的射击角度和距离都未曾发生改变，于是金人无须准备便继续利用这些炮架攻城。与无人关心炮石相对，钦宗君臣根据北宋理学家程颐的学生杨时的一道奏章，将祸国殃民的罪名扣在已死去多年的王安石头上。

其四，不管肃王，却管舒王。肃王赵枢，宋徽宗赵佶第五子，生于崇宁二年（1103）六月，九月赐名赵枢，并授武胜军节度使、检校太尉等官职，封吴国公。宣和元年（1119）正月，改授保平、武宁军节度使，迁太保，进封肃王。靖康元年（1126）正月，金军围困开封府时，被作为宋朝人质与太宰张邦昌、驸马都尉曹晟送交金营。完颜宗望率领东路军回师途中，肃王曾与张邦昌亲自劝降中山、河间二镇，但两镇军民誓死不降。三月，随金军抵达燕京，成为首位被掳至金的北宋宗室。同年八月，金军二次进攻开封之时，被金人裹挟南下，目睹北宋灭亡。靖康二年

第四章 "圣贤文字初何罪，群小盈庭事可悲"

（1127），随父亲宋徽宗等1950余人跟随由完颜宗隽押送的第四队宋朝俘虏北上。南宋高宗建炎四年（金太宗天会八年，1130）十月，病逝于五国城（今黑龙江依兰），年仅28岁。赵枢的悲惨结局只是靖康之变下宋人的一个缩影，正如赵枢在北宋灭亡时对宋钦宗所言："去年奉旨出使金营，虽有幸生还，但国破家亡，死期将近。能死在父母身旁，也算唯一不幸之中的幸事了。"然而此时宋钦宗等人并未料到大难即将临头，早已将身在金营为质的赵枢抛之脑后，执着于纠结王安石所撰《三经新义》导致蔡京等人为奸作恶，废止王安石配享神宗太庙，并将王安石从孔庙中侍奉孔子的十哲地位上撤下，同时剥夺王安石死后追封的"舒王"头衔。

其五，不管燕山，却管聂山。此时的宋廷，已连黄河以北疆土都无法自保，更别提收复燕云十六州之地了。开封府尹聂山升任同知枢密院事后，置三镇危机于不顾，却向钦宗表示仰慕汉朝大臣周昌，表示愿意像周昌般为君尽忠。聂山毫无实际行动，只是满嘴空谈，而钦宗却非常受用。加之聂昌在担任开封府尹之时，曾密派武士斩杀钦宗最为深恶痛绝的大臣王黼（王黼曾密谋帮助郓王赵楷争夺太子之位），于是钦宗亲自为其赐名聂昌，以示恩宠与信任。

吞辽灭宋：金朝建立初期的"壮举"

其六，不管东京，却管蔡京。钦宗不管都城东京开封府的安危，为巩固统治，将徽宗的宠臣蔡京等人贬杀殆尽。金军北撤后，宋钦宗与徽宗之间的矛盾便置诸表面，势同水火。原来，徽宗虽宣告退位，但朝廷实权仍掌握在蔡京、高俅等人手中。徽宗逃离东京之时，蔡京、童贯等人立即携带家属及金银财宝随其南下，童贯甚至直接拒绝钦宗任命其为东京留守一职，可以说丝毫不给新皇帝面子。同时蔡京等人逃至长江以南后，打着"太上皇帝圣旨"的名义欲把持富庶的江南之地，甚至连当地勤王兵马、物资皆自行扣留不许发往东京。钦宗对此愤怒不已，必须将其诛杀方可解心头之恨。于是借整顿朝纲，抗击金人之机，剥夺徽宗、蔡京、童贯等人在政治、经济、监察、军事等方方面面特权，后又借舆论之手，赐死李邦彦、梁师成，贬逐朱勔、蔡京、童贯、蔡攸等人，将徽宗接回东京，软禁在龙德宫内。随后，钦宗又以"擅开边衅，祸及天下，罪不容死"为由，诛杀童贯、赵良嗣、蔡攸、朱勔等人于贬所。在这场"清算"中，蔡京还算唯一一个得到善终之人，时人认为这是由于在钦宗兄弟争夺皇位时，蔡京支持身为皇太子的钦宗，故钦宗不杀蔡京以报恩。七月，蔡京死于前往贬所（儋州）的途中，时年80岁。俗话说，"人之将死，其言也善"，蔡京临死前作绝命词一首：

第四章 "圣贤文字初何罪,群小盈庭事可悲"

八十一年住世,四千里外无家。

如今流落向天涯,梦到瑶池阙下。

玉殿五回命相,彤庭几度宣麻。

止因贪此恋荣华,便有如今事也。

可谓客观地道出蔡京对其一生的评价以及临死前的感悟。可惜蔡京等人被清算并未使昏庸的北宋朝廷得到净化,反因在此过程中争权夺利,旧的奸臣被除去,新的佞臣走上历史舞台,使得朝政更加败坏,加速了北宋的灭亡进程。

其七,不管河北地界,却管举人免解。钦宗君臣不去过问处于金军威胁之下的河北地区的安危,相反却为举人的科举考试方法如何改革而争得不可开交。

其八,不管河东,却管陈东。时间回到金人第一次进攻开封时,因姚平仲劫营失利,投降派李邦彦等人将责任全部嫁祸到李纲、种师道等人身上,钦宗为向金人谢罪,下诏罢免李纲等人官职。太学生陈东得知这一消息后,义愤填膺,带领太学数百名在校学生前往宣德门伏阙上书。陈东,字少阳,哲宗元祐元年(1086)出生于江苏镇江,自幼聪明有才气,并立下为国报效的

吞辽灭宋：金朝建立初期的"壮举"

远大志向。陈东上书，奏章洋洋洒洒数千言，一针见血地指出："朝廷中能够奋不顾身，救社稷于危难之中者，唯有李纲。而李邦彦、白时中、张邦昌等人，昏庸不才，嫉贤妒能，只知道考虑自身利益而不以国家大局为重，是社稷之贼，应严惩不贷。"以陈东为首的太学生强烈要求钦宗恢复李纲、种师道等抗金人士的官职，声称国家存亡，在此一举。在太学生的感召下，开封府军民闻风赶来，最后竟会集数十万人，请愿之声撼天动地。在群众强烈的呼声下，李纲、种师道最终官复原职，但钦宗、李邦彦等人也由此深深惧怕人民的力量，金人退军后，一切整顿太学的活动皆由陈东请愿一事而起。对此，钦宗指示开封府颁布法令："从今以后，士人、百姓再有伏阙上书的行为，视同谋叛作乱行为论处，国家将派出军队全力搜捕，并一一处死以示众。"蔡懋、李棁更是给陈东扣上"挟持君父"的罪名，责令太学开除陈东学籍，并别有用心大肆造谣道："太学生请愿时，有李纲的亲友从中恶意挑唆。"意图借陈东一事将犯上作乱的罪名嫁祸给李纲。虽然在太学生以全数退学相威胁以及正义之士的反对下，投降派对李纲和陈东的惩罚并未成功，但钦宗彻底下定决心控制舆论，于是便有了民间"城门闭，言路开；城门开，言路闭"的讥讽之语。

第四章 "圣贤文字初何罪，群小盈庭事可悲"

其九，不管二太子，却管立太子。金朝二太子即东路军统帅完颜宗望（？—1127），本名斡鲁补（又作斡离不），金太祖完颜阿骨打次子，故被时人称作"二太子"。自阿骨打起兵反辽开始，完颜宗望便跟随太祖左右，屡建奇功。完颜宗望曾率领10余名轻骑兵孤军深入鸳鸯泊追击辽朝天祚帝。又曾率领1000余名金军在大鱼泺孤军对战2.5万名辽军，并在人困马乏被辽军层层包围的危急时刻，秉持"擒贼先擒王"的战略，率领全军向观战的天祚帝发起冲锋，最终迫使天祚帝逃跑，辽军四散奔逃。此时就连开封府民间百姓都能预测到，金军虽退，但觊觎中原富庶之地定会卷土重来，然而"肉食者鄙"，此时的宋廷内部忙于内斗，年仅25岁的宋钦宗为巩固自身统治，在将徽宗势力剪除殆尽后，急忙将10岁的长子赵谌立为太子。赵谌生于政和七年（1117），宋徽宗嫡皇孙。由于宋朝自开国以来尚未有当朝皇帝得嫡孙者，徽宗大喜，以赵谌为检校少保、常德军节度使，封崇国公。后因王黼、蔡京党争，降赵谌为高州防御使。靖康元年（1126），宋钦宗迁赵谌为检校少保、昭庆军节度使、大宁郡王，进封检校少傅、宁国军节度使。四月，立为皇太子。次年（1127）随徽、钦二帝北狩，后不见于史书记载，想来其归宿亦为终老五国城。当然，这是后话，此时的宋钦宗忙于册立太子以保证自身的权力传承，根本不会想到还有如此悲惨的结局。

就在疮好忘痛的宋朝君臣忙于争权夺利，对时局麻木不仁之时，金军经过激战，于靖康元年（1126）九月初攻占了由宋军拼死坚守长达9个月之久的太原城，完成了南下灭宋的一切准备。

二、喋血太原城

话说金朝西路军统帅完颜宗翰，那也是一位智勇双全，对于金朝建立做出卓越贡献的女真将领。完颜宗翰（1080—1137），女真名黏没喝（又作粘罕），金初国相完颜撒改长子。完颜宗翰身材魁梧，长于骑射，战场上骁勇善战、所向披靡。

完颜宗翰17岁时便已经在女真军队中脱颖而出。早在完颜宗翰随同完颜阿骨打参加辽朝皇帝捺钵之时，完颜宗翰便敏锐地注意到辽朝腐朽衰弱，于是劝说阿骨打起兵反辽。在宁江州之战、达鲁古城之战、黄龙府之战中，完颜宗翰皆一马当先，身先士卒。他对待部下十分严格，战场上要求所部只许向前进攻，决不允许后退一步。凡后退者，不论身份、出身、级别当场处死。正因如此，完颜宗翰所部每战必死战，誓死杀敌，勇往直前。

金天辅五年（1121），完颜宗翰力排众议，奏谏西征灭辽。

第四章 "圣贤文字初何罪，群小盈庭事可悲"

当时一些女真将领安于现状，欲与辽朝各分半壁江山。惟完颜宗翰等一些有识之士认为天祚帝无才失德，内外离心，日薄西山，"宜将剩勇追穷寇"将其彻底消灭以绝后患，完颜阿骨打深以为然，以宗翰为移赉勃极烈（女真第三官长）。之后的发展果然正如宗翰所料，天祚帝仓皇逃窜，金军连战连捷。天辅七年（1123）六月，完颜宗翰任都统，坐镇云中（今山西大同）。金太宗即位后，特许宗翰一切地方事务均可自行做主，这也是时人所谓"西朝廷"的由来。

不仅如此，完颜宗翰还是积极主张进攻宋朝的代表人物之一，早在阿骨打在位之时，宗翰就拒绝将燕云十六州交付宋朝。金太宗在面对宋人有关山后诸州的交涉问题时，宗翰也只同意将武州（今山西神池）、朔州（今山西朔州）交与北宋，其他一律不准。同时完颜宗翰自恃手握重兵，积极备战，力主伐宋，借以获取更多利益与财富。然而令宗翰没有想到的是，自天会三年（1125）十二月发兵以来，虽然自己在不到20天之内便连下宋朝朔、武、代、忻四州，兵临太原城下，此后却长期被阻挡于太原一带。宗翰接到宗望与北宋议和的消息，得知东路军获金银财宝无数，再看看自己所立军功，与宗望天差地别，心中很不是滋味。为弥补缺憾，宗翰于天会四年（靖康元年，1126）三月，派

吞辽灭宋：金朝建立初期的"壮举"

遣由辽入金的大臣萧仲恭以及都管赵伦等人以感谢宋朝遣使报和为由出使宋朝，实际上是想索取一些金银与贿赂。

萧仲恭（1090—1150），生于辽朝后族之家。祖父萧挞不也官至枢密使、兰陵郡王。父亲萧特末娶辽道宗第三女越国公主为妻，官至中书令。萧仲恭早年仕辽，天祚帝被金军击败，逃亡夹山期间，众叛亲离，身边的追随者越来越少，唯有萧仲恭对天祚帝始终忠贞不贰，不畏艰险，誓死保卫天祚帝。天祚帝逃亡途中恰逢天降大雪，因后勤辎重全为金军缴获没有防寒衣物，萧仲恭便将自己的貂皮衣帽进献给天祚帝御寒。没有食物，萧仲恭便将仅剩的炒面和大枣供给天祚帝食用，自己和其他侍卫只啃冰雪充饥。天祚帝需要休息时，因没有任何可供铺垫的物品，萧仲恭便跪下，使天祚帝靠在他身上和衣而睡。由于萧仲恭在危难时局中的忠义之举，在其与天祚帝同被金军俘虏后，金人对其十分敬佩，礼待有加，完颜宗翰更是亲自劝说。萧仲恭见辽朝复兴无望，最终决定成为完颜宗翰帐下的一名参谋人员。

萧仲恭抵达宋朝时，正值金军撤军，宋朝各地勤王部队20余万云集开封之时。宋钦宗底气十足，遂撕毁与完颜宗望的城下之盟，拒绝割让三镇。因此，宋朝不仅严词拒绝完颜宗翰有关索取贿赂的要求，还将萧仲恭等人关押起来，扬言不将宋朝人质肃

第四章 "圣贤文字初何罪，群小盈庭事可悲"

王赵枢放回，萧仲恭、赵伦也别想回去。随从萧仲恭出使宋朝的赵伦见状，心生一计，便假意向宋朝提供情报说，此前降金的辽朝大将耶律余睹被迫投降金后心怀不满，怀有二心，有投宋之意。耶律余睹下辖众多契丹士兵，兵强马壮，建议宋朝联络耶律余睹共同对付金人，届时消灭完颜宗望与完颜宗翰，宋朝自然可高枕无忧。

赵伦所言耶律余睹，即前文讲述的迎娶天祚帝文妃妹妹为妻的辽朝大将，后被萧奉先诬告谋反，无奈之下投降金朝。金朝任命其为左金吾上将军并充任攻辽先锋，为金朝灭辽做出重要贡献。金人第一次南下攻宋时，耶律余睹担任金朝西路军元帅右都监。

面对赵伦的脱身之计，如果换作李纲、种师道，只需稍加详问便可分辨真假。然而无脑的宋钦宗听闻耶律余睹有意反金，经与宰相吴敏等人商议，竟然一致得出耶律余睹与萧仲恭一样，皆为忠于辽朝之士，只是被迫降金。二人皆有亡国之痛，对金朝一定恨之入骨。耶律余睹手握兵权，萧仲恭身为完颜宗翰手下参谋，若能使二人弃金投宋，宋朝与之里应外合，必将大败金人，使金人不敢南望大宋。于是决定通过萧仲恭策反耶律余睹，并带去蜡丸密信一封。信中大致内容如下：

大宋皇帝致书于左金吾卫上将军、元帅右都监耶律余睹：

吞辽灭宋：金朝建立初期的"壮举"

自从我真宗皇帝与大辽于澶渊结好，敦信修睦，百余年来边境晏然，义同一家，几乎没有兵革之争，天下安定，古今罕见。然金人无道，拘禁天祚皇帝，剪灭大辽。对于大宋而言，理当发义军以帮助大辽共同抗击金人。无奈奸臣当道，童贯等人竟与金人相勾结，致使女真坐大，实在是令人神共愤。徽宗太上皇帝为示痛改前非，故内禅于我。

我自即位以来，念祖宗之遗德，思大辽之旧好，于是将此前破坏宋辽关系的蔡京、童贯、赵良嗣等人皆或贬斥，或诛杀。日思夜想兴复大辽，重回过去两国盟好之时。可惜一时未找到合适的方法，故迟迟未能成功。今天听闻萧仲恭、赵伦言道大辽与燕云遗民，不忘大辽圣德，日思恢复，而能承担起如此重任者，只有耶律余睹一人。我大宋知晓你曾为辽朝大将，屡立大功。出于为宗庙社稷着想，谋立晋王，不幸未能成功，只得为躲避灾祸投奔金人。假设晋王顺利即位，则天祚皇帝安享晚年，大辽亦不会灭亡。如今我大宋愿意作为你的后盾，必将倾尽全力，共同促成大辽复国。机不可失，时不再来，希望速做决断。限于书信篇幅，无法一一言说，具体情况已令萧仲恭、赵伦当面告知。

钦宗君臣自认为萧仲恭忠于天祚帝，一定会同意宋朝策反耶律余睹共同抗金之事。而他们有所不知的是，萧仲恭并非如郭药

第四章 "圣贤文字初何罪,群小盈庭事可悲"

师般反复无常之徒,但萧仲恭担心此时若不答应宋人,将会被扣留不返,便假意应允。宋人果然上当,在将蜡丸密信交与萧仲恭后,便将萧仲恭、赵伦等人遣回。萧仲恭返回金境后,立即将密信交与完颜宗翰,并将宋朝妄图拉拢耶律余睹里应外合反金一事一一告知。完颜宗翰听闻大怒,急忙将消息呈报金太宗。

与意图策反耶律余睹相同时,麟州(今陕西神木)将领折可求又向钦宗报告耶律大石建立西辽的消息。折可求上奏道:"耶律大石(赵甡之《遗史》误作天祚帝之子梁王雅里)驻军西夏之北,统军10余万,张榜声言金人无道,与宋朝奸臣相勾结,毁我大辽社稷。如今听闻宋朝徽宗皇帝已自感悔过,内禅让位以表悔改之意,继位的钦宗皇帝圣明神武。若宋朝能与我合击金人,恢复大辽宗庙,那么此前宋朝单方面撕毁澶渊之盟一事,可以既往不咎。"钦宗君臣听闻此事十分高兴,立即遣使携带书信,计划与耶律大石进一步沟通夹击金人之事。宋朝使者经由河东地区前往麟州,欲借道西夏前往西辽。但在途中便被完颜宗翰手下的游骑兵擒获,完颜宗翰缴获宋朝写给耶律大石的书信后,更加愤恨不已,亦上报金太宗。

作为积极主张伐宋的代表人物,完颜宗翰在第一次南下攻宋期间立下的军功却寥寥无几,完全无法与东路军统帅完颜宗望相

吞辽灭宋：金朝建立初期的"壮举"

提并论。起初，宗翰在得到宗望的通知后，并不想与宋朝议和，但限于宗望是金太祖之子，地位高于自己，议和一事得到金太宗批准，况且宗望确实在与宋人的和谈中攫取到对金人而言不啻于天文数字的财富与好处，对此宗翰只能表示服从。如今宋人策反耶律余睹并意欲联合耶律大石夹击金朝两事败露，使宗翰又看到建立不世之功的希望。为此，宗翰立即整顿军队，为扫清伐宋障碍，下令对宋太原城发起总攻。

却说太原城在知府张孝纯、守将王禀的拼死抵抗下，虽处境愈发危急，但仍坚守不降。而完颜宗翰亦采取围城打援的战术，以太原城为诱饵，不断吸引宋军来援，金军则以逸待劳，各个击破。在此过程中，宋将孙翊、折可求、刘光世、黄迪等人率领的兵马皆被金军击溃。同时宗翰还针对宋军弓弩射程远、威力大，且金军孤军深入，在当地没有群众基础等实际情况制定有针对性的围城之法。即将金军营寨修筑在宋军弓弩射程之外，各堡寨之间辟有小径，昼夜派人往来巡逻以防宋军偷营。同时将太原府辖下属县全部攻占，收缴粮草，修缮军备，借以达到对太原的长围久困。

完颜宗翰这一招果然收到效果，太原的情况不断恶化，张孝纯不断派遣敢死队缒城而下，拼死突出重围至开封告急，请求援

第四章 "圣贤文字初何罪,群小盈庭事可悲"

兵。钦宗面对太原的求救书信,反复横跳的性格再次上演。一方面,之前答应割让三镇给金朝只是迫于金军压力,现在金人已经北返,钦宗的腰杆自然挺直起来,虽不便公然撕毁和约,但也认识到三镇作为都城开封北面屏障的重要战略地位,不愿将开封直接暴露在金人的兵锋之下。故钦宗试图效法徽宗赎回幽州之举,遣使与金人讨价还价,希望通过将三镇地区每年的所有赋税交与金人,以换取金人同意免去土地割让。另一方面,钦宗自恃勤王大军20余万云集开封,完全可以以太原为中心与金朝西路军展开决战。正如太原知府张孝纯所言:"太原自古为兵家必争之地,城坚粮足,待金军粮草食尽,士气大跌之时,与朝廷援军里应外合,必将使金人有来无回。"钦宗遂打定主意,于靖康元年(1126)三月中旬,以姚古为河东制置使,率兵6万人救援太原。同时以种师中为河东制置副使,率军9万人增援中山、河间。

三月二十四日,姚古收复隆德府(今山西长治)。次日,收复威胜军(今山西沁县)。与此同时,种师中向钦宗献策:"在姚古所部向北推进的同时,自己率军由邢州(今河北邢台)、相州(今河南安阳)由捷径西出太行山到达上党,从侧后方出其不意攻击金朝西路军,以达到击溃金军主力,甚至全歼宗翰所部的目的。"宋钦宗却怀疑此为种师中与姚古争功之举,坚决予以拒绝,

吞辽灭宋：金朝建立初期的"壮举"

从而失去战略先机。直到五月，钦宗才下令让种师中率军由井陉（今河北井陉）小道越太行山西进，姚古与张孝纯之子张灏分别从隆德府和汾州（今山西汾阳）北上，三路大军互为掎角，合击围困太原的金军。

此时完颜宗翰已返回云州（今山西大同）避暑，太原交由完颜银术可负责。宋廷负责部署河东战局的同知枢密院事许翰虽为主战派，但本为一介书生，对用兵之道知之甚少。见完颜宗翰北返，以为金人迫于宋军压力即将北逃，便立即上报钦宗，迫令种师中、姚古从速与金人决战。

种师中与姚古作为久经沙场的大将，作战经验丰富，尤其二人皆在西北战场上与西夏征战日久，深知边疆民族战法。此时宋朝精锐部队几乎系于二人一身，稍有不慎，不仅无法驱逐金人，就连日后驻防京师的军队都将葬送于太原之地。故而种师中、姚古反复请求朝廷全面筹划此战略决战，不要仓促行事。然许翰不听劝告，屡次催促种师中进兵，朝廷大臣也被姚古此前的军事胜利冲昏头脑，甚至给二人扣上"迁延逗留""拥兵自重""放纵金人"等罪责，有人甚至建议应诛杀逗留不前的姚古，杀一儆百。面对朝廷愈发严厉的措辞，种师中明知如此仓促行事，置三军将士生死于不顾的行为必遭失败，但仍决心一死以明其报国之志。

第四章 "圣贤文字初何罪,群小盈庭事可悲"

种师中临行前对家人留下遗言道:"此行凶多吉少,一切都是天意。我早已将生死置之度外,时刻准备为国献身,如今正是我以死报国之日!"姚古也迫于朝廷压力,只得应命北上。

种师中所部经数日行军,乘胜收复寿阳、榆次各县,进抵平定军(今山西阳泉)。因后勤补给跟不上,此时宋军士兵已经三天没吃上正常食物了,每日口粮仅有黑豆一勺,士兵战斗力及士气大打折扣。反观金军,以逸待劳,士气正旺。完颜银术可根据战场情况,决定先歼灭种师中所部,再消灭姚古军。于是以少量部队据险阻击姚古,使二者无法会合。其余重兵皆部署在太原城周围,坐等种师中上门。

五月初九,种师中距离太原城仅有20里,然而就在此时,金朝伏兵四起,金朝大将完颜娄室亲自率军冲锋,将宋军断为数截,使其各自为战,无法相顾。宋军右军首先被金人击溃,前军亦随之败逃,前军参谋官黄友战死。种师中率领残兵与金人鏖战,自早晨卯时战至巳时,身边仅剩下亲兵百余人,且多已身负重伤。左右亲军劝种师中突围出去,留得青山在,不怕没柴烧,但被其断然拒绝。种师中悲壮地说道:"我身为主帅,事已至此,岂能苟且偷生!你们速速突围,我定要与金人战至最后一刻!"部下被种师中杀身成仁的决心所感动,纷纷表示愿随种师中血战到底。此时种师中已身中数枪，裹好伤口后，提枪上马，再次杀入敌阵。至中午时分，种师中在混战中被流矢射中身亡，饮恨疆场，时年68岁。种师中的侄子种洵率残部退回平定军。

完颜银术可击败种师中所部后，立即转向姚古军。五月十九日，姚古所部在太原城南、威胜军北一个叫作盘陀的地方与金军遭遇，面对女真骑兵的冲击，宋军全面崩溃。至此，在宋军占据绝对兵力优势的情况下，因处置失宜，入援太原的行动再次以惨败收场。事后，宋廷追赠种师中为少师、节度使、开府仪同三司，赐其子孙20余人为官。可惜这种马后炮的举措，又有什么用呢？

金军连续击溃种师中、姚古两路援军后，以宋人毁约，不仅拒绝割地且擅自发动战争为由，完颜银术可下令加大对太原的围攻，不得太原誓不罢休。种师中作为当世名将，其战死无疑是朝廷瞎指挥所致，对宋军士气打击极大，同时使得原本誓死忠于宋朝的臣子们内心有所动摇，开始怀疑是否真的有必要保卫这腐朽不堪的朝廷。张孝纯在太原城破后，最后决定归降金朝，其思想根源应该就始于此时。

种师道在得知弟弟阵亡后亦心灰意冷，以年老多病、难当重任为由向朝廷请辞，朝堂之上力主抗金且有能力抗金者仅剩下李

第四章 "圣贤文字初何罪，群小盈庭事可悲"

纲一人。即使到了如此危亡时刻，宋廷中仍内斗不止。投降派代表人物耿南仲见时机成熟，遂决心将李纲也排挤出朝廷，永绝后患。于是耿南仲向钦宗进言，建议令李纲代替种师道担任河北、河东宣抚使，统军解太原之围。李纲虽知耿南仲等人的险恶用心，但时局已糟糕至此，只能明知不可为而为之。

六月初三，钦宗任命李纲为河北、河东宣抚使，节制河东诸路兵马以解太原之围。但实际上李纲并无实权，钦宗猜忌李纲，耿南仲等人自始至终只是想公报私仇，将李纲排挤出朝廷，待解围战败之日，便可将李纲推为替罪羊，贬官放逐。于是当李纲申请调拨战备物资时，钦宗多大打折扣，甚至根本不予理睬。李纲直接能够指挥的军队数量不足2000人，钱粮兵谷无一就位。即便如此，钦宗君臣仍勒令李纲立即出战，稍有迟疑便扣上违抗君命的帽子。李纲无奈只好仓促启程。无需多言，也能猜到此战的结局。

最令人无语的是，耿南仲等人一面盼着李纲战败，一面却又云集宋朝北境全部兵马，摆出一副与金人决一死战的架势。除李纲所部外，六月初六，宋朝枢密院发布作战指令，命真定府刘韐为宣抚副使，与总管王渊、钤辖李质领兵5万屯驻辽州（今山西左权）以扼金军侧后；命陕西制置司都统制解潜为制置副使，以

吞辽灭宋：金朝建立初期的"壮举"

代姚古之职，徽猷阁待制折彦质为河东宣抚司干当公事，屯驻隆德府，自威胜军北上救援太原；张灏、折可求部屯驻汾州，范琼所部屯驻南、北关（今山西灵石阳凉南关和北关），率军协同应援太原。此次宋朝北境兵马可谓是倾巢而出，总兵力高达22万之众，呈扇形部署，试图合围金军于太原城下。然而当战役名义上的总指挥李纲请求统一调度各路大军之时，却又遭到钦宗拒绝。宋朝在军事体制上严格执行"将从中御"的祖宗家法，前线将士必须由远在深宫的皇帝指挥战斗，故钦宗断不愿将军权交与李纲一人之手。

然而钦宗等人的部署，看似天衣无缝，实则漏洞百出。首先，钦宗等人完全没有将金朝的援军考虑在内。经历种师中、姚古率军欲解太原之围后，完颜宗翰敏锐地感觉到，宋军虽败但决不会善罢甘休，一定会再次派军前来。于是完颜宗翰令在山后草原（今乌兰察布、坝上草原一带）避暑休整的西路军主力经云州南下，疾驰太原。对于这一决定战局走向的重要情报，宋朝全然不知，没有做任何预案。其次，金军以骑兵为主，机动性远胜于宋军，而宋军分进合击，极容易被金人各个击破，此战法之弊端及失败教训早在宋真宗时期的五路伐夏中已得到体现。再次，宋朝将从中御的指挥方式及枢密院官员纸上谈兵的作战理念，注定

第四章 "圣贤文字初何罪，群小盈庭事可悲"

宋军各部必定配合生疏，顾此失彼。最后，宋军连战连败，士气低落，后勤不足。加之金军首次南下之时的赔款已耗尽宋朝国库，同时官员贪腐，立功之士得不到奖赏，怨恨不已，无人愿意死战到底。凡此种种，注定此战未战必败。

七月末，太原解围战再次打响。金人侦测到刘韐所部率先从辽州出击，其余各部暂未出发。于是金人集中优势兵力迎击刘韐所部，宋军在怀州（今山西沁阳）一触即溃，将领王彦战死，刘韐留裨将张俊、苗傅守信德府，自己连夜仓皇逃回开封。金军马不停蹄，立即转攻距离刘韐所部最近的解潜部。八月初三，金军与解潜率领的宋军接战。解潜深知手下士气低落，便想模仿西汉名将韩信背水列阵，置之死地而后生。战前，解潜发布作战命令："拼死拒敌者赏及子孙，临阵退缩者株连家人，立功者加官晋爵！"令解潜没有想到的是，无独有偶，其慷慨激昂的战前演说竟与曾经的童贯高度相同，将士们听后纷纷议论："童贯当年也说过这样的话，到最后战死者被当作逃兵论处，四散奔逃保住性命者反而被招安，赏赐军饷。如今解潜又说这种话，恐怕又要拿我们当炮灰了。"宋朝军法在将士眼中已形同一张废纸。于是在战争打响后，宋军唯求自保，威胜军使张尧佐率部投降金人，解潜、折彦质等人逃回隆德府。至此，宋军仅剩下驻防在汾州一

吞辽灭宋：金朝建立初期的"壮举"

线的张灏、折可求、张思政、冀景诸部，共计17万人左右。

八月初七，金军进攻汾州防线，冀景早已投降金人，此时作为内应，率部不战而溃，宋军本无斗志，见冀景部逃窜，其他将士战意全无，防线瞬间土崩瓦解。初八，张灏收拾残军，依托汾州抗击金人10余日，最终被金人击溃，张灏在亲兵保护下逃往慈州（今山西吉县）、隰州（今山西隰县）一带。与此同时，折可求所部在子夏山（山西文水西南）亦被金人击溃。至此，宋朝倾全国之力的太原救援战，在金人各个击破下几乎全军覆没，彻底宣告失败。宋朝仅存的有生力量十不存一，元气大伤，别说阻止金人南下，就连防御开封都成了问题。

宋军惨败的消息不胫而走，汾州、威胜军、隆德府等地的百姓害怕金人报复，纷纷扶老携幼南渡黄河避难，一时之间，山西东南地区大乱，州县皆空。而投降派耿南仲等人的目的业已达成，不久，李纲果然作为丧师辱国的替罪羊被贬官远放。

消息传到太原，这座坚守了8个多月之久的孤城终于迎来了它悲壮的结局。张孝纯、王禀自知朝廷救援无望，遂下达最后的作战命令，誓要战死至最后一人。此时太原城中，百姓15岁以上、60岁以下者皆加入军队。百姓拆毁自家房屋，把一切能用来御敌之物皆搬上城墙。城中存粮早已食尽，为抵抗金人，百姓只

第四章 "圣贤文字初何罪,群小盈庭事可悲"

食用树皮、干草充饥,而将牲畜留给将士。即便如此,此时将士们也只能煮弓弩筋甲以维持饱腹感。坚持至九月,城内百姓已死亡十之八九,士兵因饥饿大多都无法站立,即便能登城防御,也无力手持武器,只能靠在墙边,待金人近战时发起最后一击。就在这样恶劣的环境中,太原军民无一人言降,这与京城朝堂之上官员们的钩心斗角相比,真是莫大的讽刺!

九月初三,金军攻破太原,仅存的军民与金人展开惨绝人寰的巷战。王禀身中数十枪,自知无力回天,便背负宋太宗御容,与其子王荀投汾河自尽,壮烈殉国。太原通判王逸不愿兵败受辱,在府邸中怀抱宋太宗画像自焚而死,为国尽忠。自张孝纯以下,太原官员30余名被俘,完颜宗翰赞赏他们不屈的气节,试图劝降,但无一人答应。随后,完颜宗翰以死亡相威胁,逐一劝降,不降便杀,结果统制高子祐、统领李宗颜、转运副使韩总、转运判官王甡、提举常平公事单孝忠、河东廉访使狄充、太原通判方笈、张叔达等30余人先后被杀,却无一人屈服投降。宗翰无奈,只得下令将张孝纯及其子张浃押赴云中严加看管,决不允许其自杀,日后再行劝说。北宋灭亡后,张孝纯最终降金。伪齐刘豫政权建立后,张孝纯出任宰相。但张孝纯多次将伪齐密谋侵宋之事汇报给南宋,其中包括刘豫之子刘麟试图借献黄庭坚真迹给宋高宗赵构之时实施刺杀行动等内容。金熙宗皇统四年（1144）张孝纯去世。

太原陷落，金朝西路军彻底扫清了南下路上的一切障碍，避免出现第一次南下攻宋时东、西两路大军无法顺利会师的被动局面。第一次攻宋时，正是由于西路军被阻于太原城下，导致东路军孤军深入，迟迟无法攻克开封府，给了宋朝勤王大军援救京城的时间。此刻太原这枚南下的钉子终于被拔出，西路军进可长驱直入，退可控扼潼关以阻挡宋朝陕西精锐部队回援京师。而宋朝不仅失去了太原这一战略要地，且在几次"添油战术"救援太原的过程中损兵折将，前后共计丧师20余万，极大消耗了宋军的有生力量。太原军民用鲜血换来的大半年宝贵时间，却被宋廷用于争权夺利、内斗消耗，并未布置城防，做战守准备，亦未与太原军民里应外合，击溃金朝西路军。总之，宋廷因其自身的腐败堕落，灭亡已成定局。太原的失守，不过是为北宋王朝敲响最后的丧钟罢了。

三、金军第二次攻宋

金军在首次攻宋撤军后，为适应新的军事形势，加强对攻宋

第四章 "圣贤文字初何罪，群小盈庭事可悲"

战争的领导与指挥，统筹东、西两路大军协调配合等问题，金太宗对军事指挥机构进行调整。首先，在上京设都元帅，从一品，由皇弟谙班勃极烈完颜斜也（完颜杲）担任。下设左、右副元帅，正二品。左副元帅仍以完颜宗翰担任，统辖西路军，负责河东战事。右副元帅以完颜宗望担任，统辖东路军，负责河北战事。副元帅下设左右监军（正三品）、左右都监（从三品）等。都元帅府给予属下方面军统帅极大的自主权，可自行决定与宋朝签订割地和约等重大决策。完颜宗翰在云中建立云中枢密院，由时立爱主院事。完颜宗望于燕京设立燕京枢密院，由刘彦宗主院事。由于两个枢密院及东西两路军各自拥有较大的独立性，因而在时人眼中，被称作"东朝廷"与"西朝廷"。

金天会四年（宋靖康元年，1126）八月，金太宗正式发布二次攻宋命令，宋金战事再起。与军事行动相同时，金朝向北宋下达"问罪书"，称宋钦宗出尔反尔，不仅拒绝按照约定割让三镇，反而策动耶律余睹、萧仲恭等人反金，违约行为比其父宋徽宗更加可恶。要求宋朝速割三镇，否则金朝将兴师问罪。

宋朝则回信称尚未割让三镇是由于群情激奋，三镇军民拒绝接受朝廷诏令，誓死保卫疆土，与朝廷无关。而策动耶律余睹反金一事，是朝中奸人所为，钦宗根本不知。钦宗的抗金热情就如

吞辽灭宋：金朝建立初期的"壮举"

同墙头野草一般，此时因太原解围失利，宋军损兵折将，钦宗再次支持投降派的观点，一面坚决否认自己的所作所为，一面遣使赴金，请求以三镇租税代替割地。然而即便是投降派内部，也分派别。宰相吴敏与提出以赔款免除割地的王云素来不睦，害怕此议成功使王云立下大功，遂坚决要求割让三镇，并指责王云"身为宋朝臣子，却为金人谋利"。冠冕堂皇地称"金人名义上索要赋税，其实是想令我们先输送大量金银，待赔款到位后，再行进攻，将城池夺去，到最后我大宋财地两空"。吴敏所言可能符合金人所想，但经其一反对，本就没有主见的宋钦宗更加没有主见，真是战也不是，和也不是，割地也不是，赔款也不是。

在钦宗完全不知如何是好之时，金军并没有停下进攻宋朝的脚步。也可以这么说，对于一心想通过攻宋建立军功的完颜宗翰而言，无论宋人怎么选，他都绝不会放弃进攻宋朝。只不过由于宋人多行违约之举，使其得以顺利说服金太宗及金廷内部的反战派，并在对宋战争的舆论宣传方面，牢牢占据有利地位。

与完颜宗翰率领西路军对太原发起总攻时相同，完颜宗望率领东路军越过中山府，迅速向南推进，围攻河北重镇真定府。真定府守军由于此前被宋廷抽调增援太原，实力大受削弱。十月初五，真定府在坚守40天之久后被金军攻占。城破后，守将兵马

第四章 "圣贤文字初何罪，群小盈庭事可悲"

都钤辖刘翊率军巷战，后因不愿落入敌手，自缢而死。真定府知府李邈被俘后坚决不降，从容就义。完颜宗翰攻克重镇太原后，分兵南下，在东路金军的配合下，大破宋将种师闵于井陉，打通井陉道，攻陷平定军（今山西平定）。

攻克平定军后，金朝东、西两路大军的最高统帅完颜宗望与完颜宗翰齐聚平定军，召开了决定北宋生死的战略会议，史称"平定军会议"。宋人张汇在《金虏节要》一书中，对此次军事会议有着详细的记述：

宗翰自太原、宗望自真定相聚平定军，商议二次进攻宋朝京师开封一事。右监军完颜希尹提出："如今我们在河东已攻取太原，在河北已攻克真定，此二处乃河东、河北要冲。若乘胜追击，趁势夺取两河地区，待两河地区完全为我大金占据，稳固统治后，再谋划渡过黄河夺取东京也为时未晚。当下若放弃两河地区先进攻东京，万一失利，我们可能连两河地区也无法得到。况且二太子不久前已兵临东京城下，历经血战也无法攻克。"完颜宗望听完完颜希尹的发言后，陷入思考，尚未表态。完颜宗翰却怫然而起，将貂皮帽掷之于地，与完颜希尹争辩道："东京开封府是宋朝之根本，不夺取东京，两河之地即便得到也守不住；若先取东京，两河便可不战而下。上次二太子未能攻取东京，只因

吞辽灭宋：金朝建立初期的"壮举"

我没赶到。这次我大金东、西两路大军合击东京，如探囊取物，轻而易举。"完颜宗望听罢，欣然称赞，表示赞同。诸将见两位主帅达成共识，遂无异议。完颜宗翰、完颜宗望分归本路统领兵马南下，约定两军于东京城下会合。

后来的历史发展证明，完颜宗翰作为金初名将，确实具有其独到的战略眼光。站在今天的视角上，完颜希尹所言看似稳妥，但实则给宋朝以整军备战时间。金军在攻取两河地区的过程中一旦遭受似太原城下挫折而迟滞不前，宋朝便足以征调勤王大军回援京师，届时金军贻误战机，即便能够抵达开封城下也最多只能像第一次般索取金银而归。相反，此时以迅雷不及掩耳之势直取君昏臣庸、防守空虚的北宋都城，一旦得手，则金军"斩首"宋朝指挥中枢，正在坚守的两河地区军民便会孤立无援，届时宋朝军民抵抗意志消解，利于金军各个击破。随后的战局果然正如完颜宗翰所料，攻取开封比探囊取物还要简单。

由此我们对比一下金朝两次进攻宋朝的目标。首次攻宋时，金朝并没有灭亡宋朝的打算，宗望最初只是想借着宋朝败盟之机，收回金朝转交宋人的燕京一带土地。完颜宗翰的胃口较完颜宗望更大一些，要求与宋朝划黄河为界，后完颜宗望在势如破竹、深入宋境、包围开封后，亦提出与宋朝划黄河为界及割让三

第四章 "圣贤文字初何罪，群小盈庭事可悲"

镇的要求。金朝首次伐宋，侧重点主要在于获取土地、百姓与赔款等好处，并没有确立灭亡宋朝的总目标。然而平定军会议后，情况就彻底不同了，金军灭亡宋朝的战略目标最终确立，于是在此之后，完颜宗翰和完颜宗望分别率领西路军与东路军，向宋朝发起了更大规模的攻势。

面对金军攻势，宋朝表面上亦进行有针对性的部署，下令在北京大名府（今河北大名）、西京河南府（今河南洛阳）、南京应天府（今河南商丘）和邓州（今河南邓州）四地正式设立四都总管府。以大名府知府赵野为北道都总管，范讷副之，统河北之兵；河南府知府王襄为西道都总管，孙昭远副之，统京西北路、河东、陕西之兵；应天府知府胡直孺为东道都总管，朱胜非副之，统京东、淮南之兵；邓州知州张叔夜为南道都总管，高公纯副之，统京西南路、湖北之兵。各道都总管分掌本道兵马以御敌，遇事有便宜行事之权，可自辟官署，自行使用本道财赋，自行诛杀、奖赏军士等专权。又以折彦质为河东宣抚副使，统兵12万，佥书枢密院事李回为大河守御使，率骑兵万余，沿黄河南岸布防，以阻遏完颜宗翰率领的西路军。以范讷为河北宣抚使，统兵5万，驻守滑州（今河南滑县东）、浚州等地，以阻遏完颜宗望率领的东路军。同时赋予河北、河东诸军将帅及其下辖各部，

吞辽灭宋：金朝建立初期的"壮举"

面对金人来侵时，拥有随机应变、先斩后奏的特权，遇事无须上奏朝廷。

不仅如此，宋钦宗还起用种师道为同知枢密院事兼河北巡边使，后又改任河东宣抚使以代替李纲之职。此时种师道已因操劳国事劳累过度病重危急。接到朝廷的任命后，亲朋部下皆劝其勿要出任，以身体为重。但种师道毅然说道："时局已糟糕如此，我怎忍心苟活于世。"于是一面继续召集各地勤王大军，一面请求钦宗暂避长安。

此时宋朝面临的形势较之第一次开封保卫战时更加严峻。不仅两河重镇已失，且精锐之师十不存一，士气低落，人心动荡，开封已无力组织起有效防御。而金军目的很明显，就是以俘获宋朝皇帝为目标，一旦钦宗被俘受辱，宋朝百余年统治便将毁于一旦。因而种师道希望钦宗退守长安，而将守卫京城的职责全权交与将帅负责，没有了后顾之忧，军民同心，胜负尚有一搏。种师道的建议可谓是宋朝唯一有可能反败为胜，起码不至于国破家亡的上上策，然而钦宗与一众投降派反而给种师道扣上了年老畏敌、避战怯懦的帽子。不仅如此，对于各地的勤王大军，投降派代表耿南仲等人竟然害怕此举会激怒金人，以"百姓困顿，无法供养十万兵马于开封城下"为由将勤王军队遣散。正如李纲曾愤

第四章 "圣贤文字初何罪，群小盈庭事可悲"

怒地说道："如此儿戏对待各地勤王将士，与周幽王烽火戏诸侯何异！危机时以军法严惩恐吓各地率师勤王，出尔反尔时以尺寸书纸将其遣返，怎能不令天下人寒心。反复如此，等到真正危急时刻，天下不会再有人响应了。"李纲此言不幸言中，待金人二次合围开封府后，宋廷再召勤王之兵，应者寥寥无几。

种师道在前往京城复命的路上，见沿途军备皆无，士兵军容不整，嬉戏打闹，毫无戒备。他痛心疾首，忧愤不已，回到开封后不久，于十月二十九日病重去世，享年76岁。种师道离世，李纲被贬逐，首次开封保卫战中的擎天白玉柱、架海紫金梁均已告别军政中枢。正如朱熹所言，在李纲离朝后，种师道是当时唯一一位能够肩负起指挥军民抗金重任的人选，应授予种师道元帅甚至是宰相之职以安天下。可惜钦宗短视，直到其被金人掳获之时，才痛悔道："若听种师道之言，怎能有今日之辱！"可惜为时已晚。

宋廷表面上备战，实则只是摆出一副欲与金军决战的架势，借以希望换取金人同意接受自己割地以求和的想法。上面所言皆为宋廷的表面文章，我们来看看宋朝备战的真实情况。河东军食粮短缺，守卫河东重镇平阳府（今山西临汾）北面天险回牛岭的宋军每日的口粮只有一点豌豆或是陈麦，军饷皆被官吏中饱私

吞辽灭宋：金朝建立初期的"壮举"

囊。御寒衣物更是近乎没有，士兵在深秋时节竟然只能赤膊站岗。伤病患者更是直接被扔在路边，无人问津。士兵们纷纷冷笑道："如此对待，还想让我们替你卖命？"

那么，投降派现在在做什么呢？在将抗金派大臣排挤殆尽后，他们终于得以大施拳脚。然而我们前面就曾说过，投降派内部也不是铁板一块。虽然自八月开始，乞和使者一批接着一批被派遣出使金营，返回者和后派遣者相望于道。但在是否割让三镇的问题上，宋廷投降派竟然还未达成一致。以耿南仲、唐恪、李若水、范宗尹等人为代表的"割地派"，坚持割地以满足金人要求。何㮚则继续坚持"三镇乃国之根本"，若坚持割让，会大失民心。但何㮚反对割让三镇只是害怕百姓造反，甚至提出"反正太原、真定已失守，割地会伤害百姓情感，不如不割，令金人自取"这种不作为、得过且过的观点。

在宋廷内部争论不休之时，完颜宗翰、完颜宗望率领的两路大军可一刻也没有休息。正如金人所言："让宋人讨论去吧，等他们讨论完，我们早就已经渡过黄河了。"十月初十，金朝西路军克汾州，守将张克戬自杀殉国。十七日，宗翰陷隆德府，俘获守臣张有极。二十四日，金军抵达回牛岭，作为对宋朝不体恤将士的"回报"，宋军不战而溃，平阳守将刘锐亦率军逃跑，完颜

第四章 "圣贤文字初何罪,群小盈庭事可悲"

宗翰兵不血刃占领平阳府。随后,金朝西路军势如破竹,连取泽州(今山西晋城)、潞州(今山西长治),下太行,破怀州(今河南焦作),进抵黄河北岸。东路军则自真定府南下,兵锋直指黄河渡口。

金朝东西两路大军抵达黄河一线时,东路军正面面对的宋军为北道副总管、河北宣抚使范讷率领的5万宋军,驻防在滑州、浚州一带,同时黄河北岸尚有磁州(今河北磁县)嵌入金军阵型当中,磁州守军由知州宗泽统领,对金军构成一定威胁。针对此宋军布防,完颜宗望一反首次金军南下时的行军路线,东路军经恩州(今河北清河)折而南趋大名府,经大名南下,于十一月十六日,顺利由大名附近的李固镇(今河北大名西)渡过黄河,其间并未遭到范讷所部抵抗。为防宗泽率军侧击,完颜宗望派遣数千骑兵佯攻磁州,加以牵制。就这样,金朝东路军顺利渡过黄河,逼向北宋都城东京。

完颜宗翰率领的西路军正面面对的则是宋朝河东宣抚副使折彦质率领的12万宋军与大河守御使李回率领的万余名骑兵,对此,完颜娄室建议完颜宗翰道:"宋军实不足惧,但其毕竟人多,现在两军夹河列阵,贸然强渡黄河,胜负犹未可知。不如取军中战鼓通宵击之,对其虚声恫吓,待其露出破绽后再行进攻。"完

吞辽灭宋：金朝建立初期的"壮举"

颜宗翰采纳娄室的建议，隔河敲了一夜战鼓。宋军肝胆俱裂，折彦质以为金军已开始强渡黄河，大惊失色，急忙率领中军逃跑，12万宋军顿时土崩瓦解。李回见状，孤掌难鸣，也一溜烟逃回开封。宋军溃逃后，金军首次攻宋时的神奇一幕再次上演，金军从容地编制木筏，寻找船只，自十一月十三日至十五日，历时三天全军才得以先后从孟津（今河南孟津西）、河阳（今河南孟州南）等地顺利渡过黄河。渡河后，西路军顺势攻取洛阳，宋军西道都总管王襄弃城逃跑，永安军（今河南巩义南）、郑州不战而降。完颜宗翰于是一面分兵扼守潼关，阻击来自陕西的宋朝援军，一面向东急行军，以保证与东路军会师于开封城下。

黄河天堑再失，金军无人可挡，两路大军直扑开封。至此，宋钦宗终于不再与大臣纠结是否割让三镇的问题，慌忙派遣康王赵构与刑部尚书王云赶赴金朝军前，表示愿意割让三镇，并尊金太宗为皇伯，上太宗尊号为"大金崇天继序昭德定功体仁惇信修文成武光圣皇帝"，请求金人退兵。然而这时金人对河北三镇已丝毫没有兴趣了，又提出划黄河为界的要求，即宋朝需割让整个两河地区。钦宗不敢反对，立即表示同意，派遣耿南仲、聂昌为两河割地使，耿南仲出使完颜宗望军中，聂昌出使完颜宗翰军中。可笑的是，一向自诩忠义（聂昌更是在钦宗面前声称要像西

第四章 "圣贤文字初何罪,群小盈庭事可悲"

汉周昌般效忠钦宗)的二人,此时说什么也不愿意出城。耿南仲以年老体弱为由推辞,聂昌更是以"父母在,不远游"推脱。钦宗大怒,严令二人立即出使,否则当廷处死。二人无奈,只得硬着头皮前往金营。

我们来看赵构、聂昌、耿南仲三路宋朝割地使臣。十一月二十日,康王赵构和王云到达磁州(今河北磁县),知州宗泽极力劝阻,称"肃王一去不回,如今金人又故技重施,欲以同样的计策招诱康王前往,然后再加以扣留。况当下金军已迫近东京开封府,去也无用,请勿再行"。百姓亦大声呼号:"王云乃金人间谍,欲以康王进献金人,康王一定不要中计。与其自投罗网,不如起兵回援京师。"当百姓听闻王云还坚持要求赵构北去求和,加之有人在王云的行囊中发现有女真样式的"皂裘",不由得怒火中烧,认定王云是奸细,愤怒的百姓当即将其杀死。刚好此时相州(今河南安阳)知州汪伯彦邀请康王赵构前往他处躲避,赵构趁机南下相州。赵构前脚刚走,后脚完颜宗望派出的搜寻康王行踪的轻骑兵亦抵达磁州附近,赵构幸运地躲过一劫,这成为其命运的转折点。故赵构对汪伯彦感激不尽,称帝后一直将其视作心腹。

聂昌的下场与王云相同。闰十一月中旬,聂昌和金朝使者抵

吞辽灭宋：金朝建立初期的"壮举"

达绛州（今山西新绛），当地军民坚守城池，誓死不降。面对群情激奋，聂昌还想大摆官威，持诏书硬要闯关，被绛州钤辖赵子清等人逮捕，碎尸万段，足见宋朝百姓对投降派愤恨至极。耿南仲则比王云、聂昌要狡猾得多。耿南仲与金使前往卫州（今河南卫辉），卫州百姓同样也反对割地，扬言要杀死割地使者。金使闻讯，慌忙连夜逃走。耿南仲也急忙逃往相州，面见康王赵构，不敢再提割地之事，谎称奉钦宗皇帝圣旨，与赵构相约起兵勤王，尽起河北诸州兵马入卫京师，这才保住了性命。至此，宋朝派出去的割地议和使者，均以未完成使命而告终。

随着以钦宗为首的投降派试图通过割让黄河以北领土与金人媾和的失败，金太宗天会四年（宋钦宗靖康元年，1126）十一月二十五日，完颜宗望所率领的东路金军率先抵达东京城下，驻扎于刘家寺。一周后，闰十一月初二，完颜宗翰率领的西路金军亦到达开封，驻扎于青城。金朝东西两路大军共计10余万人顺利会师，再次对东京形成合围之势。

四、徽钦北狩，北宋灭亡

金军二次合围开封，宋朝此次面临的亡国危机远甚第一次。

第四章 "圣贤文字初何罪,群小盈庭事可悲"

首先,此时种师道已去世,李纲被贬逐远放,宋廷内部的抗金派已被贬斥殆尽,无人有能力主持大局,总揽军政事务。其次,此时开封城内仅有7万名守军,虽人数上亦可一战,但因事先未做任何战守准备,缺乏重型防御武器,各式城防之物均未配备齐全。再次,金军已至城下,而开封城周围连个勤王部队的影子都没有。此非各地军民不忠于大宋王朝,而是勤王兵抵达开封后,竟被耿南仲等人遣回。如南道总管张叔夜、陕西制置使钱盖早已率军抵达开封,而耿南仲等人竟以"既允诺向金人割地求和,再派兵护卫京师,显得宋朝出尔反尔"为由,不予接纳。最后,宋廷的执政者皆为昏庸无能之徒,只知奴颜婢膝,割地求和,战守之事一概不知。例如枢密院计划模仿三国时关羽水淹七军战法,水淹金军。但凡懂一点兵书战法,也会知道起码应等到金人安营扎寨后再行开闸放水之举。宋廷不然,命令都水监立即掘开河堤,结果白白淹没城外几千户普通百姓,而金人抵达后,相当于宋人提前告知金军哪里地势低洼,不宜驻兵,真是千古罕见的天下笑柄!

面对金军围城,枢密院也模仿李纲在第一次开封保卫战时的部署,将近6万名士兵分作东西南北四壁守御,以刘延庆为提举四壁使,四壁各设提举官一员。将余下的1万人分作前后左右中

吞辽灭宋：金朝建立初期的"壮举"

五军，作为机动部队策应四方。同时在每座城门都置宗室一人负责城门安危。此战的最高指挥官为同知枢密院事孙傅，殿前都指挥使王宗濋为其副手。

孙傅在就任京城守御使后，心中忐忑不安。他是一个非常迷信的人。一日，孙傅读到北宋仁宗朝殿中丞丘濬所作《感事》诗时，其中有"郭京、杨适、刘无忌，尽在东南卧白云"之语。恰逢此时，市井游民郭京向孙傅毛遂自荐，自己"能撒豆成兵，隐身遁地"，声称能施展六甲之法，令其招满7777人，便可生擒完颜宗翰与完颜宗望等人。孙傅听罢，顿感上天启示，深信不疑，称郭京为"神人"，并将其推荐给宋钦宗。宋钦宗或许是出于无可奈何，或许是出于病急乱投医，立即任命郭京为武略大夫、兖州刺史、成忠郎，赐金帛数万，令其自行招募士兵。郭京则不管应募者武艺如何，年龄大小，只要生辰八字与六甲相符，即可入选。不满10日，7777名"神兵"就招满了。应募者皆为市井无赖之徒，其中总教头的身份更为奇特，为开封市场中卖狗皮膏药的商贩，因其会舞枪弄棒，便被郭京任命为总教头。郭京还夸下海口，非朝廷危机，他绝不出兵，出兵之日便是金朝覆灭之时，只需300名"神兵"，便可一直进攻至阴山为止。在郭京的带动下，开封城内"六丁力士""北斗神兵""天阙大将"之流层出不

第四章 "圣贤文字初何罪，群小盈庭事可悲"

穷，竟然都被宋朝委任为将官，宋朝在面临亡国危机之时以如此乌合之众守城，真是史所罕见！

再来看耿南仲。耿南仲自相州返回开封后，亦无退敌之法，只得在寺庙设道场，请僧尼诵读《护国销兵经》，同样寄希望于神力退去金人入侵之祸。

相较于孙傅与耿南仲，宰相唐恪的提议稍显靠谱。唐恪建议宋钦宗模仿历史上的唐玄宗，此刻留太子据守，自己则西幸洛阳，背靠陕西，以图兴复。又因自开封西去陕西的道路已被金军截断，有人提议暂去襄阳。然而宋钦宗思前想后仍是放不下自己辛辛苦苦得到的帝位。宋钦宗害怕一旦自己离开开封，或宋徽宗卷土重来，或太子另立朝廷，无论哪一种结局自己的地位都将不保。于是钦宗在经过激烈的思想斗争后，发誓道："朕今日决心与开封共存亡，当死守社稷，决不远避！"钦宗犹豫不决、瞻前顾后的性格最终害了他，毕竟这时的宋朝还没有到山穷水尽的地步，前述百姓诛杀割地的投降官员，足证民心可用，百姓仍心向赵宋王朝。同时无论是如早先种师道所言退守关中，抑或退守襄阳，甚至如第一次金人围城时宋徽宗逃往东南，参照之后宋高宗赵构的经历来看，皆可得以保全。

钦宗在作出不离开开封的决定后，遂下诏任命康王赵构为天

吞辽灭宋：金朝建立初期的"壮举"

下兵马大元帅，令其督率河北宋军救援京师。招还流放南方的李纲为开封尹。同时下诏各地勤王，甚至允许啸聚山林的悍匪起兵勤王，保家卫国。国家对他们不仅既往不咎，甚至予以奖赏，加官晋爵。但这一切为时已晚，缒城而出的使者多半被城外金军截获，勤王军队只有南道都总管张叔夜率领的3万名士兵抵达开封。钦宗大喜，擢升张叔夜为延康殿学士，后又擢升他为签书枢密院事。东道都总管胡直孺率领的军队则在拱州（今河南睢县）被金军击溃，胡直孺兵败被执。陕西宣抚使兼永兴军帅范致虚统率陕西六路大军增援，对外号称20万之众。范致虚虽学识出众然不知兵，被扼守潼关的金军击溃。至此，开封城沦为一座孤城，几乎断绝与外界的联系。

可能是上天都厌恶了钦宗君臣的不可救药，靖康元年（1126）的冬天格外寒冷，连日里雨雪大作，负责城防的宋军士兵因保暖物资不够，每夜都有人被冻死，作战时连武器都无法拿住，弓弩也难以发射。钦宗每日披甲登城，视察战况，亲自用御膳犒劳将士，甚至光着脚站在雪地里祈求上天放晴，大地回暖。然而老天并未被感动，风雪反而越下越大。由于女真人自幼便生长在苦寒之地，如此恶劣的天气反而更加利于金军作战。自东路军抵达战场后，金军开始试探性进攻。东、西两路军会师后，正

第四章 "圣贤文字初何罪,群小盈庭事可悲"

式发起猛烈攻击。开封军民见钦宗如此表现,多被感动,士气大增,与金人展开血战,双方互有胜负,一时难分上下。

第二次开封保卫战打响近三周后,宋金双方均损失惨重。守城宋军因缺乏后援,兵员越打越少,可用将士已不足3万人。金人的日子也不好过,虽然东、西两路大军并力合击,但仍久攻不下,士兵伤亡每日剧增。加之宋朝军民坚守两河地区,金人仅取得石州一地(今山西离石)之新进展,其他各府、州、军、城仍在宋朝手中。完颜宗翰与完颜宗望心急如焚,一旦不能迅速攻克开封,必将陷入宋朝援军反包围的不利局面之中。战争至此,已属两军意志力的较量。

然而论及战斗意志,毫无悬念触及到了宋廷的最薄弱环节。闰十一月二十五日,大雪纷飞,北风凛冽,完颜宗翰、完颜宗望下达总攻命令,要求今日不惜一切代价也要攻入外城。面对金军奋不顾身的冲锋,宰执孙傅等人肝胆俱裂,不顾他人劝阻,急忙命令一直隐藏休养的"秘密武器"——郭京"神兵"亮相,于是战争史上空前绝后的闹剧"闪亮登场"了。

郭京信誓旦旦胡言乱语道:"我'神兵'隐身出战,直取金人首领头颅。但城上军民不得观战,一旦被多人围观,隐身术便会失效。同时需在开封城四壁上按照五行位置每壁竖天王旗三面,如此可令金人胆寒。"孙傅等人皆一一遵照,城上仅留下张叔夜、郭京与少数卫兵。郭京在部署完毕后,打开宣化门,令"神兵"出战。这真是"赶鸭子上架",所谓"神兵"本便是乌合之众,郭京还怀着一丝希望,企图借"神兵"的奇装异服对金军产生些许震慑效果,可惜他想多了,女真人信奉萨满教,管你什么"神兵""神将"的,先砍了再说。于是六甲神兵刚出城门跨过护城河,金军铁骑便如虎入羊群一般,顷刻间将"神兵"砍杀殆尽。其余"神兵"见势不妙,纷纷后撤,结果被金军赶入护城河。郭京见状,心想自己再不逃跑日后必死无疑,便对张叔夜说道:"金人如此猖獗,待我亲自出城作法,必定退敌。"张叔夜还未反应过来,郭京便出城向南逃窜(郭京后在襄阳府被宋军擒杀,这已是后话)。张叔夜大叫不好,待下令关闭城门则为时已晚。金军攻入宣化门,到处杀人放火,与残存宋军近战。宋将刘延庆、姚友仲、何庆言、陈克礼,中书舍人高振,宦官黄经国等人拼死拒敌,可惜无力回天,均战死殉国。乱军中被杀的宋朝大臣、将士、百姓不计其数,辛辛苦苦守御了一个月的开封府就这样稀里糊涂地被金人攻破了。

血战了一月之久的开封外城竟然以这样一种意想不到的方式被攻克,接到前线战报后的完颜宗翰与完颜宗望都大为惊异。由

第四章 "圣贤文字初何罪,群小盈庭事可悲"

于"幸福"来得太过突然,完颜宗翰、完颜宗望急忙就下一步行动计划展开讨论。完颜宗翰指出,我军虽攻破外城,但开封府有内、外双重城墙,若直接对内城发起进攻,宋人一定会拼死抵抗,我军没有必胜把握。即便攻取内城,若宋朝军民与我巷战,耗时耗力,事倍功半。且我军在宋朝领土上作战,一旦援军抵达,我军必将陷入不利局面。为今之计,不如借兵威相胁,宋钦宗懦弱无能,一定会乖乖听从我们的要求。宗望称赞,表示赞同。于是金人一面占领外城四壁,修筑工事,以防宋人反击;一面宣布停战退兵,令宋朝遣使议和。

果然正如完颜宗翰所料,内城中,开封军民抗金情绪十分高涨,已有30余万名百姓领取各式武器准备与金人展开巷战,没有领到武器的,手持家中的锅碗瓢盆、房梁床板、木棍钩叉等,誓死保家卫国。然而百姓虽有战心,可惜最高统治集团已被金人吓破了胆。宋钦宗得知城破的消息后,痛哭流涕,不是失声"悔不听种师道之言,沦落至此,追悔莫及",就是疯疯癫癫地如无头苍蝇般在殿上奔走,还试图禅位给徽宗之弟越王赵偲,多次声称:"我早就说我做不了皇帝,我也不愿意做皇帝,如今谁爱做谁做,反正我是不做这皇帝了!"就在钦宗濒临崩溃之时,突然听说金人愿意议和退兵,真是宛如垂死挣扎中抓住了救命稻草,

吞辽灭宋：金朝建立初期的"壮举"

急忙连连表示同意。

闰十一月三十日，钦宗前往完颜宗翰军中议和。完颜宗翰并不急着与钦宗相见，而是强迫宋钦宗先写下投降文书。钦宗不敢违背，急忙令人撰写。但完颜宗翰命人传话道："必须用对仗工整之语书写，仅称'请和''称藩'之语不可。"钦宗迫于无奈，只好好言劝说下属"事已至此，就不要在乎这些虚名了"。于是由孙觌起草降表，足足改易四遍，字字斟酌，完颜宗翰方表示满意。

呈上降表后，完颜宗翰又提出令宋徽宗亲自前往军中议和的要求，钦宗苦苦恳求，完颜宗翰才暂时作罢。随后，完颜宗翰与完颜宗望二人在军中设下香案，令钦宗君臣面向金朝国都上京方向行跪拜大礼四次，向金太宗致臣下之礼。当时风雪交加，钦宗君臣受此屈辱，皆暗自落泪，当然他们此刻并不知道，变本加厉的凌辱还在后面。

受降仪式结束后，完颜宗翰、完颜宗望二人心满意足，设宴庆贺。席间钦宗表示要为完颜宗翰、完颜宗望准备厚礼表示感谢，完颜宗翰笑道："现在整个开封都是我大金的，还需要你费心吗？"真可谓杀人诛心，钦宗似乎终于明白自己不再是具有至高权力的皇帝了，自己所拥有的一切已成镜花水月，就连未来的

第四章 "圣贤文字初何罪，群小盈庭事可悲"

命运也要握于金人之手。酒后，金人将宋钦宗放回开封城内，并派遣萧庆随同钦宗君臣入城，宋廷一切事务皆需萧庆同意后方可执行。

钦宗君臣还幻想金人欲望得到满足后便会自行撤军，遂决心唯金人之命是从，以换得金人欢心。钦宗在面见徽宗陈述投降之事时说道："金人说了，只要我让出帝位，另立贤君，大宋的社稷便可得以延续。我想好了，待金人退兵后，我就将皇位禅让给康王赵构。"

钦宗为讨金人欢心，接连颁布一系列诏令：其一，为防止百姓反抗金人，钦宗下令将城内武器一律收缴，送往金军军营。其二，金人索要马匹，钦宗便将城内上自皇帝御马下至平民骡马共计7000余匹全部送与金人。其三，金人索要两河之地，钦宗便下诏两河地区府、州、军、城守军全部开门降金，不得抵抗，并召康王赵构回京。其四，金人索要犒军费金1000万锭、银2000万锭、绢帛1000万匹，钦宗便下令上自宗室贵戚下至贫民交纳金银。其五，金人索要美女1500人，钦宗不敢怠慢，将自己的嫔妃尽数献出以充数。

然而，钦宗的一味退让并未换得自己的苟安。完颜宗翰与完颜宗望虽自平定军会议后制定了南下灭宋的计划，但其实二人心

吞辽灭宋：金朝建立初期的"壮举"

中并没有底。即便是在攻破开封外城，宋钦宗出城投降时，仍忌惮城中军民的力量并未下定灭亡宋朝的决心。直到此时，看到钦宗君臣奴颜婢膝到如此丧心病狂的程度，完颜宗翰、完颜宗望决定不再犹豫，趁此天赐良机，彻底灭亡赵宋，以绝后患。于是在靖康二年（1127）正月初九，完颜宗翰、完颜宗望以宋朝交纳金银数仅十分之一及为金太宗上尊号为由，再次要求宋钦宗前往金营商议。初十，钦宗抵达完颜宗翰军中被金军扣留。十一日，金人告诉钦宗，因搜刮金银数未满，故将钦宗扣作人质，何时筹集完毕，何时将钦宗放归。二月初六，完颜宗翰、完颜宗望命人将钦宗押入金军帐内，下达了金太宗废黜钦宗与徽宗为庶人的诏命。初七，徽宗及宗室、后妃、诸王、公主、驸马等被宋朝内部的投降派双手奉予金人。十一日，钦宗皇后、皇太子及仅剩的宋朝宗室被交付金人。

三月二十七日，金人在对开封府进行反复洗劫后，并确认其看上的人和物全部掳走后，终于开始撤军。据学人统计，金人掳掠的物品包括：金20余万两、银700余万两、绢帛1500万匹、丝1000万斤，宋廷所有法驾仪仗、礼乐器具、天文仪器、珍玩宝物、书画珍品以及国家图书馆藏书、国子监藏书、宫内藏书及印刷图版。掳掠的人口包括：后妃、宫女300余人，宗室4000

第四章 "圣贤文字初何罪,群小盈庭事可悲"

余人,贵戚5000余人,官吏、士人、内侍、僧道、工匠、普通百姓等20余万人。只要是金人觉得有用的,甚至就连开封府市场上做糖炒栗子的小商贩也不能幸免。

靖康二年(1127)三月二十九日,徽、钦二帝正式被金人掳掠北狩。是日,完颜宗翰、完颜宗望依旧分掌东、西两路军北撤,宋徽宗及其皇后、皇子、皇孙、公主、驸马、嫔妃及康王赵构之母韦贤妃、妻子邢氏等,被完颜宗望的东路军羁押,由滑州渡河北上燕京。宋钦宗及其皇后、皇太子、嫔妃、宗室及忠于赵宋王朝的官员被完颜宗翰的西路军羁押,由郑州渡河北上云中。至此,享国160余年的北宋王朝彻底灭亡。

值得注意的是,被西路军羁押的宋朝大臣中,有一人名叫秦桧,此时的他因为忠于赵宋王朝,激怒金人,被裹挟边疆。同时,这一年,岳飞25岁,正是保家卫国的黄金年纪。可惜岳飞的一腔热血还未得以施展就遭到国破家亡的打击。"靖康耻,犹未雪。臣子恨,何时灭?"多年后一首《满江红》道出岳飞内心的无限痛惜。靖康之变,恐怕只有亲身经历过的人才能体会到这其中的屈辱与憾恨。

第五章

"暖风熏得游人醉,直把杭州作汴州"

> 山外青山楼外楼,西湖歌舞几时休?
> 暖风熏得游人醉,直把杭州作汴州。

一首宋代林升的《题临安邸》,道出南宋民众的忧虑激愤之情。北宋灭亡后,侥幸逃脱的康王赵构即位,延续赵宋国祚,史称南宋。南宋朝廷并未接受北宋灭亡的惨痛教训而发愤图强,而是只求苟且偏安东南一隅,当政者不思收复中原失地,对外屈膝投降,对内腐败无能,疯狂打压、迫害抗金人士。达官显贵纵情

第五章 "暖风熏得游人醉，直把杭州作汴州"

声色，仿佛杭州便是那北宋都城开封，徽、钦二帝亦未曾北狩。

一、伪楚张邦昌与宋高宗赵构

时间回到靖康元年（1126）正月，完颜宗望率领的东路军首次兵临开封城下，迫使钦宗签订"城下之盟"时，完颜宗望要求宋朝遣送亲王一人、宰相一人作为人质，宋廷最初选定的人质人选便是康王赵构与张邦昌。后因姚平仲劫营，金人认为赵构对于宋朝无关紧要，或赵构是冒牌亲王，遂要求更换人质，赵构借此逃过一劫。北宋灭亡时，金军按照赵氏皇族谱牒，将宗室男女老幼尽数掳掠北去，赵构因不在开封城内，再次幸免于难。前文已述，在金军南渡黄河二次包围开封之际，赵构被宋钦宗任命为割地使者负责向金人交割三镇。由于河北人民坚决反对割地，将与赵构同行的王云诛杀，赵构放弃割地任务，慌忙逃往相州，投奔知州汪伯彦。金朝东、西两路大军完成对东京开封府的合围后，宋钦宗遣使突围前往相州，诏拜赵构为天下兵马大元帅，令他火速招募勤王军队，回援京师。赵构同样畏金如虎，瞻前顾后，犹豫不决，直到开封陷落也未敢发兵支援开封半步。然而福祸相依，赵构成为皇族血统中仅存的独苗。故在金人撤军后，赵构顺

吞辽灭宋：金朝建立初期的"壮举"

理成章地在宋朝遗老遗少的拥戴下即位称帝。

张邦昌（1081—1127），字子能，宋永静军东光县（今河北东光）人。张邦昌在徽宗末年，累官至中书侍郎。钦宗即位后，拜少宰兼中书侍郎。靖康元年（1126）金军首次南下攻宋之时，钦宗命张邦昌随同康王赵构前往金营为质，并负责与金议和事宜。临行前，张邦昌希望钦宗赐予割地圣旨，钦宗不许。又索求河北印绶，钦宗又不予。钦宗不想担负骂名，只令张邦昌口头传旨，至于割地能否成功、张邦昌能否生还，钦宗根本未予考虑。宋将姚平仲劫营失败后，张邦昌面对金人诘责，恐惧涕泣，一口咬定突袭金营不是朝廷授意，自己一无所知，不是宋廷打入金军内部的奸细。金军见张邦昌懦弱，便未与其计较，张邦昌得以保住性命。后赵构被肃王赵枢换回，张邦昌仍被留在金营为质，为表彰其所做"贡献"，钦宗遥升张邦昌为太宰兼门下侍郎。金军北撤，张邦昌与肃王赵枢随金朝东路军北上并充任河北割地使。金军二次南下伐宋，张邦昌随行，宋朝官员怒斥张邦昌为"社稷之贼"，面对百官弹劾，钦宗为平息民愤，贬张邦昌为观文殿大学士、中太一宫使。然而令钦宗君臣不知道的是，由于张邦昌在金营期间的懦弱妥协深得金人欢心，在金人有意废赵氏立他姓后，张邦昌成为金人首位傀儡皇帝的人选。

第五章 "暖风熏得游人醉，直把杭州作汴州"

早在靖康元年（1126）十二月初二，宋钦宗赵桓向金人进献降表之时，便一再表示愿意向金人称臣，希望得到金人宽恕。降表称"所望惠顾大圣肇造之恩，庶以保全敝宋不绝之绪，虽死犹幸，受赐亦多"。反复乞求金人不要灭亡赵宋，让他继续做宋朝皇帝，他可以向金人称臣，唯命是从。次日钦宗返回开封，面见太上皇徽宗和太上皇后时，亦高兴地说"金人称只要另立贤君，便可以延续祖宗社稷"，天真地以为只要他让出帝位，金人便会保全赵宋朝廷。当时康王赵构之母韦妃便直言："金人贪得无厌，其目的绝不仅仅另立贤君这样简单。"可惜在场的其他人都没有听进去。

正如韦妃所言，金人在灭亡北宋后如何管理原来北宋的辽阔疆土，的确是摆在面前的一个棘手问题。此时的金朝虽然经过太宗继位后的不懈努力，基本稳定了原辽朝疆域，但突然面对庞大的黄河以南地区，如何管理，心里也没谱。据李心传《建炎以来系年要录》、徐梦莘《三朝北盟会编》等史书记载，最初，完颜宗翰只是想强迫钦宗或徽宗前往金军军营签订城下之盟，割让黄河以北地区而已，黄河以南地区仍由钦宗替金人管理，金朝每年索要岁币钱粮，既省去费时费力的烦琐管理，还坐享其成，不胜美哉。然而待钦宗毫无反抗，乖乖递上降表，北宋在名义上灭亡后，完颜宗翰又改变了主意，即将宋朝降为金朝的藩属国，削除

吞辽灭宋：金朝建立初期的"壮举"

宋帝帝号，宋朝奉金朝正朔，同时废黜钦宗，于赵氏皇族中另立一人为宋国主作为金朝傀儡，作为金朝统治黄河以南地区的代理人。后来，完颜宗翰、完颜宗望看到徽、钦二帝虽腐败无能，但宋地军民仍心所向之，衷心拥立，甚至不惜以死相争，请求钦宗继续当政。由此完颜宗翰等人担心，若仍立赵氏为帝，金军一旦北归，宋地仍绝非金人所有，于是下定决心废黜赵氏，另立他姓为中原之主，借此断绝赵宋复国之望。自己得以集中精力全力经营两河地区，待后方彻底安定后，再进一步实现大金"混一天下"的目标。

打定这一主意后，靖康二年（1127）二月初六，完颜宗翰将钦宗废为庶人，羁押在金军营中，并陆续将徽宗、钦宗太子及除康王赵构以外的赵氏宗室一网打尽。接下来就是讨论拥立何人为中原之主的问题了。完颜宗翰提议，欲以萧庆留居开封，负责管理开封等地。但萧庆深知金人虽然破城但并不得人心，一旦金军撤走，开封等地迟早还是宋人的天下，因此说什么也不留居开封。完颜宗翰又欲以由辽入金的汉军都统刘彦宗留居开封，刘彦宗以死相逼，坚决不答应。完颜宗翰、完颜宗望无奈，命宋翰林学士承旨吴幵、翰林学士莫俦将金人废黜钦宗，拥立异姓为王的消息告诉城内百官，令其速速推举可为中原之主者。金人在令宋

第五章 "暖风熏得游人醉，直把杭州作汴州"

人推举一人帮助管理黄河以南地区的"议立异姓"书中称："宋朝广袤的旧疆，已为我大金所有，我大金理应混一天下。但考虑到大金举兵南下，只为吊民伐罪，并不贪图宋地领土，故决定另立贤人作为大金藩屏，以保境安民。"金人此举不过是管理能力无法适应广袤宋地的一时权宜之计，但宋人听后，瞠目结舌，面面相觑，不敢作声。只有随同钦宗前往金军军营的李若水见女真人出尔反尔，整日破口大骂，誓死不同意金人立异姓为王，最后被金人割开喉咙，割掉舌头而亡，至死方才声绝。宗翰十分敬重李若水的忠心耿耿，金人时称："辽朝灭亡时，死义者数十人，而南朝仅有李侍郎一人而已！"

孙傅等人听闻金人要废赵氏、立他姓为帝后，急忙上书，称"钦宗即位以来，修德勤政，并无亏失，仅由于失信一事，遭到大金惩罚。但这并非钦宗一人之错，而是谋臣短见，蒙蔽圣听所致。如今奸臣已被惩罚，就连最初导致太上皇徽宗违背与大金信誓的童贯、赵良嗣、王黼等人，也一并被钦宗处斩问罪，以示钦宗改过自新之意。加之仓促拥立异姓，不仅没有合适人选，且四方必定不服，若从此藩镇割据，兵连祸结，恐有违大元帅爱惜生灵之本意"。孙傅建议，既然大金已将钦宗废黜，则宋朝气运已绝，钦宗只是一介庶民而已，不如将已被罢废帝位的钦宗重新立

吞辽灭宋：金朝建立初期的"壮举"

为皇帝，至于是否还称皇帝，抑或其他称号，皆由金朝决定。然而如此低下的条件，完颜宗翰仍不同意。

孙傅无奈，又向金人上书第二状，重申钦宗为大臣所误，年幼无知，才导致违约失信，希望金人再给他一次机会，许其自新。若金朝不同意复立钦宗为帝，则请求金朝在赵氏宗室中择立一人，只要姓赵就行，永为大金屏藩。完颜宗翰仍不许。于是孙傅又上书第三状，主旨仍是乞求拥立赵氏。

其实此时完颜宗翰、完颜宗望已有意拥立张邦昌即位，只是希望宋人能够自行推举，这样显得众望所归、名正言顺。然而见到宋人不仅不揣摩金人旨意办事，反而执意推举赵氏，完颜宗翰非常生气，下令称赵氏不守盟约，罪大恶极，大金已决定务必将赵氏废黜，日后不许有人再提拥立赵氏一事。希望宋人感念大金恩德，金朝若立黄河以北之人为帝，则与混一天下无异，有损大金不贪恋土地民户的形象，要求宋人速推举一位黄河以南之人为帝，无须多言。

然而孙傅等人并不死心，继续上书第四状、第五状，称失信之举乃是宋徽宗与宋钦宗所为，与其他赵氏子孙无关。但事已至此，无论宋人如何表示赵氏愿意向金人称臣纳贡，充当金人的傀儡，完颜宗翰等人就是不同意拥立赵氏为帝。至此，完颜宗翰也

第五章 "暖风熏得游人醉,直把杭州作汴州"

不再隐瞒,向吴幵、莫俦二人指明金朝欲立张邦昌为帝。又令宋尚书员外郎齐愈传达金人旨意,明确表示宋人一日不同意拥立张邦昌,则金人一日不撤军。时代理东京留守一职的王时雍害怕金人一旦发怒纵兵入开封劫掠,自己的家产或将不保,于是写好推举张邦昌为帝的议状,令百官齐聚秘书省。待百官到齐后,王时雍即刻下令关闭大门,派兵威胁百官署名。慑于金人兵威,大部分官员被迫表示赞同。不肯署名的孙傅、张叔夜等人被金人抓去金军军营。司门员外郎胡寅、太常寺主簿张浚、开封士曹赵鼎等人逃入太学避难。观文殿大学士唐恪在被迫署名后服药自尽。时任御史中丞的秦桧坚决不同意立张邦昌为帝,大肆揭露张邦昌在徽宗时便结党营私,导致社稷倾危,并声称徽宗背叛与金人的盟约,其中亦有张邦昌的建议。金人大怒,将秦桧同样押解至金军军营。不得不说,此时的秦桧还有一定的血性,只不过这段"抗金"经历后来被秦桧的党羽不断丰满、神话,成为其在高宗朝招摇撞骗、排斥异己的金字招牌,真可谓是莫大的讽刺。

金太宗天会五年(宋靖康二年,1127)三月初七,金朝不顾宋人反对,册立降臣张邦昌为帝,国号"大楚",替金人暂时管理整个黄河以南的宋朝疆土,"世辅王室,永作藩臣"。伪楚傀儡政权正式建立。金人为表对伪楚政权的支持,将此前北宋答应每

吞辽灭宋：金朝建立初期的"壮举"

年交纳金朝的100万燕京代税钱全部豁免，又将之前交纳金人的岁币由银绢50万两、匹减为30万两、匹。张邦昌向北参拜，接受金人的封册，即皇帝位，在文德殿接受百官朝贺。张邦昌在金人的授意下，以王时雍知枢密院事、领尚书省，吴开同知枢密院事，莫俦签书枢密院事，吕好问领门下省，徐秉哲领中书省，"伪楚"团队就这样建立起来。

三月二十六日，完颜宗翰与完颜宗望发布《告谕亡宋诸路立楚文字》，重申赵氏父子不守信誓，罪大恶极，所以必须将赵氏废黜。要求宋朝旧臣事新君，若敢妄言旧宋，一律以谋反罪论处，必定严惩不贷。同时金人为恫吓百姓，借以使张邦昌收买人心，金人在北撤前再次大肆索括金银，按户口摊派，当日必须送缴。张邦昌则装作一副为民请命的样子，向金人诉说百姓已无分毫金银，请求金人开恩。金人再顺水推舟，装模作样地表示同意，给张邦昌一个"人情""面子"。对此，宋朝百姓心知肚明，知道只是金人与张邦昌合演的一出戏而已。宋徽宗见金人执意立张邦昌为傀儡皇帝，知道自己不日就要被押解北返，遂上书完颜宗翰，希望能将其安置在东南一郡，以奉祖宗遗祀，完颜宗翰当然不会答应。

据说张邦昌被金人提名为伪楚皇帝时，百般不从，甚至以自

第五章 "暖风熏得游人醉，直把杭州作汴州"

杀相抗争。后来完颜宗翰以张邦昌不就任伪楚皇帝便屠城开封相威胁，张邦昌只好勉强答应下来。张邦昌即位伪楚皇帝之后，曾按照金人要求，计划建都金陵（今江苏南京）。但他知道伪楚政权不得人心，金军撤走之日，就是自己下台之时。于是史载张邦昌不御正殿，不山呼万岁，不称"圣旨"。受百官朝拜时只于东面拱立而不敢面南而坐。任用官员皆加"权"（暂时、暂代之意）字。见百官自称"予"而不称"朕"。令群臣称其为"相公"而不敢称其为"陛下"。百官中只有王时雍、徐秉哲、范琼等声名狼藉之徒，认为他有开国佐命之功，奏事必称"臣启陛下"，其他内心拥护宋朝的官员皆未以皇帝之礼对待张邦昌。此外，张邦昌当面讨论及下令称"面旨"，批阅称"中旨"，传谕有司称"宣旨"，手诏为"手书"等。同时不立年号，不用天子礼仪，只有金人来见时才换上皇帝服装与金人相见，敷衍了事。

张邦昌即位伪楚皇帝后的心情应该是复杂的。一面想成为九五之尊，一面又知道帝位对自己而言只是黄粱一梦。金军北撤之前，完颜宗翰曾征求张邦昌意见，建议留下部分金军，协助他保护伪楚政权，张邦昌没有同意。张邦昌深知，金人此时连两河地区都尚未完全占领，宋朝勤王大军虽屡战屡败，但仍向开封靠拢，康王赵构周围更是不断云集勤王兵马，部分金军杯水车薪，

吞辽灭宋：金朝建立初期的"壮举"

连开封府军民都无法抵挡。高庆裔又曾提议留下一些女真贵族协助张邦昌处理政事，张邦昌也婉言谢绝了。

于是就在金人北撤之后，吕好问立即建议张邦昌早日退位，迎立康王赵构。在康王赵构未抵达之前，先以未被金人掠去的哲宗废后孟氏垂帘听政，借以保全性命。马伸也力劝张邦昌奉迎康王。无论张邦昌是否情愿，自金军撤退后，宋朝勤王部队陆续进抵开封附近，康王的军队亦慢慢向开封进逼，城内拥护赵宋的官员纷纷向赵构献书以表忠心。张邦昌顿感大势已去，不顾王时雍、徐秉哲等人反对，最终采纳吕好问和马伸的建议，派遣蒋师愈等人持书面见康王赵构，自称为金人所迫，为保全开封全城百姓，不得不冒天下之大不韪，但仍心向大宋，不敢有二心。同时派遣谢克家等人向康王赵构献上"大宋受命宝"，并于靖康二年（1127）四月初十迎立哲宗废后孟氏（因为废后，退居道观，不在金军掳掠名单内）入居延福宫，恢复元祐皇后名号，由其垂帘听政，自己则主动退位，仍称太宰。张邦昌仅当了33天皇帝，在金军完全撤离开封10日后便自动下台。

伪楚政权倒台后，赵构在宗泽、耿南仲等人的建议下前往南京应天府（今河南商丘）即皇帝位。靖康二年（1127）五月初一，康王赵构在南京应天府门外高坛受天命，向北痛哭，遥告二

第五章　"暖风熏得游人醉，直把杭州作汴州"

帝，然后回到应天府官署举行即位大典，成为南宋的开国君主，后庙号高宗。因此前北宋建立后，宋太祖建隆元年（960）三月，"有司言国家受周禅，周木德，木生火，当以火德王"，确定北宋继承后周"木"德而为"火"德的正统思想。宋高宗建立南宋，耿南仲等人认为宋高宗"再造王室"，重兴宋朝，"宋以炎（炎即火）德王"，故南宋所用年号中当有"炎"字。黄潜善主张定为"炎兴"，耿南仲认为"炎兴"是蜀汉后主刘禅的年号，不吉，不能用，进言道："宋太祖建立大宋，改元建隆，至靖康时国势中衰，'火德中微'。高宗皇帝绍续祖业，中兴大宋，应取宋太祖'建隆'年号中'建'字，并取北宋以火德为正统的'火'字，定年号为'建炎'，凸显南宋为北宋继承者的身份。"宋高宗采纳耿南仲的建议，下诏改靖康二年（1127）五月初一为建炎元年。同日，元祐皇后在开封撤帘归政。

高宗即位后，立即大赦天下，张邦昌及其他投降金朝之人一律赦免，不予追究。张邦昌虽积极拥立康王赵构，但其所作所为无法得到宋朝君臣谅解。赵构暂时未处置张邦昌，只是碍于张邦昌主动奉还大政的面子，加之需要张邦昌等人作为联系南宋与金人的桥梁，故隐而未发，但心中早已埋下诛杀张邦昌以谢天下的种子。

然而没过多久，便有人举报张邦昌曾与宋徽宗的嫔妃华国靖恭夫人有染，并有"语斥乘舆"（说皇帝坏话）之事。原来，张邦昌担任伪楚皇帝期间，金人将包括宋徽宗的嫔妃华国靖恭夫人李春燕在内的10余名女眷赐给张邦昌，并将李春燕立为伪后。张邦昌还政赵构后，仍与这位华国靖恭夫人有联系。好歹宋徽宗是赵构之父，张邦昌勾搭徽宗嫔妃，自然让赵构抓住其大逆不道的把柄，加之此时赵构已与金人建立起交聘联系，无须通过张邦昌等"中间人"。于是赵构历数张邦昌罪名，赐死张邦昌，诛杀王时雍等人，完成秋后算账。张邦昌最后于潭州天宁寺自尽，自尽之时仰头看到寺内一楼，楼曰"平楚楼"。张邦昌自忖曾身为伪楚皇帝，今日死于此地，也算是死得其所，天意使然。传说张邦昌出使金营之时，曾梦见有一名方士为其算命，方士写下"六六三十六，阳数自然足，二二二，不坠地"十六字。之后张邦昌在金人的扶持下做了36天（实为33天）的傀儡皇帝，被高宗赐死之日为建炎二年（1128）二月初二，死于自缢，吊死在房梁上，正合"不坠地"之意。方士所言，一语成谶。

二、追击赵构，入海三百里

完颜宗翰与完颜宗望分别率领金朝东路军、西路军北撤后，

第五章 "暖风熏得游人醉，直把杭州作汴州"

只留下部分将帅分守河东、河北之地，二人则率主力返回云中与燕京休整。此时两河府州被金军攻克者只有十几处，其余的仍在坚持抵抗，各地义军更是不计其数，留守两河地区的金军正在焦头烂额地扑灭原宋地人民的反抗以及攻取不愿降金的州府。当赵构重建赵宋政权、张邦昌主动退位的消息传到完颜宗望军中后，完颜宗望准备承认赵构所建立的南宋政权。完颜宗望此举与其性格不无关系，完颜宗望信奉佛教，为人较为仁慈，军中人称"菩萨太子"，与完颜宗翰等女真将领骁勇好斗的性格形成强烈反差。于是完颜宗望考虑到金军在两河地区面临的不利局面，决定与完颜宗翰在山后草原避暑议事。完颜宗望的计划是将钦宗扣留，以备不时之需，而将徽宗交与南宋，与赵构讲和息战。完颜宗望希望可以令赵构替金朝统辖黄河以南地区，金朝每年收取租税、岁币即可。完颜宗翰始终坚持对赵宋斩尽杀绝的既定方针，认为一旦赵氏复立，日后必定成为大金的敌人。遂主张以宋高宗废弃张邦昌为借口，再次出兵南下攻宋，不擒获赵构绝不收兵。然而正巧完颜宗望因打球酷热，为解暑降温用冷水浸没胸背，结果导致感染伤寒，不治身亡。因东路军统帅病逝，金人暂时未对南宋发起大规模军事行动，理论上讲，南宋获得了珍贵的整军备战时间，然而现实中宋廷的种种行为，再一次让时人及后世大失所

吞辽灭宋：金朝建立初期的"壮举"

望。

话说宋高宗赵构即位后，立即任命其亲信黄潜善为中书侍郎，汪伯彦为同知枢密院事，但朝野上下对执政大臣人选呼声最高的仍是李纲。赵构同样知晓此时能保全其性命，不至于被金人消灭的倚靠亦是李纲，于是力排众议，任命李纲为相。由此可见，南宋小朝廷最终得以苟安东南一隅，与赵构知晓要保住自身皇位首先需要做的事密不可分。

六月初一，李纲从贬所赶到宋高宗行在南京应天府，走马上任后，整顿军制，坚持其抗金主张。李纲强调，"能守而后可战，能战而后可和"，南宋立国的关键在于防守，先阻挡金人的进攻，待国力恢复，时机成熟再谋划复兴。李纲的建议无疑是根据宋金力量对比而做出的正确决策，站在今人的上帝视角来看，此时金强宋弱，宋朝想在短时间内击败金人是不可能的。李纲反对黄潜善、汪伯彦等人卑躬屈膝，一味投降金人，助长金人的嚣张气焰，但也反对轻率冒进，日后的局势发展果然正如李纲所论。同时李纲坚决反对放弃故都开封，认为开封是宋朝宗庙社稷之所在、天下之根本，放弃开封则天下震动，人心不安，恢复之路会更加艰难。李纲推举老将军宗泽担任东京留守，在动荡时局下，开封堪称第一凶险之地，但宗泽还是毅然决然地担任这一危险职

第五章 "暖风熏得游人醉,直把杭州作汴州"

务。正如宗泽《雨晴渡关》诗中所言:"燕北静胡尘,河南濯我兵。风云朝会合,天地昼清明。泣涕收横溃,焦枯赖发生。不辞关路远,辛苦向都城。"再次,李纲主张沿黄河、长江、淮河一线部署防御,梯次配置重兵,杜绝金人两次南下之时,黄河天险形同虚设的悲剧重演。后来李纲虽被罢相,但南宋退守江淮以南后,沿长江措置四大镇,仍是李纲此项战略的延续。最后,李纲建议于河北置招抚使,河东设经制使,负责支援两河地区坚守府州与抗金义军,并伺机谋划收复失地。

应该说,李纲作为两宋之际杰出的军事家、战略家,其提出的方针、策略堪称匡扶宋朝的上上策。然而李纲恰恰忽视了宋高宗的个人因素,从根本上讲,高宗本意是向金人乞和投降,其在即位之初虽高举"中兴"大旗,大力起用李纲、宗泽等抗金派,但打心眼里拒绝抗金,害怕金人、畏惧金人较之徽、钦二帝有过之而无不及。高宗所想的只是如何远离金军的威胁,如何讨好金人以保住自己侥幸拾得的皇位,故高宗朝的基本国策一定是偏安、苟和而非收复失地。于是面对李纲的抗金部署不断展开,赵构与李纲的矛盾逐渐浮出水面。

建炎元年(1127)八月,赵构以李纲为左相,黄潜善为右相。不久,将李纲恢复两河的计划罢废,全面放弃两河地区。同

吞辽灭宋：金朝建立初期的"壮举"

时赵构想要加快寻求金人谅解，让金人接纳其为张邦昌继承人的身份，这使得作为抗金派领袖的李纲自然成为赵构、黄潜善等投降派的眼中钉、肉中刺。八月十八日，李纲被罢为观文殿大学士，其内外政策全部被废除。金军第三次南下攻宋时，金人再一次惊奇地发现，宋人还是未组建起正式的防御，仍是各府州、义军各自为战。此外，由于李纲坚决反对高宗放弃中原、退保东南的计划，因而当李纲被再次贬黜，高宗扫清南逃的障碍后，立即于十月初一从南京应天府坐船出发，月底抵达扬州。高宗南逃，不仅表明南宋不会收复两河失地，就连中原也准备放弃了。

几乎与李纲被罢相相同时，金军在完颜宗翰的指挥下，率先对两河地区宋朝军民坚守的城池发起猛攻，以期扫荡两河地区宋军残余，巩固金朝在当地统治，此举也可以被视作金人第三次南下伐宋的前哨战。在完颜宗翰的指挥下，金军面对各自为战的宋朝府州，先后攻克河东的解州（今山西运城）、绛州（今山西新绛）、隰州（今山西隰县）、石州（今山西离石）、河中府（今山西蒲州）、岢岚军（今山西岢岚）、宁化军（今山西宁武西南宁化故城）、保德军（今山西保德）、火山军（今山西河曲东北80里）等地，攻占山东的密州（今山东诸城）、单州（今山东单城）等地，攻取河北的河间府（今河北河间）、莫州（今河北鄚州）、雄

第五章 "暖风熏得游人醉，直把杭州作汴州"

州（今河北保定雄县）、祁州（今河北安国）、保州（今河北保定）、永宁军（今河北蠡县）、顺安军（今河北高阳）等地。

金太宗天会五年（宋高宗建炎元年，1127）十月，完颜宗翰以宋高宗罢废金朝所立张邦昌为借口，正式第三次出兵伐宋。此次南下，金军主力尽出，兵分三路。完颜宗翰计划亲自率领中路军主攻河南一带，由接替完颜宗望担任右副元帅的完颜宗辅及其弟完颜宗弼（即金兀术）率领东路军主攻山东一带，又令完颜娄室与副手完颜撒离喝等人率领西路军主攻陕西等地。完颜宗翰以为赵构留居开封，故计划以中路军实施中路突击，在东、西两路大军的策应下，再次攻取开封，活捉赵构。同时为确保计划万无一失，防止赵构南逃，金人还在燕京打造战船，组织水师经由海路进攻江淮，以断绝赵构的后路。十二月，金军三路大军开始行动，同时发布《伐康王晓告诸路文字》，明确指出本来金朝拥立太宰张邦昌为伪楚皇帝后，天下太平，百废待兴。然而赵构妄称兴复，这才招致金军再次南下，兵戈再起。金人此次就是要从根本上灭亡赵宋政权。至于赵构小朝廷覆灭后，金人仍未决定亲自统辖原宋故地，而是提出要"复立大楚"，即重新拥立张邦昌为伪楚皇帝。若张邦昌已被赵构鸩杀，则另立贤人，只要忠心事金、非赵姓即可。

吞辽灭宋：金朝建立初期的"壮举"

令完颜宗翰没想到的是，金军第三次南下的战果远远比不上之前的两次。

先来看东路军。东路军南下后，于沧州渡过黄河，但在棣州（今山东惠民）遭到宋朝军民阻击，进展受阻。虽一度在淄州（今山东淄博南）击溃山东宋军主力，顺势攻取青州（今山东青州）、潍州（今山东潍坊），但之后完颜宗弼骄傲大意，竟然在一个名不见经传的小城下被宋军溃兵与地方乡兵击败。加之山东境内由张荣率领的梁山泊义军不断骚扰袭击金军运输线，东路军补给困难，只得放弃青、潍等州，暂时撤军。

再来看西路军。西路军在完颜娄室率领下进入陕西，很快攻下韩城（今陕西韩城）、同州（今陕西大荔）、华州（今陕西华州）、京兆府（今陕西西安）、凤翔府（今陕西凤翔）等地。至次年二月，又陆续攻占东起陕州（今河南三门峡）、西至秦州（今甘肃天水）一线上的许多城市。起初进展十分顺利，直到西路军主力由巩州（今甘肃陇西）西进时，于熟羊城（今甘肃首阳）被宋朝伏兵击败。随着金人占领的州城越来越多，金军分兵设防，兵力逐渐分散。完颜娄室见战线不断拉长，陕西各地义军活动风起云涌，形势对己方不利。于是下令西路军主力退出陕西，新占领府州因兵力不足，暂时招降散兵游勇负责镇守。

第五章 "暖风熏得游人醉,直把杭州作汴州"

最后来看完颜宗翰亲自率领的中路军。中路军自云中进入河南后,首先攻占洛阳,作为与西路军呼应及进攻开封的军事基地。然后命麾下大将完颜银术可领兵继续南下,进攻驻守开封的宋军后方,至次年正月,完颜银术可相继攻陷汝州(今河南汝州)、邓州(今河南邓州)、襄阳府(今湖北襄阳)、均州(今河南禹州)、房州(今湖北房县)、蔡州(今河南汝南)、陈州(今河南淮阳)、颍昌府(今河南许昌)等地,完成了对开封的战略包围。完颜宗翰则坐镇洛阳,派兵攻取郑州等地,与宋朝东京留守宗泽正式形成对峙局面,随后中路军向宗泽所部发起猛烈进攻。

出乎完颜宗翰预料,开封城的防守极其顽强,金人损兵折将却无法攻入城中一步,宗泽竟然还一面分兵收复郑州,一面派军击败金朝东路军的策应部队,使完颜宗翰无法完成合围开封的战略计划。此时岳飞亦率领所部士兵前来开封投奔宗泽,宗泽任命岳飞担任留守司统制,并参与处理东京留守司的军政事务。宋军在宗泽的指挥下,开封城防日益稳固,在抵挡住金人的三板斧后,至建炎二年(1128)四月,金军攻势渐衰。完颜宗翰见状,命令完颜银术可将所陷州县焚掠一空,并将洛阳、襄阳、颍昌、汝、郑、均、房、唐、邓、陈、蔡之居民全部迁往黄河以北,然

吞辽灭宋：金朝建立初期的"壮举"

后下令全军撤退，金朝第三次南下伐宋并未实现其战略目标。宗泽则审时度势，命令宋军反击，乘胜收复一些州县。此战宗泽一战成名，不仅受到宋朝抗金志士的广泛尊崇，金人同样十分尊敬、忌惮宗泽，尊称宗泽为"宗爷爷"，而不敢直呼其名讳。

金人退兵后，宗泽认为天气逐渐炎热，女真人不耐酷暑，正是宋军北伐的大好时机。宗泽先后向宋高宗上奏表文24封，恳请高宗回銮坐镇东京开封府，鼓舞军民抗金士气，亲自主持收复失地、洗雪国耻之大计。但此时的南宋朝廷，自李纲罢相后，抗金派被排挤殆尽，黄潜善和汪伯彦专擅国政。宋高宗自南京应天府南下扬州后，自认为远离金军兵锋，在行宫纵情声色，肆意行乐。宗泽的奏表到达南京应天府或扬州后，换回的只有敷衍、嘲讽和呵斥。黄潜善、汪伯彦等人命令宗泽不要轻举妄动，擅自出兵者杀无赦。宗泽的北伐计划全部作废纸处理。

面对朝廷的腐败无能，面对大好的战局形势却连收复失地的机会都没有，更何况迎回二圣、洗雪国耻，年近古稀之年的宗泽内心痛苦不已。宗泽忧愤成疾，一病不起。弥留之际，宗泽仍然想着自己尚未付诸的北伐计划，大声疾呼："过河！过河！过河！"一代抗金志士宗泽，背负着沉甸甸的期望，永远地闭上了眼睛。宗泽虽逝，幸而他临终的遗愿、为国家而战的精神为后

第五章 "暖风熏得游人醉,直把杭州作汴州"

人所铭记。宗泽对岳飞的一生产生深远影响,岳飞毕生以收复故土、复兴大宋为矢志,贯彻宗泽"连结河朔"的北伐战略,在治军、律己等方面,无不体现着宗泽的遗风余烈。岳飞"兵家之要,在于出奇,不可测识,始能取胜""阵而后战,兵法之常,运用之妙,存乎一心"的战略思想亦由宗泽启发而来。故宋人赞曰:宗泽"虽身不及用,尚能为我宋得一岳飞"。宗泽虽然自身没有得到重用,"出师未捷身先死,长使英雄泪满襟",却为大宋发掘出一代名将岳飞,为大宋保留了复兴的火种。

宗泽逝世的消息传出后,南宋军民极度悲伤。宗泽离世后,宋金战局形势急速恶化。金太宗太会六年(宋建炎二年,1128)七月,金军已歇过酷暑,于是金太宗下诏,命令金军第四次全军南下,追袭逃往扬州的宋高宗。

但在讨论作战方案时,金军东、西路将帅的意见出现分歧。以完颜宗辅、阇母、完颜昌、完颜宗弼为代表的河北诸将主张停止用兵陕西,并力南伐。而以完颜宗翰、完颜娄室等人为代表的河东诸将则极力反对。完颜宗翰分析道:"我大金最初与西夏相约一道夹击宋人,但是夏人并未答应。如今耶律大石在西北与西夏眉来眼去,意欲对我大金不利。如果我们停罢用兵陕西,西夏一定会认为我朝遇到困难,必将趁机侵占土地。河北地区早晚是

吞辽灭宋：金朝建立初期的"壮举"

我朝囊中之物，不足为虑，陕西与西夏为邻，事重体大，兵不可罢。应先攻取陕西，如此则一箭双雕，不仅弱宋，更削弱西夏。然后攻灭宋朝，易如反掌。"完颜宗翰所言出于公心的确指明陕西在金军全盘战略计划中的重要地位，但同样有其私心。由于完颜宗翰久驻河东，有意将山西、陕西一带划归自己的势力范围，所以坚决不同意东路军并力南伐的建议，而是极力主张先取陕西，然后再全力灭亡南宋。

由于河东、河北诸将各持己见，争执不下，只好上奏金太宗，请金太宗裁决。太宗遂两用其策，命完颜娄室率领偏师进攻陕西，隔断西夏、耶律大石与南宋之间的联系以掩护金军主力行动。命完颜宗翰、完颜宗辅等人合兵南伐，追击赵构，彻底摧毁赵宋政权。金太宗指示："即便是康王赵构逃到天涯海角也要将其擒获，灭亡赵宋后，再册立如张邦昌般的藩属屏卫我大金。"至此，灭亡赵宋的总目标及作战方针由金太宗亲自拍板敲定。

八月，金军开始了第四次全面南下伐宋的军事行动。由于高宗君臣的消极避战，将宗泽谋划的抗金方案全盘废弃，导致苦苦坚守的各府、州、城及各地义军孤立无援，陆续被金军镇压。

完颜娄室率领的西路军首先发起攻势，由解州（今山西解州）向西渡过黄河，在华州（今陕西华州）击败宋军。九月破

第五章 "暖风熏得游人醉,直把杭州作汴州"

蒲城(今陕西蒲城)、同州(今陕西大荔)、丹州(今陕西宜川)。十一月,攻克延安。次年(金太会七年,宋建炎三年,1129)二月,宋朝大将折可求以麟(今陕西神木)、府(今陕西府谷)、丰(今陕西府谷西北)三州降金。完颜娄室令折可求劝说宋朝晋宁军(今陕西佳县)守将徐徽言投降,遭到拒绝,娄室遂下令攻城,徐徽言率军拒战,城破被俘,不屈而死。四月,金军攻克鄜(今陕西富县)、坊(今陕西黄陵)二州,宋朝陕西防线全线崩溃,完颜宗翰提出的攻掠陕西的作战方针初步实现。

东线战场上,宋军同样全线溃败。天会六年(1128)十月,完颜宗翰与完颜宗辅会师,合兵围攻开德府(今河南濮阳)。开德府在顽强坚守一个多月后被金人攻破。金军随即由河南进入山东,攻取濮州(今山东鄄城)、东平府(今山东东平)、袭庆府(今山东兖州)、德州(今山东德州)等地,兵锋席卷山东大部。面对金人大军压境,部分宋朝军民展现出保家卫国的血性,如宋朝宗室、宋太祖赵匡胤之弟赵廷美四世孙、德州兵马都监赵叔皎,率军抵御金军进犯,前后六战,金人仍未破城,直到坚守50余日后因孤立无援城破被害。当然,亦有贪生怕死之徒为求活命,献城降金。如宋朝济南府知府刘豫在完颜昌大军的威慑下,杀死济南守将关胜(一说即《水浒传》中天勇星大刀关胜),投

吞辽灭宋：金朝建立初期的"壮举"

降金人。次年正月二十七日，完颜宗翰军主力攻克中原战略重镇徐州（今江苏徐州），派遣拔离速、乌林答泰欲、马五等将领率领5000名轻骑自徐、泗（今安徽泗县）千里奔袭扬州。二月初二，金军先锋500人攻陷天长军（今安徽天长），宋朝近万名驻防部队不战而溃，金军兵锋距离扬州仅剩下最后的100余里。直到此时，宋高宗仍沉迷于风花雪月之中，突然闻此噩耗，惊慌不知所措，急忙从床上爬起，披甲乘马，也不通知其他人，慌忙出城疾驰至瓜洲（今江苏扬州南）渡口，寻获一只小船仓皇渡过长江，逃往镇江（今江苏镇江）。

赵构在金人的追击下，彻底被金军吓破了胆，逃到镇江后仍不放心，认为镇江濒临长江，难以躲避金人渡江追击。遂不顾群臣反对，采纳王渊建议，自镇江经常州、平江府（今江苏苏州）、秀州（今浙江嘉兴），一直逃往杭州。虽一度迫于朝野主战舆论，于五月将行在迁往江宁府（今江苏南京），并改府名为建康，但高宗恐金心理已深入骨髓，不仅收复失地的想法荡然无存，还萌生了弃淮守江的想法。有点军事常识的人都知道，自古以来，守江必守淮，若放弃两淮一线，只凭借所谓的长江天险，绝无偏安东南一隅的可能性。但高宗管不了那么多，此时的他鉴于此前的经验教训，令手下做好准备，金人一旦南下，立即逃跑。

第五章　"暖风熏得游人醉，直把杭州作汴州"

完颜宗翰和完颜宗辅在接到宋高宗逃往江南的消息后，考虑到水土不服，二人于天会七年（建炎三年，1129）七月，分别返回云中和燕京，而将前线战事交与完颜昌、完颜宗弼等人。七月末，金军重新部署三路大军南下的方案。东路军在完颜昌率领下，继续攻掠山东并伺机攻取淮北地区。并由投降完颜昌的宋人刘豫率领其新组建的傀儡部队，控制河南等地金军占领州县，保障后方安全，同时提供粮草后勤。西路军仍由完颜娄室率领，继续扫荡陕西，阻隔宋军东出并牵制西夏。中路军由完颜宗弼（金兀术）率领，从应天府南下，以擒获赵构为目标。八月，完颜宗弼上书完颜宗翰与完颜宗辅，希望率领一支精兵孤军南下，穷追南逃的宋高宗，不给赵构喘息机会，以便快速灭亡赵宋政权，当即得到完颜宗翰和完颜宗辅的批准。

八月末，宋高宗听闻金军再次直奔自己而来，立即升杭州为临安府，慌忙逃往临安。十月初，高宗听闻完颜宗弼所部已攻占寿春（今安徽寿县），知道杭州也无法保全自己，立即渡过钱塘江，从杭州逃往越州（今浙江绍兴）。宋高宗见金人紧追不舍，索性放弃抵抗，一味逃跑。正如宰相吕颐浩所言："金人多骑兵，难以乘船袭击我们。江浙酷热，金人必无法久留。等他撤军，陛下再回归两浙。金人来了咱们就逃往海上，金人走了我们再回去",摆出一副"惹不起你还躲不起你"的态度。高宗大喜,立即下令逃往明州(今浙江宁波),准备入海。完颜宗弼得知高宗在明州后,立即派遣4000名精骑急追,此时赵构已乘坐大船经定海(今浙江镇海)逃往温州方向。令赵构肝胆欲裂的是,这股金人竟然不畏艰险,明明不擅长水战,却硬生生乘船经昌国(今浙江舟山)南追赵构300余里。就在赵构觉得自己要被金人抓获时,幸亏金人船只遇上大风暴,金人船小,又不习水战,南宋枢密院提领海船张公裕抓住机会以大战船将金人击败,高宗最终逃出生天。至天会八年(1130)二月,完颜宗弼知道一时无法抓获宋高宗,遂宣称"搜山检海已毕",率军北返。

三、"以和议佐攻战,以僭逆诱叛党"

金人以赵构废弃张邦昌为借口,南下大举进攻南宋,的确取得了较为辉煌的战果,不仅将在两河地区坚守的府、州基本攻克,同时扫清各地义军,残存的义军及官兵被迫南撤。在陕西战场与山东战场,金人同样取得空前大捷,将金朝疆域不断拓展。然而金人制定的最终作战目标,即抓获宋高宗,彻底灭亡赵宋的计划却始终无法实现。虽将高宗赶入海中,但不仅无法将其抓

第五章 "暖风熏得游人醉,直把杭州作汴州"

获,反而使南宋军民在不断的抗金斗争中越打越强,金军每到一地,遭到的抵抗愈发顽强,岳飞、牛皋诸部在与金人的作战中,虽无法取得大捷,但都不同程度地杀伤了金人,迟滞了金军的进攻速度。

南宋对金作战中,首次能够称得上"大捷",打破金人不可战胜神话的战役应属韩世忠领导的黄天荡之战。上文说到,完颜宗弼率军席卷江南后,于天会八年(建炎四年,1130)三月抵达镇江府,打算渡江北撤,途中遇到韩世忠部的顽强阻击。

韩世忠(1090—1151),字良臣,自号清凉居士。南宋抗金名将,与岳飞、张俊、刘光世合称"中兴四将"。韩世忠身材魁伟,智勇过人。他出身贫寒,18岁时应募从军,参加了北宋对西夏的战争,立下赫赫战功。金军南侵以来,又在抗击金人的战斗中立下汗马功劳。韩世忠为人耿直,不依附权贵。晚年闭门谢客,口不言兵,悠游西湖以自乐。绍兴二十一年(1151)逝世。

对韩世忠来说,这场阻击战必然会十分艰辛。完颜宗弼率领的军队多达10万人,而韩世忠只有8000余名士兵,在敌我力量悬殊的情况下,唯有以己之长攻敌之短。于是韩世忠先将8000余名士兵提前埋伏在位于镇江东北面的焦山之上,作为宋军的大本营。焦山是长江中唯一一座四面环水的岛屿,易守难攻。等金

吞辽灭宋：金朝建立初期的"壮举"

人到来时，韩世忠命全体将士登上战舰，以水军迎战敌军。历史上著名的抗金女将，韩世忠的妻子梁红玉也亲上前线，擂鼓助阵，宋军士气大振。完颜宗弼率领的金军由于不习水性，只能利用小船迎战，在宋军的顽强抵抗下，金兵曾数次渡江，皆以失败告终，完颜宗弼的女婿龙虎大王也被宋军擒获。完颜宗弼没有办法，只能请求韩世忠高抬贵手并许诺如若韩世忠放他过江，将归还所有在江南掠夺的人口和财物。韩世忠拒绝了完颜宗弼，并提出完颜宗弼不可能接受的条件：放还徽、钦二帝，归还北宋故土。完颜宗弼又增益以名马，也遭到韩世忠的严词拒绝。完颜宗弼无奈，只能率军沿长江南岸西行，且战且退。韩世忠率军沿长江北岸阻击，最终将金军逼入黄天荡（今江苏南京东北江边）。

黄天荡是条死水港，韩世忠的船队紧紧堵住了出口，金军多次突围皆未成功。不过，宋朝水军受到战舰吃水深的影响，始终无法逼近沿江浅滩，这便给了完颜宗弼以喘息之机。完颜宗弼先是企图开掘一条河道入江，被韩世忠识破，成功拦截。后又买通了一个奸细，用了一晚上时间掘开老鹳河故道，得以将船只经秦淮河引入建康城西的江面。韩世忠闻讯，又率军追赶，将金军的战船围困在长江里。宋军的船只乘风破浪往来如飞，完颜宗弼想尽一切办法也无法突破韩世忠的防线。

第五章 "暖风熏得游人醉,直把杭州作汴州"

四月,在完颜宗弼重金收买下,有人献计,韩世忠的军队为了准备水陆两栖作战,在战船中还装载马匹、粮草、辎重、军人家属等,吃水深,无风不能行使。只要金军反其道而行之,于船中载土,上铺木板,保持船只稳定,以降低金人不习水战的负面影响。等到无风时,先用小船装载士兵,用火箭攻击宋军战船,然后大船紧随其后,必能战胜韩世忠。完颜宗弼依计而行,趁风平浪静之时,利用小船向韩世忠的战舰施放火箭,一艘艘巨舰接连起火,韩世忠只能选择撤退。完颜宗弼利用此策终于突破了韩世忠严防死守的防线。

黄天荡之战前后持续40天,是金军南下江南后损失最为惨重、士气受打击最大的一场战役。史载完颜宗弼自江南返回后,每当遇到亲友旧识,一定会诉说过江的危险与艰难以及自己差点殒命长江之中的情况。这场战役极大震慑了金人,鼓舞了南宋军民的士气。在黄天荡之战影响下,一个月后,岳飞率军收复建康府,击杀女真3000人,俘虏女真千夫长留哥等20多名金军军官。如果算上金军中其他民族成分的士兵,被斩杀、擒获者,数以万计。宋高宗接到建康战役大捷的战报后,欣喜若狂,下诏亲自审问战俘,接见以岳飞为首的有功将士。并于建炎四年(1130)七月升任岳飞为武功大夫、昌州防御使,就任通、泰镇抚使,兼泰

吞辽灭宋：金朝建立初期的"壮举"

州知州。

完颜宗弼意识到灭亡南宋的困难后，率领中路军主力北撤，但此时金军另一位主将东路军实际最高统帅完颜昌，仍然一心一意要灭亡赵宋。

在完颜宗弼率军追击宋高宗的过程中，完颜昌驻军山东潍州（今山东潍坊），以此向淮东地区发起新的攻势，声援完颜宗弼。完颜宗弼被韩世忠围困在黄天荡时，完颜昌也曾派兵支援。完颜昌认为完颜宗弼没能捕获宋高宗是其无能的体现，还曾遣人致书嘲笑宗弼南征无功，建议完颜宗弼率军与自己会师淮州，待秋高气爽时一同南下。由于完颜宗弼尚未摆脱黄天荡之战带来的心理阴影，故拒绝了完颜昌的建议。

虽然完颜宗弼没有答应完颜昌的请求，但完颜昌欲建立盖世奇功，于是下令所部攻打楚州（今江苏淮安）。九月下旬，金军攻入楚州城。攻下楚州后，完颜昌更加不可一世，认为江南俯首可得，遂效仿完颜宗弼，先取通州（今江苏南通）、泰州（今江苏泰州），然后渡江南下，追捕宋高宗。十一月，完颜昌亲率20万大军，进攻泰州附近的岳家军。此时泰州内无粮草，外无援军，泰州城附近一马平川，无险可守，岳家军与金军兵力相差悬殊。岳飞接到命令，要求他能战则战，能守则守，若不可守，则

第五章　"暖风熏得游人醉，直把杭州作汴州"

保护百姓撤退到长江以南。十一月初三，岳飞不得已放弃泰州城。

金军占领泰州后，又顺势攻下通州。完颜昌虽较为顺利地占领通、泰等地，但在天会九年（南宋绍兴元年，1131）三月进攻缩头湖（今江苏兴化东）的抗金义军时，被张荣领导的非正规部队打得大败。

张荣，两宋之际抗金名将，原为梁山泊（在今山东巨野、梁山、郓城三县之间）渔民。北宋灭亡后，张荣聚集梁山泊地区民众起义抗金，不断袭击金兵，因其骁勇善战，人称"张敌万"。天会七年（建炎三年，1129），张荣率军乘船由清河南下，驻军于承州以北鼍潭湖水域，在位于承、楚二州之间，绵亘300余里的樊梁、白马、新开3个湖泊内袭击金军，屡获胜捷。天会八年（建炎四年，1130）十一月，完颜昌趁天寒，湖水冰冻之机，率军进攻鼍潭湖义军水寨，张荣孤军不敌，焚毁积聚粮草，引军撤退至通州、泰州，后转移至兴化县缩头湖。

天会九年（1131）三月，完颜昌为解除渡江南下的后顾之忧，亲率6000余名金兵，乘船进入缩头湖，企图一举攻灭张荣义军。张荣出动几十条小船迎战。当他发现金人仅有数艘大战船为先导，其后均为小船时，便想出一条妙计。命令部下避开金军

吞辽灭宋：金朝建立初期的"壮举"

锋芒，不与敌人大战船交锋，待湖水退却时，佯败弃舟上岸，利用金人急于消灭义军的心理和不善水战的弱点，引诱金军船只行驶至近岸浅水处，等到金军深陷泥淖不能自拔之时趁其混乱回师反击。果如张荣所料，金军深陷浅滩动弹不得，义军随即出击，杀声震天，顿时形势逆转，金人化作待宰羔羊，留在船中的金军也被如此阵势吓得不攻自乱，张荣率领的抗金义军取得空前的胜利。此役共消灭金军4000余人，斩杀金将完颜忒里，俘虏完颜昌的女婿、万夫长蒲察鹘拔鲁等。完颜昌收拾残兵败将狼狈逃回楚州，随后渡过淮水，退至宿迁。张荣乘胜收复泰州，淮东路大部分州县重新回归宋朝手中，缩头湖因此更名为得胜湖。

缩头湖之战，对完颜昌的打击十分沉重。完颜昌逃归北返后，锐气尽失，心情沮丧，彻底打消了渡江灭宋的念头。无论是之前的完颜宗弼，还是此时的完颜昌，在攻宋的过程中均不同程度地遭受到南宋军民的沉重打击，金人开始逐渐意识到武力灭宋的种种困难，在此情况下，"以和议佐攻战，以僭逆诱叛党"的计划正式出台，即通过扶植僭逆及傀儡政权以招降纳叛，通过和谈以消磨宋人的抗金意志，进而更好地为灭亡南宋的总目标服务。金人改变过去一味使用武力进攻的单一灭宋手段，开始以和谈和招降纳叛配合武力进攻。

第五章 "暖风熏得游人醉,直把杭州作汴州"

早在天会五年(建炎元年,1127)十二月,金人以宋高宗废弃张邦昌为由大举攻宋之时,就曾发布《伐康王晓告诸路文字》,强调金人伐宋只是为了复兴伪楚政权,如果张邦昌已被鸩杀,则另立贤主。天会六年(建炎二年,1128)七月,金太宗下诏追袭逃往扬州的宋高宗时也说:"等到灭亡南宋,应当建立如张邦昌伪楚一样的傀儡政权。"由于完颜宗弼与完颜昌在南宋军民的誓死抗击下屡屡受挫,金人开始意识到无法迅速灭亡南宋政权,于是,调整对宋策略,"以僭逆诱叛党",傀儡刘豫就此登场。

刘豫(1073—1146),字彦游,永静军阜城(今河北阜城)人。北宋哲宗元符年间(1098—1100)进士。北宋末年,提点河北西路刑狱。金军南下时,弃职逃往仪真(今江苏仪征)。建炎二年(1128)正月,被推荐为济南知府。刘豫惧怕金人,不敢前去赴任,打算逃往江南为官,未获准允,只好硬着头皮前去济南赴任。同年十月,完颜宗翰、完颜宗辅会师进军山东,完颜昌率军进攻济南。刘豫贪生怕死,在完颜昌的威逼利诱下,于十二月杀掉济南守将关胜,献城投降。

天会七年(1129)七月,完颜宗翰与完颜宗辅率军北返时,任命刘豫为京东、西、淮南等路安抚使,知东平府,兼诸路马步军都总管,节制河南路诸州郡。刘豫对此欣然接受,开始死心踏

吞辽灭宋：金朝建立初期的"壮举"

地地做金人的鹰犬。金朝在委任刘豫节制河南路诸州郡，安抚京东、西、淮南等路的同时，令完颜昌驻军镇抚山东，授予完颜昌"大事专决"之权。完颜昌和刘豫能够结成"合作"关系与二人各自心怀鬼胎密不可分。完颜昌有意将山东地区发展为自己的势力范围，率军南侵时，更是以山东为自己的战略大后方。完颜昌清楚地知晓，待活捉宋高宗，灭亡南宋后，金朝还会拥立一个像伪楚一样的傀儡政权，如果这个傀儡政权的皇帝能够是自己推荐的人选，那么即位后一定会对自己感恩戴德，听命于自己。如此，则不仅山东地区能够成为自己的势力范围，还可以通过自己拥立的傀儡皇帝，将黄河以南地区控制在自己手中。于是，完颜昌开始留意物色合适人选，他发现自己亲自招降、听命于自己的刘豫，最为合适。与此同时，刘豫也揣知金人仍有拥立藩属之意，故派遣儿子刘麟以重金贿赂完颜昌，希望完颜昌能够推荐自己。双方一拍即合，沆瀣一气、狼狈为奸，刘豫就这样开始为完颜昌服务。

完颜昌如意算盘打得虽好，但动了同样心思的并不只有他一人。完颜宗翰的心腹高庆裔听闻完颜昌准备请示金太宗册封刘豫为傀儡皇帝，第一时间向完颜宗翰建议道："太宗皇帝兴师南下，只是为了得到黄河以北地区。故攻取汴京后，便册立张邦昌为傀

第五章 "暖风熏得游人醉，直把杭州作汴州"

儡皇帝，命其管理黄河以南地区。后来由于赵构废逐张邦昌，才再次南下攻宋。如今河南州郡归我大金所有，但太宗皇帝既不改变其官制，也不改变其风俗，可见太宗皇帝并不贪图黄河以南土地，而是仍欲像曾经册立张邦昌那样，再建立一个傀儡政权。元帅您应立即进言，抢先拥立刘豫为傀儡皇帝，以便将刘豫控制在您的手中，免得刘豫感激其他人。"

此时，完颜宗翰控制金朝大权，怎能容忍完颜昌扩大自身势力，而使自己失去控制傀儡政权的大好机会。于是完颜宗翰听取高庆裔建议，立即派遣高庆裔赴山东筹划拥立刘豫之事，同时派遣完颜希尹请示金太宗，金太宗很快予以准允。天会八年（1130）七月，完颜宗翰、完颜希尹秉承金太宗旨意，派遣高庆裔、韩昉等人携带"玺绶宝册"前往山东，抢在完颜昌之前导演了一场"万姓推戴"刘豫的闹剧。九月，金朝册立刘豫为伪齐皇帝，正式建立伪齐政权。初都大名府（今河北大名），号北京；不久改居东平（今山东郓城），号东京；天会十年（1132）又迁都汴京（今河南开封）。金人在册封刘豫的诏书中写道，"锡尔封疆，并从楚旧"，即让刘豫管辖原来张邦昌伪楚政权管理的黄河以南地区，实际上伪齐政权仅能控制河南、陕西之地。

刘豫虽然荣登大宝，但没有丝毫的自主权。新政权必须受金

吞辽灭宋：金朝建立初期的"壮举"

朝册命，对金"奉表称臣""世修子礼，永贡虔诚"，刘豫成为一个不折不扣的"儿皇帝"。正如金太宗诏书所言："今立刘豫为子皇帝，既为邻国之君，又为大朝之子。"金朝册立刘豫之初，还不允许刘豫使用自己的年号，只能"奉金正朔"，使用金朝"天会"年号。后来金人意识到，这样做不利于中原地区统治，于是在天会八年（1130）十一月，令刘豫改年号为"阜昌"，至此伪齐政权才有了自己的年号。可见金人只是想通过设立伪齐政权进行间接统治，缓和与故宋军民矛盾，这种统属模式必将不会长久。

伪齐政权建立后，刘豫死心塌地为金人服务，不仅帮助金人管理黄河以南地区，还在宿州建立"归受馆"，招诱一批无耻之徒投奔伪齐充当鹰犬。金军主力转向西北，宋金双方围绕川陕地区展开激烈争夺后，命令刘豫加强对南宋的军事进攻，伺机开疆拓土，以配合金人的西线攻势。

与拥立伪齐刘豫相同时，金朝还实行"以和议佐攻战"战略，通过与赵构讨价还价，释放和谈烟雾，借此麻痹宋人，消弭宋朝君臣的抵抗意志。在此之前，金人对于赵构的一再示好置之不理。早在赵构即位伊始，赵构便想作为张邦昌的继任者寻求金人承认，故即位后立即遣使打着"通问二帝"的旗号出使

第五章 "暖风熏得游人醉,直把杭州作汴州"

金朝,以试探金人对自己的态度。同时遣人分赴完颜宗翰、宗望处,以请求面见徽、钦二帝为名,希望金人承认赵构建立的南宋小朝廷。此后,赵构在躲避金人追击的逃亡途中又相继派遣洪皓、王伦、宇文虚中等人出使金营,乞求议和。甚至在建炎三年(1129)逃窜至扬州后,主动削去皇帝尊号,改用康王的名义向金朝左副元帅完颜宗翰致书,由"大宋皇帝构致书大金元帅帐前"改为自称"宋康王赵构谨致书元帅阁下",主动向金人表示愿意去掉皇帝称号,称"是天地之间,皆大金之国,而无有二上矣"。祈求金朝看在自己"是以守则无人,以奔则无地,一并彷徨,蹐天踏地,而无所容厝"的悲惨境地上,可怜自己,"惟冀阁下之见哀而赦己也"。然而即便赵构如此卑微乞怜,反复表示甘愿做金朝的藩臣,但金朝仍不予理睬,使者多被扣留,灭亡南宋政权的目标更是从未有过改变。

直到天会八年(1130)以后,金人随着黄天荡之战、建康之战、缩头湖之战等战役损失惨重甚至以失败告终后,以完颜宗翰、完颜宗弼、完颜昌等人为代表的主战派意识到,此时的宋金战争形势已与灭亡北宋时不可同日而语,南宋军民已经武装起来并在战争中不断发展壮大,仅仅依靠军事攻伐似无法将南宋征服,遂调整对宋政策,在"以僭逆诱叛党"的同时,"以和议佐

吞辽灭宋：金朝建立初期的"壮举"

攻战",于天会十年（1132）八月，将扣留的宋朝使者王伦放还，令其传达金人有意与赵构息兵讲和。

赵构听闻金人终于愿意与自己进行和谈，喜出望外，立即遣使出使金朝，宋金双方逐渐改变宋朝议和使臣被金人扣留不遣以及金朝自进攻南宋以来不派遣使者赴宋的情况，宋金双方表面上看展开了较为频繁的往来沟通。但需要指出的是，正如赵永春先生指出，金人自天会八年（1130）开始至金熙宗即位以前的议和活动都不是真正意义上的议和，只是"以和议佐攻战"策略的组成部分。终金太宗一朝，金廷内部始终是主战的完颜宗翰一派专权，始终抱定灭亡南宋的总目标。金人在中原拥立伪齐政权，一面替金人管理中原百姓，一面对南宋发起军事进攻，多数时候金军亦会亲自下场参战。在宋金使者不断往返期间，金人从未真正停止攻宋。正如时人所言："宋金议和使者在路上望其项背，但金人入侵之兵却年年从未断绝。"加之金朝虽于天会十一年（1133）十二月遣使出使南宋，但提出的和谈条件为"南宋在淮河以南不得部署军队，同时将长江以北全部割予刘豫政权"，这是即便赵构等投降派都不会同意的无理要求。凡此种种，体现出金人此时根本没有议和的诚意，金人不过是通过议和活动迷惑宋朝，使其松懈斗志，与拥立伪齐刘豫一同构成金人灭亡南宋计划

第五章 "暖风熏得游人醉，直把杭州作汴州"

的"两翼"。

四、激战川陕，临安偏安

金人在扶植刘豫后，暂缓进军长江以南的计划，改由伪齐与南宋军队在两淮地区进行拉锯战。其间金军虽亦参加战斗，但多为协助伪齐军队骚扰，或为伪齐军队站脚助威，金军与宋军在江淮地区的大规模会战暂时告一段落，金军主力转向西北战场。而陕西决战中宋朝的失败，彻底奠定南宋苟安东南一隅的历史走向。

早在天会六年（1128）七月金朝讨论灭亡南宋的作战方案时，完颜宗翰就曾极力主张先攻取陕西，不仅更有利于灭亡南宋，也可以更好地控制西夏，甚至在适当时候予以兼并。完颜宗翰所言虽有巩固并扩大自身势力范围的私心，但其对于陕西在宋金战局中地位的看法，堪称真知灼见。只是当时金廷仍采取擒贼先擒王的灭宋方略，于是仅令完颜娄室率领部分金军进攻陕西，而将完颜宗翰军主力与完颜宗辅军合并一处，并力南下。直到金人意识到短时间内难以灭亡南宋，开始调整对宋政策，实行"以和议佐攻战，以僭逆诱叛党"的方针后，完颜宗翰攻略陕西的作

吞辽灭宋：金朝建立初期的"壮举"

战方案才再次被提上日程。完颜宗翰指出，当下我朝已拥立伪齐刘豫，使其在中原战场上骚扰、牵制宋人，又通过与南宋和谈，暂缓双方在江淮一线的正面冲突。趁此良机，我军应将东、西两路大军主力合兵一处，全力攻取陕西，然后由陕入川，灭亡南宋。百年之后的蒙古人以大迂回完成大包围的灭宋计划，正与完颜宗翰的建议不谋而合。同时完颜宗翰还提议东路军留下完颜昌所部负责江淮战场，其余军队入陕作战，可以于完颜宗弼、完颜宗辅、完颜宗干、完颜希尹四人中挑选一人为主帅，统一指挥陕西决战。

此次川陕作战计划很快得到金廷内部的一致同意，于是金太宗令完颜昌率军进逼江淮，令伪齐刘豫在中原地区伺机骚扰，以右副元帅完颜宗辅代替完颜娄室担任陕西战场主帅，同时将完颜宗弼所部2万精锐部队西调洛阳（今河南洛阳），命其在八月前进入陕西战场，诸军合力，务必力求一战拿下陕西全境。

正可谓英雄所见略同，宋人同样也意识到川陕地区的重要性。南宋建炎三年（金天会七年，1129），知枢密院事张浚便提出"大宋中兴伟业当自陕西开始，若金人由陕西入巴蜀，则东南大势已去，不可保全"。经过张浚的反复提议与请求，赵构任命其为川陕宣抚处置使，全权授予其经略川、陕的权力。同年十

第五章 "暖风熏得游人醉,直把杭州作汴州"

月,张浚抵达汉中兴元府(今陕西汉中),积极整军备战。至次年,张浚在陕西的经营已初具成效,不仅兵力雄劲,同时在与金将完颜娄室的作战中屡获胜利。但以张浚为代表的南宋空降陕西一派官员与以曲端为代表的陕西当地实力派军将之间的矛盾不断恶化,双方矛盾加剧不仅导致坚守陕州的李彦仙孤立无援,最终城破战死,也为日后陕西局势的迅速恶化埋下祸根。

金天会八年(南宋建炎四年,1130)九月,完颜宗辅率军抵达陕西洛水,以完颜娄室所部为左翼,以完颜宗弼部为右翼,两军并进直指富平。此时宋廷并不知晓金军改变作战方略,已将主力调往西北,加之听闻完颜昌所部仍留驻淮南,赵构唯恐金军再度趁秋高马肥之际南下,遂命张浚在陕西发动攻势以牵制金人。在接到高宗指令后,张浚调集熙河经略使刘锡、秦凤经略使孙渥、泾原经略使刘锜、永兴军经略使吴玠、环庆经略使赵哲等五路兵马,合计骑兵六七万,步军十二三万之众,对外号称40万大军,以刘锡为前线总指挥,浩浩荡荡向富平(今陕西富平北)集结,张浚则坐镇邠州(今陕西彬州)督战。

面对张浚此种冒进行为,下属纷纷进谏道:"金军兵精粮足,虽然我军在陕西地界上与金人作战,但当下主客易势,我军实为客场作战,各方面准备远不及金人。我军虽看似人多,实则兵不

吞辽灭宋：金朝建立初期的"壮举"

识将、将不识兵，面对复杂的战争形势，很难不出现闪失。若轻举妄动，一旦失败，陕西全境必将陷入金人之手，后患无穷。不如据险固守，经常出偏师以骚扰金人耕种，金人若主动进攻，则诸路大军齐心救援，即使不敌金人，也不至于大败，如此反复，待金人困敝后，我军方可发起反击。"但张浚心意已决，对任何人的劝谏都不予理睬。

金军抵达战场后，完颜宗辅、完颜宗弼、完颜娄室等人观察宋军阵势，发现宋军将营寨驻扎在一片长满芦苇的沼泽地，很明显此举是为了防备金军骑兵冲击。同时宋军虽在兵力上占据优势，但明显战心不足，破绽很多。于是，完颜宗辅下令以完颜娄室军为左翼、完颜宗弼军为右翼，于二十四日清晨向宋军发起总攻。总攻打响后，完颜娄室亲自率领3000名骑兵，携带沙袋土石向宋军发动冲锋，先填平沼泽，然后迅速逼近宋军阵地。宋军则奋勇反击，在刘锡的指挥下奋勇杀敌。宋朝大将刘锜身先士卒，斩杀甚众，并一度包围金军左翼的完颜宗弼中军，射伤金朝大将韩常右眼。双方从清晨战至中午，均损失惨重，仍难分胜负。在此紧要关头，完颜宗辅下令中军直扑宋环庆军，这时宋军临时拼凑的弊端便显现出来，由于宋军其他各部未及时增援，环庆军的战斗力与战斗意志显然不及刘锜、吴玠各部，主将赵哲不

第五章 "暖风熏得游人醉，直把杭州作汴州"

敌而溃。战至此时，宋金双方比拼的是谁的战斗意志更加坚韧，宋军其他各部见环庆军溃败，士气全无，纷纷败退，金军乘胜追击，富平之战以宋军惨败而收场。

富平战役，是宋金战史上规模最大的一次会战，也是宋军损失最为惨重的一场惨败。此役过后，陕西全境再也无力阻挡金人铁骑，宋朝最为仰仗的陕西精锐也尽数损失殆尽。陕西的丢失标志着南宋偏安东南一隅已成定局。

宋军富平战败，张浚恼羞成怒，非但拒不检讨自己一意孤行之错，反而将责任推给下属，将赵哲斩首示众，将刘锡流放合州（今重庆合川）。张浚此举令将士们大为心寒，在别有用心之人的鼓动下，陕西诸州纷纷降金。张浚再也无法组织起有效抵抗，先后从邠州退至秦州（今甘肃天水），又退兴州（今陕西略阳），再退阆州（今四川阆中）。至次年三月，陕西全境只有阶（今甘肃武都东）、成（今甘肃成县）、岷（今甘肃岷县）、洮（今甘肃临潭）、凤（今陕西凤县东北）等州以及凤翔府（今陕西凤翔）大散关东的和尚原（今陕西宝鸡西南）和陇州（今陕西陇县）的方山原（今陕西陇县西南），还保留在宋人手中。为死守由陕入川之路，张浚命吴玠屯兵和尚原，关师古屯兵珉州，孙渥等屯兵阶、成、凤诸州，一定不能放金军入川。

吞辽灭宋：金朝建立初期的"壮举"

由吴玠坚守的和尚原，是金人入川的必争之地。和尚原西南紧邻大散关（今陕西宝鸡西南），是由渭水流域越秦岭进入汉中地区的重要关口之一，属川陕之首要门户，地势之险要与大散关不相上下。时人称"和尚原最为要冲，失此地，则无蜀"。吴玠有勇有谋，临危受命后，毫无惧色，与众将士歃血为盟，起誓只要自己还活着，就不会让金人跨过和尚原半步。将士们纷纷表态，愿意誓死追随吴大帅，世人所称赫赫有名的"吴家军"就此诞生。

金天会九年（宋绍兴元年，1131）五月，金军为打通进入汉中的通道，首次对和尚原发起进攻。金将完颜没立自凤翔，乌鲁折合自阶、成出大散关，兵分两路进攻和尚原。吴玠指挥将士据险扼守，使金军无法会师。吴家军将士同仇敌忾，众志成城，仅凭几千人先后将数万金军击败，吴家军首战告捷。

完颜宗弼听闻自己手下乌鲁折合与完颜没立相继战败，心中十分恼怒，遂决定亲自出战拔除和尚原这颗钉子。十月，完颜宗弼率军10余万人，轮番强攻和尚原。吴玠在与金人的长期交战中，总结出敌我双方的长处与弱项。金人所倚仗者，唯骑兵、重甲、弓箭、坚韧四项，而宋军的强弓硬弩可以在数百步外射穿重甲，故只要选择有利地形，合理配置弓弩使用，令金人无法近身

第五章 "暖风熏得游人醉，直把杭州作汴州"

搏杀，便可限制金人的战斗力。于是吴玠占据有利地势，一面利用强弓劲弩分番轮射，令金人必须付出惨重代价才能抵达关隘近前；一面派奇兵截断金军粮道，并在金军撤退途中布下埋伏。完颜宗弼与吴玠大战整整三天，金军发起冲锋多达30余次，仍无法前进一步。金人在宋军的强弓硬弩压制下，完全发挥不出骑射与近战特长，完颜宗弼无奈只好下令撤军。然而在撤军途中又遭到宋军伏击，损失惨重。据说完颜宗弼身中两箭，差点就被吴玠活捉，最后还是靠剃掉胡须、化装易容才得以逃回燕京（今北京）。

和尚原之战是金军自南下攻宋以来所遭遇的首场前所未有的大败仗，金廷震动，改以撒离喝代替完颜宗弼经略川陕。撒离喝走马上任后，不再轻易发起进攻，而是驻军凤翔府，与吴家军对峙。直到天会十一年（宋绍兴三年，1133）正月，撒离喝绕开和尚原，进攻川陕边界的饶风关（今陕西石泉西北）。宋朝兴元府（今陕西汉中）知府刘子羽一面部署军队扼守饶风关，一面向吴玠告急。吴玠得报后，立即率领数千精兵，一日一夜急行军300里驰援饶风关。吴玠为打击撒离喝的嚣张气焰，派人给其送去数箱黄柑，称"大军远来至此，聊以解渴之用"。撒离喝大惊道："宋人回防怎会如此之快！"吴玠在气势上先胜一局。双方就此

吞辽灭宋：金朝建立初期的"壮举"

展开激战，血战六昼夜后，因宋军中一偏将犯罪被吴玠责罚，心生怨念，引领金人从小路绕到饶风关背后高地，居高临下，两面夹击，宋军失败，吴玠等被迫退守仙人关（今甘肃徽县东南）。然而金人在战后亦无力深入进军，进退两难一个月后，被迫撤军，双方又回到战役开始前的战争态势。

饶风关之战后，吴玠意识到和尚原远离四川，后勤补给困难，遂主动放弃和尚原，另在仙人关右侧修筑堡垒，取名"杀金坪"，严阵以待。金廷则重新委派完颜宗弼指挥川陕战场，于十一月进占和尚原，双方战事一触即发。

天会十二年（宋绍兴四年，1134）二月，完颜宗弼集结步骑10余万之众，猛攻仙人关，试图破关入蜀。吴玠的军队虽然只有1万多人，但他毫不畏惧，率领军队顽强抵抗。其弟吴璘闻讯后，率军火速前来支援，转战七昼夜，突破重围与吴玠会师。宋军以强弓硬弩大量杀伤金军，又派遣精兵锐卒，持长刀、巨斧攻击金军左右翼。三月，吴玠乘金军久战兵疲，实施反击，金军全线崩溃，死伤数以万计，退回凤翔府。吴玠乘胜收复凤州（今陕西凤县）、秦州（今甘肃天水）、陇州（今陕西陇县）等地。仙人关之战，标志金人欲先取四川，再以大迂回大包围之势消灭南宋计划的彻底破产，此后，宋金西部战线始终稳定在秦岭一带，南宋得

第五章 "暖风熏得游人醉,直把杭州作汴州"

以维持偏安局面。同时金人在和尚原、仙人关诸战中惨败,即便是获胜的富平之战亦损失巨大,拥有作战经验的老兵不断消耗,推动宋金战局由金强宋弱向宋金均势方向发展。

再说回赵构,金军主力转向西北,彻底给予其苟安的机会。建炎四年(金天会八年,1130)二月,开封府最终为金人占领,宗泽等抗金志士的心血在以高宗为首的投降派的破坏下付诸东流。三月,高宗得知金人北撤,开始有胆量自海路北归。四月,金人北渡长江后,赵构悬着的心终于放下,决定离海登陆,将行在安置在越州(今浙江绍兴)。为表庆祝,下诏改元,将次年年号定为"绍兴",取"绍奕世之闳休,兴百年之丕绪"之意,并将临时驻跸之地越州升为"绍兴府"。八月,百官陆续来归,南宋小朝廷终于看起来有模有样。

对于南宋应定都何地,朝野争论不休。主战派从收复失地的角度考虑,早在李纲、宗泽时,便提出开封、长安、襄阳、武昌、建康等处,坚决反对定都江南,尤其是临安、绍兴等地。投降派则自然是想距离金人兵锋越远越好,临安成为不二之选。此时开封已被金人占领,且金人拥立伪齐刘豫,高宗本就不想收复失地,只想请求金人承认其身份,求得苟安而已,故开封压根就不在高宗选择的范围之内。陕西同样已为金人占据,巴蜀虽为天

吞辽灭宋：金朝建立初期的"壮举"

府之国，但距离遥远，交通不便，同时与武昌、襄阳一样，正面受敌兵锋，高宗决意定都富庶的江南地区。但定都江南亦有建康、临安等选择。正如主战派之一张浚所言，东南形势莫重于建康，若定都建康，时刻北望中原，常怀收复之心，实为大宋中兴之根本。临安僻在一隅，容易滋生安逸心理，使人乐不思蜀，逐渐失去恢复之志。而高宗根据此前被金人穷追的惨痛教训，深知仅凭长江防线并不能阻挡金人兵锋，此前完颜宗弼不费吹灰之力就南下江南便是最好证明。临安远离战争一线，只要守住江淮，便可高枕无忧。即便防线被金人突破，也可以逃亡海上。加之临安风景秀丽，自己颠沛流离多年，只想颐养天年，再也不想千里漂泊，高宗早已打定定都临安的主意。然毕竟徽、钦北狩，贸然宣布定都，万一引起主战派不满，倘若金人再度南下，何人保自己周全？高宗决定慢慢推进，不在一时之急。于是，绍兴二年（1132）正月，赵构离开绍兴府，返回临安府。直到绍兴八年（金熙宗天眷元年，1138）宋金"天眷议和"时，高宗才顺势诏告天下定都临安，正式官宣偏安国策。

第六章

"靖康耻,犹未雪"

怒发冲冠,凭栏处,潇潇雨歇。抬望眼,仰天长啸,壮怀激烈。

三十功名尘与土,八千里路云和月。莫等闲,白了少年头,空悲切。

靖康耻,犹未雪。臣子恨,何时灭。驾长车,踏破贺兰山缺。

壮志饥餐胡虏肉,笑谈渴饮匈奴血。待从头,收拾旧山河,朝天阙。

吞辽灭宋：金朝建立初期的"壮举"

一首《满江红·怒发冲冠》，将岳飞对敌人的愤恨之情，收复山河的宏愿以及对国家、朝廷的赤胆忠心抒发得淋漓尽致。岳飞之"怒"，是金兵入寇中原，烧杀掳掠，无恶不作所激起的雷霆之怒；岳飞之"啸"，是掌权的投降派妥协退让，不肯支持自己率军北伐的忠愤之啸；岳飞之"怀"，是矢志不渝，尽忠报国的豪壮襟怀。尽管前路困难重重，也绝不虚度光阴，期望早日完成抗金大业。岳飞所言"功名"始终不是建节封侯，封妻荫子，而是抗金救国，收复失地，迎回二圣。正如其在《题翠岩寺》诗中写道："行复三关迎二圣，金酋席卷尽擒归。"又如在《题青泥市萧寺壁》诗中所说："雄气堂堂贯斗牛，誓将直节报君仇。斩除顽恶还车驾，不问登坛万户侯。"在没有消灭敌人，还我河山之前，一时的胜利何足挂齿，个人的功名利禄更如尘土一般。"莫等闲"，既是激励自己，也是对所有抗金志士的鼓励与鞭策。可惜岳飞终究还是错付了，在腐败懦弱的投降派阻碍下，恢复中原、还我河山终成遥不可及的一场梦，而12世纪辽、宋、金风云跌宕的历史巨变，也即将在岳飞的功亏一篑中画上句号。

第六章 "靖康耻，犹未雪"

一、绍兴四年，攻守易势

金人在灭辽、灭北宋的过程中，由于并未遇到特别激烈的抵抗，且从军出征者掳掠丰厚，史书中称此时的女真人"有掳掠，无战斗，计其从军之费，及回日所获数倍"，"嘻笑而来，饱满而去"，因而女真百姓渴望通过战争以获取更多财物，故打起仗来士气高涨，勇往直前。但随着金人在江南、陕西之战中屡遭重挫，伤亡数字不断增加而掳掠之物不断减少，即史载金军"自立刘豫之后，南犯淮，西犯蜀，生还者少，而得不偿费"，因而士气低落。加之背井离乡，女真人对远征日益怨恨，厌战情绪在军中不断蔓延开来，"将士厌苦从军，讴吟思乡"。就在金朝不断战略收缩，暂缓进攻南宋的脚步时，伪齐刘豫成为金人南下攻宋的排头兵。刘豫深知金人不会让伪齐政权与南宋长期并存，早晚有一天金人一定会抛弃伪齐和自己。对刘豫来说，伪齐与南宋二者间只能存活一个。于是刘豫即位后积极对宋展开进攻，至天会十一年（绍兴三年，1133）十月，伪齐相继攻克襄阳府（今湖北襄阳）、郢州（今湖北钟祥）、随州（今湖北随州）、唐州（今河南唐河）、邓州（今河南邓州）、信阳军（今河南信阳）等地。

吞辽灭宋：金朝建立初期的"壮举"

襄汉重地，西接川陕，东瞰江浙。伪齐占领此地，不仅在南宋长江防线上打开一个缺口，同时切断宋廷与川陕联系的通道，还可以顺流东下，直取建康、临安。宋高宗在接到战报后，意识到问题的严重性，特别是荆湖路一旦失陷，宋朝便丧失了长江上游的控制权。为保住荆湖，屏卫东南，绍兴四年（1134）三月，宋廷正式任命岳飞为荆湖北路前沿统帅，荆湖北路、南路所有兵马，皆归岳飞节制。命令岳飞在麦熟之前，收复京西路的襄阳府，唐、邓、随、郢四州和信阳军。收复襄阳六郡后，由岳飞安排他人驻防，岳家军需回师长江沿岸驻扎。宋高宗亲自下诏，向岳飞强调此次出兵北伐，只能以收复六郡为限。若敌人逃离六郡界限，不准追击，更不准扩大战果。总而言之，宋高宗部署襄汉战役的原则，就是以战求和，能够保住南宋小朝廷偏安东南一隅的现状即可。

为保证襄汉战役成功，宋廷又令淮东宣抚使韩世忠以精兵万余屯驻泗水之上以为疑兵，令淮西宣抚使刘光世出兵陈（今河南淮阳）、蔡（今河南汝南）二州，以为声援。

岳飞受命后，于同年四月亲率大军3万余人自江州（今江西九江）出师，经鄂州（今湖北武昌）渡江西进，旌旗直指郢州。船至江心，岳飞对众人发誓道："飞不擒贼帅，复旧境，不涉此

第六章 "靖康耻，犹未雪"

江！"在岳飞的激励下，岳家军将士个个奋勇杀敌，前赴后继，于五月初六攻下郢州，消灭伪齐军7000余人，迫使号称"万人敌"的伪齐将领京超跳崖自杀。岳飞乘胜分兵两路，张宪和徐庆率军进攻随州（今湖北随州），岳飞亲率岳家军主力攻打襄阳府。五月十七日，岳家军收复襄阳。次日，收复随州。

伪齐军队屡战屡败的消息传至开封，刘豫大惊失色，急忙调集兵力并请来女真少量救兵。刘豫还不放心，又强迫占领区的汉人丁壮当兵，将伪齐军、汉人壮丁与少量女真部队集结在邓州（今河南邓州）东南的新野（今河南新野）、随州的枣阳（今湖北枣阳）以及唐州（今河南唐河）一带，号称30万大军。然而中原人民本就对金人和刘豫恨之入骨，根本无心为其卖命，伪齐军一触即溃。

面对手下无人能够抵挡势如破竹的岳家军，刘豫心急如焚，由于邓州是经襄阳北上开封的必经之路，一旦邓州失守，开封岌岌可危，届时他辛辛苦苦得来的儿皇帝朝不保夕，因而刘豫接连向金朝告急，请求支援。由于三月间完颜宗弼大败于仙人关，金军主力损失惨重，元气尚未恢复。加之女真酋豪不习惯中原地区的酷热天气，拒绝南下用兵。但面对"儿皇帝"的求援信，金人也不能完全置之不理，权衡再三，金朝派遣了一员史书上无姓，

吞辽灭宋：金朝建立初期的"壮举"

人称刘合孛堇的三流战将，会合伪齐军残部，又拼凑陕西与河北等地的金军和伪齐军，总兵力达到数万人，选择在邓州西北安营扎寨，摆出一副死守邓州的架势。

七月十五日，岳家军与伪齐、金朝联军在邓州城外展开决战。结果毫无悬念，岳家军彻底击溃伪齐、金朝联军，刘合孛堇只身逃窜。七月十七日，岳家军收复邓州。邓州决战后，伪齐再也组织不起军事力量阻挡岳飞的进军脚步。二十三日，唐州、信阳军重新回到南宋手中。至此，岳飞按照预定计划，胜利收复襄阳六郡。

襄汉战役是南宋立国八年以来，第一次战略反攻，不仅收复了大片失地，更是收复了南宋国防的战略屏障，巩固了南宋长江防线，为未来收复中原奠定基础。同时，克复襄汉也是岳飞的第一次北伐，虽然限于皇帝诏令，收复土地范围仅限于襄阳六郡之地，但是襄汉战役的胜利，证明光复山河并非只是一句口号，这对于鼓舞南宋军民的抗金斗志，增强抗金必胜信念，无疑有着重要意义。32岁的岳飞也因此功由正四品的镇南军承宣使超升为从二品的清远军节度使，成为南宋诸大将中继刘光世、韩世忠、张俊、吴玠之后第五个建节的将领。著名爱国主义诗篇《满江红·怒发冲冠》正是在岳飞建节后不久写成。

第六章 "靖康耻，犹未雪"

天会十二年（南宋绍兴四年，1134）七月，刘豫见岳家军停止进攻，于是好了伤疤忘了疼，又在蠢蠢欲动。伪齐大臣罗诱向刘豫上"南征议"，劝刘豫务必要以张邦昌的下场为戒，不要幻想得到宋高宗的谅解，必须"混一区夏"，将攻宋进行到底。刘豫君臣深知，只要南宋还在，伪齐必不会长久。罗诱指出，南宋"西有三川之饶，南有二广之富"，一旦等到其羽翼丰满，兴师北伐，伪齐就会"一败涂地"，面临覆亡的危险。罗诱列举此时南下灭宋必定成功的六点理由，即"地利失其守"（南宋退保吴越而非固守两淮）、"宰相非其人"（南宋宰相多为平庸之徒且互相倾轧）、"将骄而不和"（南宋将帅骄奢淫逸且不团结）、"兵纵而不戢"（南宋士兵多为乌合之众且风气败坏）、"主孤而内危"（高宗赵构身边既无宗室又无子嗣）、"兵穷而财匮"（南宋国库空虚、军饷不足）。据此，罗诱强调，刘豫应效仿汉高祖刘邦"五载而成帝业"的宏伟志向，果断南征，只要伪齐大军一出，取天下易如反掌。

刘豫被罗诱这么一鼓动，瞬间忘记了刚刚还被南宋按在地上摩擦的悲惨经历，认为终于找到联合金军大举攻宋的理由，遂于九月上奏金廷，请求金朝出兵。由于金朝在半年之内连续在西北的仙人关与中部的襄汉战役中遭遇两次大败，一直想找机会报

吞辽灭宋：金朝建立初期的"壮举"

复，见刘豫的提议似乎有那么一点道理，双方一拍即合，决定合兵攻打南宋的两淮地区。此时无论是伪齐还是金人，已丧失与西部战区的吴玠军团、中部战区的岳飞军团决战的勇气，于是采纳伪齐李成的建议，远远绕开岳家军防区，打算攻占东线的两淮地区，进而兵锋直指宋高宗的"行在"临安府。

南下计划确定后，金太宗发布诏令，以完颜宗辅和完颜昌为统帅，除集结女真军队外，另调拨渤海军、汉军5万人，同时采纳完颜宗辅的建议，以完颜宗弼为前军统帅。此番面对伪齐前来请兵伐宋，完颜宗弼一言不发，再无往日力争独自率军攻宋的锐气。完颜宗弼经过黄天荡与仙人关之战的惨败后，越来越体会到灭宋的难度，逐渐产生消极畏难情绪，直到完颜宗辅提出让他率领先锋军南下，才勉强答应。

金朝肯出兵南下攻宋，令刘豫心花怒放，下伪诏扬言要"直捣僭垒，务使六合混一"。刘豫以其子刘麟为诸路大总管、尚书左丞相、梁国公，领东南道行台尚书令，率领伪齐军配合金军作战。

九月下旬，金朝、伪齐联军分兵两路渡过淮河大举南下，企图先以骑兵自泗州（今江苏盱眙东北）攻取滁州（今安徽滁州），步兵自楚州（今江苏淮安）进攻承州（今江苏高邮），然后渡江会师，进攻临安（今浙江杭州）。

第六章 "靖康耻，犹未雪"

金朝与伪齐联合进攻的消息传入宋廷，南宋"举朝震恐"。这一次，竟然又有官员建议高宗立即远遁避敌，幸而高宗此时心中有岳飞为倚仗，没有轻易听从，而是选择应战。针对金军南下，南宋以参知政事赵鼎为右相兼知枢密院事，部署抵御金齐联合进攻事宜，宋高宗也表示愿意御驾亲征。南宋在淮南东西路部署了韩世忠、刘光世、张俊三支大军，兵力足有15万人以上。然而令赵构始料不及的是，刘光世竟然直接选择未战先逃，将整个淮南西路拱手让与敌军。张俊则保存实力，拒绝派兵渡江，只是沿江消极防御。唯有韩世忠亲自领兵阻击金朝、伪齐联军。

十月，韩世忠率军自镇江府（今江苏镇江）北上扬州（今江苏扬州），于大仪镇（今扬州西北）一带设伏。当金将聂儿孛堇等人率领的军队行至埋伏圈后，宋军伏兵四起，金人猝不及防，大败而归。韩世忠又连败金人于鸦口桥（今安徽天长北18里）与承州（今江苏高邮）。韩世忠所部虽然取得了号称"中兴第一武功"的大仪镇大捷，可惜在金军主力抵达后，韩世忠孤军难敌，只得撤兵退守镇江府，与驻守常州的张俊、退守建康府的刘光世一道，凭借长江天险，抵挡金朝、伪齐联军进攻。

与此同时，宋高宗急令岳家军驰援。岳飞接到命令后，不敢耽搁，马上命徐庆和牛皋率领2000名轻骑为前锋，星夜赶赴庐

吞辽灭宋：金朝建立初期的"壮举"

州（今安徽合肥），又留部分将士驻守襄汉地区，自己率领岳家军大部队驰援淮西战场。此时庐州知州、兼淮南西路安抚使仇悆的处境十分危险，自刘光世率军遁逃后，仇悆仅凭庐州和寿州（今安徽凤台）几百名守军，加上2000名乡兵，已数次击退来犯之敌。就在庐州危在旦夕之时，十二月，徐庆和牛皋率领的岳家军前锋部队及时赶到，在抵挡住金人的拼死总攻后，与岳飞亲统之岳家军主力再次重创金朝、伪齐联军。

金朝与伪齐联军在战场上接连失败，再加上岁末严寒，大雪纷飞，粮道不通，后勤供应出现严重困难，只能杀马充饥，士气全无，斗志丧失，皆盼望撤军回师。就在此时，后方传来金太宗病危的消息，完颜宗弼再也不敢在宋境停留，在没有得到完颜宗辅与完颜昌批准的情况下，连夜撤兵北返。刘麟率领的伪齐军队听到金军撤退，来不及携带辎重，一口气逃出200余里，金太宗时期金朝与伪齐政权的最后一次联合攻宋以失败而告终。

天会十二年（南宋绍兴四年，1134）是金宋战争局势发生转折的一年。一年之内，金朝、伪齐联军先后在川陕战场、襄汉战场和两淮战场上三次惨败，金军由此前的战略进攻开始转为战略防守。岳飞首次北伐成功，展现出宋军已具备初步的反攻实力。故早在岳飞驰援淮西之前，李纲便上书朝廷，建议命岳飞由襄汉

第六章 "靖康耻，犹未雪"

直捣颍昌（今河南许昌），威胁汴京，待金朝、伪齐联军回师救援之时，宋军全军出击，南北夹击，一举收复中原。可惜宋高宗只想偏安一隅，绝无采纳李纲以攻为守、积极进取战略的可能。

宋金战局的变化，沉重打击了伪齐的军心士气，震撼了女真贵族，为金熙宗即位后宋金议和奠定基础。同时，岳飞率领的岳家军屡战屡胜，大大鼓舞了南宋军民的抗金勇气和信心。危急中救驾的岳飞也因此愈加受到宋高宗的青睐，次年二月，岳飞晋升镇宁、崇信军节度使。宋朝授予两镇或三镇节度使者十分稀少，真可谓"国朝盛典"，非有大功勋者不能担任。宋高宗朝，只有刘光世、韩世忠和张俊授三镇节度使，吴玠和岳飞授两镇节度使，此时岳飞年仅33岁。

二、太宗去世，熙宗调整对宋政策

天会十三年（南宋绍兴五年，1135）正月，金太宗病逝，终年61岁，在位13年。早在一年前，金太宗便已身患中风，半身不遂，手足无力，至是而卒。年仅16岁的金熙宗即位。

金熙宗，女真名完颜合刺，汉名完颜亶。自幼师从原辽朝燕云地区汉人及中原汉儒学习儒家思想文化。反对汉化的女真贵族

吞辽灭宋：金朝建立初期的"壮举"

称完颜亶丢失了本民族传统，像汉人少年一样，完颜亶则将这些女真贵族视作无知夷狄。金朝内部的汉化与女真化之争为后来的金宋关系埋下伏笔。

金熙宗即位后，金朝内外新形势，迫使他不得不改变对宋政策。一方面，南宋军民对金军侵扰进行顽强抵抗，战争初期金强宋弱局面逐渐向宋金均势甚至宋强金弱方向转化。金人在南宋军民的打击下，厌战情绪日益强烈。

另一方面，金朝内部矛盾重重，社会急需改革和整顿，也需要有一个相对安定的外部环境。金熙宗继位前后，金朝内部围绕皇位继承的斗争十分激烈。金太宗在位后期，完颜宗磐作为金太宗长子，一心想按照嫡长子继承原则继承皇位。完颜宗翰则凭借自己是太祖完颜阿骨打、太宗完颜吴乞买叔伯兄弟，年长功高，窥伺皇位。完颜宗干认为自己是太祖完颜阿骨打的庶长子，想通过太祖、太宗"兄终弟及，复归其子"的约定继承大统。三派势力围绕皇位继承明争暗斗，争执不下。宗室完颜勖提出一个折中方案，认为应依照太祖、太宗约定，以完颜阿骨打嫡孙完颜亶继承皇位。完颜宗翰最不希望完颜宗磐继位，并且认为完颜亶年龄小，容易控制，甚至可以随时废立，遂同意立完颜亶。完颜宗干是完颜亶的伯父，在完颜亶的父亲完颜宗峻去世后，按照女真族

第六章 "靖康耻，犹未雪"

"父死则妻其母，兄死则妻其嫂，叔伯死则侄亦如之"的婚俗，收娶完颜亶的生母为妻，将完颜亶当作亲儿子一样抚养，故完颜宗干也表示赞同，在这样的角逐下，完颜亶被拥立大宝。

金熙宗继位后，完颜宗翰、完颜宗磐等人觊觎皇位之心不死，仍在积蓄力量伺机夺权。熙宗为解决金朝内部矛盾，亟需相对安定的外部环境。同时，熙宗还计划模仿汉制对金朝内政进行全面改革与整顿。凡此种种，决定了熙宗继位后，开始着手转变对宋政策，调整灭亡南宋的战略目标，萌生与南宋议和的打算。

金太宗时期，金朝只想在中原地区建立一个傀儡政权，以帮助金朝管理黄河以南地区，因而不会承认伪齐和南宋两个政权同时存在。刘豫同样也知晓金人支持他的目的，伪齐政权作为金朝和南宋之间的屏障，既能保证金人巩固对黄河以北地区的占领，同时也能利用自己加强对南宋的政治、军事攻势。想要保住皇位，唯有在对宋战争中寻找出路。

不过，刘豫尚未积蓄足够力量进攻南宋，就迎来了岳飞的二次北伐。天会十四年（南宋绍兴六年，1136）七月、八月间，岳飞指挥岳家军二次北伐。秋天原本是宋朝每年的防御时期，岳飞一反常态，故意选在秋天北伐，以求出奇制胜，打敌人一个措手不及。岳家军一度距离西京河南府不过咫尺之遥，最终因孤军深

吞辽灭宋：金朝建立初期的"壮举"

入，距离大本营鄂州越来越远，后勤物资渐渐供应不上。为防止陷入金军、伪齐军包围的不利境地，岳飞只得暂停攻势，率领主力部队班师。

岳飞的二次北伐，长驱伊、洛，是宋金双方实力对比继续变化的标志。岳家军兵锋直抵西京河南府，伪齐举朝震动。二次北伐振奋了南宋军民与金朝、伪齐占领区百姓的抗金士气，使得越来越多的仁人志士投身到岳飞建立的抗金统一战线中来。

岳飞北上征伐刘豫之时，刘豫曾向金人请求支援，然而此时刘豫在金朝朝中的靠山完颜宗翰，已被熙宗明升暗降，免去都元帅的最高军职，完颜昌和完颜宗弼成为金军中最有权势的将领。特别是最早扶植刘豫的完颜昌，痛恨刘豫背叛自己，投靠完颜宗翰，坚决反对支援刘豫。完颜宗磐对金熙宗说道："先帝（指金太宗）之所以册封刘豫为傀儡皇帝，是为了让刘豫开疆辟土，为我朝保卫南境，我朝则可以息兵安民，休养生息。现在刘豫进不能攻取宋地，退不能守卫疆土，兵祸连年，战火不休。如果我们答应刘豫的请求，发兵支援，获胜则刘豫坐享胜利果实，一旦失败，我朝又要付出惨痛代价，一定不要答应他！"金熙宗采纳完颜昌和完颜宗磐的建议，拒绝支援刘豫，只派遣完颜宗弼屯兵浚州黎阳县（今河南浚县西北），观望形势，丝毫没有支援的意思。

第六章 "靖康耻，犹未雪"

面对金人作壁上观的态度，刘豫躁动不安。为了保住儿皇帝的宝座，不得不孤注一掷。天会十四年（南宋绍兴六年，1136）九月，刘豫下令强行抓 30 万壮丁，对外号称 70 万大军，在接到岳飞回师的消息后，兵分三路，再次大举进攻南宋淮西地区。刘豫命儿子刘麟率领中路军，由寿春（今安徽寿县）进攻庐州（今安徽合肥）。命次子刘猊统领东路军，由紫荆山（今安徽凤台东南）出涡口（今安徽怀远涡水入淮处），攻打濠州定远县（今安徽定远）。命南宋叛将孔彦舟指挥西路军，企图夺取光州（今河南潢川），进犯六安军（今安徽六安）。刘豫还令伪齐军身穿金人的服装和铠甲，打着金人旗号流动于河南诸处，既为伪齐军壮胆，又借以恐吓宋军。

然而伪齐外强中干的进攻很快便演变为全线溃退，宋军先是在寿春府霍丘县（今安徽霍邱）等地击败刘麟率领的中路军，遏制住伪齐攻势。又在淮东阻击刘猊率领的东路军，迫使刘猊改道定远。宋将杨沂中会合张俊部，在定远县附近的藕塘（今安徽定远东南）大败刘猊军，刘猊率领的东路军士卒死伤过半，连夜逃遁。刘麟在顺昌得知刘猊大败的消息后也望风而逃。孔彦舟率领的西路军久攻光州不克，得知刘麟和刘猊均已撤兵的消息，慌忙北窜。伪齐此次南侵，士卒死走逃亡殆尽，损失战车 7000 辆，

吞辽灭宋：金朝建立初期的"壮举"

战船700余只，辎重、器械、粮草不计其数。刘麟、刘猊大败而归后，金人大怒，问罪于刘豫，刘豫知道此次损失过于惨重，无法向金朝交代，只好废刘猊为庶人，向金人谢罪。金朝高层在震怒之余，也被岳飞二次北伐，势如破竹，一直打到西京河南府的军事实力震撼。金人意识到，光靠伪齐军队，已难以维持对黄河以南占领区的控制，再不出兵援助，伪齐控制区的东、西两部，都将被宋军彻底拦腰截断。由于金人此时尚未下定决心废除刘豫，故派遣龙虎大王率领3万名金军精锐，由李固渡渡过黄河，给伪齐政权输血，其中1万名骑兵专门用来对付岳家军。金军用了四昼夜渡过黄河，刘豫立即发兵与金军会合，随后兵分五路，一路攻商州，一路攻虢州，一路由镇汝军攻邓州，一路由何家寨攻唐州和襄阳府，一路由望明港攻信阳军。伪齐与金朝的联合兵马开始向南宋展开报复性进攻。

十月下旬，金军1.5万余人，伪齐军2万余人，向虢州发起猛攻。十一月初，刘豫之弟五大王刘复率领伪齐军主力会同金军大部队企图直犯襄阳府。为配合主力部队进攻，金朝、伪齐联军1万余人于十一月初一进犯商州东部的商洛县（今陕西商洛）。十一月初六，金朝、伪齐联军进犯信阳军。此外，刘豫还调集重兵进攻邓州。总之，至绍兴六年（1136）十一月，岳家军防区从

第六章 "靖康耻，犹未雪"

东到西，前沿部队与金朝、伪齐联军全面交火，围绕商州、虢州、邓州、唐州、信阳军等地展开激烈争夺。

前线的加急战报送到岳飞手中，由于军情紧急，岳飞立即派遣牛皋、张宪、王贵等人率军渡江支援，自己则亲率岳家军主力于十一月十五日星夜渡江，前去迎战金朝、伪齐联军。岳飞如此快速的回师救援，使敌人大惊失色，当他们看到前线出现岳家军旗帜的时候，顿时惊得目瞪口呆。岳家军投入战斗后，迅速扭转战局，击退来犯之敌，并转入反攻，一直打到蔡州（今河南汝南）城下方才收兵撤退。岳家军此次由被动回援后转入战略进攻的第三次北伐，再一次粉碎了伪齐军的反扑，粉碎了刘豫保住儿皇帝的美梦，加速了刘豫被废黜的进程。然而岳飞无论如何都想不到，自己通过三次北伐终于即将打掉金人的傀儡爪牙，带来的结果却是令其无法接受的南北媾和。

就在岳飞北伐期间，金熙宗在完颜宗干等人的帮助下，进行中央集权制度改革。在金朝女真贵族各派系的互相倾轧中，此前掌握大权并支持刘豫的完颜宗翰一派彻底失败，几乎退出中央决策层。先是完颜宗翰被金熙宗以相位易兵权，免去都元帅之职，任为太保，领三省事，封晋国王，位居完颜宗磐、完颜宗干之下。更严重的是，完颜宗翰曾极力阻挠完颜宗磐继承皇位，为

吞辽灭宋：金朝建立初期的"壮举"

此，完颜宗磐对完颜宗翰恨之入骨，必欲置之死地而后快。熙宗和完颜宗干也不满完颜宗翰一派专横跋扈，对完颜宗翰始终觊觎皇位怀恨在心。然而完颜宗翰毕竟身为宗室子弟，又曾在"亡辽灭宋"中立下赫赫战功。即便熙宗、完颜宗磐等人对他再恨之入骨，也只能暂时忍气吞声。为打击完颜宗翰，金熙宗便联络完颜宗磐等人，先从完颜宗翰心腹高庆裔下手。

高庆裔，旧辽东京辽阳府辖下渤海人，曾在辽朝东京留守府中担任通事（翻译）一职，降金后为完颜宗翰宠信，步步高升。天会十五年（1137）六月，熙宗、完颜宗磐等人以高庆裔贪赃枉法为名将其定为死罪。心急如焚的完颜宗翰为救出高庆裔，乞求免官为民，以换取高庆裔活命，金熙宗不允，相反很快便将高庆裔处死。紧随其后便是对完颜宗翰一派势力接二连三地打击，潦倒失意的完颜宗翰见自己的心腹相继被杀或被黜，开始"绝食纵饮"，不久便"恚闷而死"，也有人说是被缢杀于狱中。

刘豫见靠山即将倒台，自己又在与宋朝交战中屡战屡败，深感不妙，急忙于天会十四年（1136）岁末遣使赴金，请求金人册立其子刘麟为皇太子，借以窥探金人是否有废黜自己之意。不久便收到金熙宗的回复，熙宗言道："先帝之所以立你为帝，是因为你有德于河南人民，朕素未听闻你的儿子对人民有恩德，过

第六章 "靖康耻，犹未雪"

段时间朕会遣专人咨询河南百姓以决定这件事"，三言两语便打发了刘豫。刘豫请立皇太子被拒，自知大势将去，但心有不甘，遂继续从进攻南宋中谋求一线生机。天会十五年（宋绍兴七年，1137）七月，刘豫在靠山完颜宗翰愤懑而死后，再次遣使赴金请兵，试探金人态度，金人对之置之不理。九月，南宋郦琼率淮西军叛降刘豫，刘豫认为千载难逢的机会终于来到，以此为借口，再次遣使请兵于金朝，希望以郦琼军为向导，由伪齐、金军并力南下，一举击溃南宋江淮防线，彻底灭亡南宋。此时的金朝完全无意于利用南宋淮西兵变南侵，对郦琼投降的第一个反应是急令解散这支人马，表面上是防止诈降，实则是为了避免刘豫扩充兵力。刘豫仍不死心，坚持请兵，金熙宗等人便决定趁此机会，佯装答应伪齐乞兵的请求，暗中却另作谋划。十一月，金熙宗令完颜昌和完颜宗弼以攻宋为名，率军前往开封府，命伪齐军队听从金朝节制，又令刘豫之子刘麟至金营议事。刘麟前去赴约，被金人抓获囚禁。完颜宗弼扫除刘豫羽翼后，正式废除伪齐政权，降刘豫为蜀王。完颜昌、完颜宗弼诏告中原百姓，宣布自今以后不再强行征发签军，取消伪齐所立一切苛捐杂税名目，对罪大恶极的官员予以严惩。开封百姓此时对于宋朝能否收复失地已不抱多大希望，但看到令人憎恶的傀儡政权倒台，同时听闻金人废除伪

吞辽灭宋：金朝建立初期的"壮举"

齐苛政，自然民心大悦，极大巩固了金人对中原地区的直辖统治。十一月，金人将刘豫迁往临潢府。刘豫苦苦哀求，希望不要将其北迁。完颜昌嘲笑道："昔日宋朝徽、钦二帝出京之时，百姓哭号连天，坚决拦阻，如今你被废黜，没有一个百姓可怜你，你是不是应该好好反思一下？"刘豫语塞，无法回答，只得乖乖听从金人安排。金熙宗皇统二年（南宋绍兴十二年，1142），刘豫被改封曹王。四年后，刘豫结束其荒诞罪恶的一生。

最后我们需要提及一下刘豫被废的原因。刘豫一向严格遵守金人旨意行事，不敢有丝毫怠慢，刘豫被废，根本上是金朝内部权力斗争的缩影，至于完颜昌嘲笑刘豫"无德"之语，更像是来自政治斗争胜利者的嘲笑。

起初刘豫试图通过贿赂完颜昌而获取金人支持，完颜昌出于将山东地区变为自己势力范围的目的，同样想通过拥立刘豫进而控制伪齐占领区。但刘豫被完颜宗翰一派抢先册立为傀儡皇帝，使之心愿落空。刘豫"即位"后，全身心侍奉金太宗与完颜宗翰一派，而对其他金朝贵族则敷衍了事。特别是在完颜昌于缩头湖之战大败后，率军北归，路过伪齐控制区，原以为刘豫会将自己奉为座上宾，没想到刘豫不仅不出来迎接，反而自视为"大齐"皇帝，对完颜昌耍起威风。面对昔日在自己面前鞍前马后、摇尾

第六章 "靖康耻，犹未雪"

乞怜，如今黄袍加身后，居高临下对自己指手画脚的刘豫，完颜昌愤愤不平，此后一再上书金太宗，要求限制刘豫的权力，甚至要求废黜刘豫。但彼时完颜昌的势力、地位与完颜宗翰差距太大，完颜宗翰一党专擅朝政，控制金朝各要害部门，掌握绝对的话语权。完颜宗翰又竭力保护自己的忠实走狗刘豫，无论如何也不肯答应完颜昌的请求。完颜昌不仅与完颜宗翰的矛盾不断激化，对刘豫更是恨之入骨。金太宗去世后，完颜昌终于等来了转机，继位的熙宗联合完颜宗磐、完颜昌等人彻底清除了完颜宗翰一党，并将刘豫视作完颜宗翰最后的残党余孽。因此，无论刘豫如何死心塌地地为金人效命，如何向金熙宗、完颜昌表忠心，其走向覆亡的命运已不可避免。

此外，刘豫多年来对宋作战节节失利，消耗了大量的人力、物力和财力，亦令金人十分不满，这也是金朝废黜刘豫的官方理由之一。天会十五年（南宋绍兴七年，1137），金朝尚书省上书熙宗，抨击刘豫进不能攻，退不能守，治国无道，不仅不能为金朝开疆辟土、保境安民，反而徒增许多不必要的麻烦。对刘豫怀恨在心的完颜昌甚至说道："大金以往用兵，攻无不克，战无不胜，自从有了伪齐以后，屡战屡败，有损军威。"金熙宗更是在其下达的废除伪齐的诏书中称刘豫一无是处，不但不能为金朝尽力，反而成为金朝的累赘与祸患。在废黜刘豫的问题上，金朝君臣在公开场合的说法高度一致。故元人在编修《金史》时亦称"刘豫为帝数年，没有为金人立下尺寸功绩，金人厌其无能，遂废刘豫为蜀王"。可见刘豫一旦失去利用价值，等待他的就只有被金朝抛弃。

除了金朝内部废黜刘豫的主观意愿外，岳飞的离间计、反间计也起到加速伪齐灭亡的作用。岳飞在得知完颜宗翰死亡的讯息后，借捕获金人间谍之机，令其携带一封相约刘豫共同诛杀完颜宗弼的蜡丸密信。此反间计恰到好处地利用了金廷的内部矛盾，如同火上浇油，推动了金熙宗与其他不满刘豫的女真贵族罢废伪齐的进程。

伪齐被废，对金宋战局产生深远影响。随着宋高宗寻求金人承认的阻碍消失，加之此时金朝内部完颜昌、完颜宗磐等主和派把持朝政，宋金议和正式被提上日程。

三、将欲取之，必先与之？

前文说到，赵构即位后，不断向金朝遣使乞和，然而金太宗朝，以完颜宗翰为首的实权派执意灭亡南宋小朝廷，故非但不给

第六章 "靖康耻，犹未雪"

予回信，相反宋使多被扣留。终金太宗一朝，金人仅向南宋派遣一次使者，但这就足以令赵构受宠若惊，虽然金使提出南宋割让长江以南地区给刘豫等宋廷君臣绝不可能接受的条件，但还是令高宗心存希望，此后仍一如既往地不断派遣使者赴金请求议和。

金熙宗即位后，有鉴于宋金实力对比的变化，金朝上下皆产生了停止南下，同南宋议和的思想倾向。这种想法在金熙宗清除嚣张跋扈、专擅朝政的宗翰一党势力后愈发强烈。但在如何处理伪齐刘豫管辖的河南、陕西之地的问题上，金朝出现严重分歧，长时间无法达成共识。

以完颜宗弼为首的强硬派，主张将原伪齐控制区纳入金朝版图，直接加以管理。在此之前，金朝作为短时间内在中国东北迅速崛起的政权，即便以迅雷不及掩耳之势灭掉了强大的辽与北宋，但立国之初庶事草创的金朝面对新占据的广大地区，并不具备施行有效管理的能力。关于这一点，金人自己也是心知肚明。因此，那时金朝还没有直接管辖黄河以南地区的想法，只想利用"间接统治"的方式实现对这一地区的控制，使其成为南下攻宋的大本营，所以才有了张邦昌伪楚与刘豫伪齐政权的建立。但随着金朝国家体制的不断健全与完善，至伪齐刘豫被废前后，金人已具备直接管辖河南、陕西地区的能力。因此，完颜宗弼认为，

吞辽灭宋：金朝建立初期的"壮举"

刘豫被废后，金朝应借此机会直接管理原伪齐占领区。完颜宗弼的观点得到了完颜宗干等人的认同。与宗弼的提议不同，金朝大将撒离喝主张废黜刘豫后另立傀儡皇帝。撒离喝没有意识到金人在国家治理能力方面的提升，还只是站在金朝内部党派斗争的角度分析问题。

在完颜宗弼、完颜宗干和撒离喝等人之间，尚存在第三种主张，代表人物为完颜昌、完颜宗磐，主张将河南、陕西之地交还南宋。完颜昌野心勃勃，一直有意将河南、陕西之地变为自己间接控制的势力范围。但事与愿违，完颜昌在与完颜宗翰争立刘豫的斗争中失败。经此一事，完颜昌对完颜宗翰和刘豫极度愤恨，始终是主张废黜刘豫的中坚人物。然而老谋深算的完颜昌深知，刘豫被废后，一直注重加强中央集权和君主专治的金熙宗断不会将河南、陕西之地划作自己的势力范围。故完颜昌极力反对由金朝直接管辖。完颜昌还意识到，如果另立傀儡，很可能会重蹈刘豫覆辙，傀儡政权势必遭到南宋的怨恨与报复，使金朝背上沉重的经济和军事负担。完颜昌思考再三，决定采取折中方式，将河南、陕西之地交还南宋，这样不仅不会出现之前伪齐那样的情况，加之天会十五年（南宋绍兴七年，1137）王伦使金时，宋高宗委任其向完颜昌请求归还河南、陕西之地，并重金贿赂完颜

第六章 "靖康耻，犹未雪"

昌，乞求完颜昌能够在金熙宗面前提出有利于宋朝的主张。宋高宗的投资正迎合了完颜昌此时的政治需求。

此外，南宋奸相秦桧一直是投降派的代表人物，完颜昌考虑到若将土地交还南宋，秦桧的政治地位和声誉就会得到极大的提升与改善，如此秦桧在南宋的地位便会不断攀升，更有利于和自己里应外合，借控制南宋以达到控制河南、陕西之地的目的。

秦桧（1090—1155），字会之，建康府江宁县（今江苏南京）人，出生于黄州（今湖北黄冈）。南宋初年宰相，投降派代表。北宋徽宗政和五年（1115），秦桧进士及第。宋钦宗时，任御史中丞。靖康二年（1127），因上书金人反对立张邦昌为帝，随徽、钦二帝被俘北上。到达燕山府（今北京）后，秦桧立即变节投降，向金人献媚，重金贿赂女真贵族，被金太宗赐给完颜昌，成为完颜昌手下的参谋。从这时起，秦桧开始向金人妥协，接受金人的收买。宋高宗建炎四年（1130），完颜昌率军进攻楚州（今江苏淮安）时，秦桧担任随军参谋并负责粮草征集和钱粮转运，不仅为金人出谋划策，还奉完颜昌之命，起草致楚州军民的劝降书，劝降书中甚至使用辱骂宋高宗的语句。但戏剧性的转折是，在楚州城被金军攻破的第三天，秦桧脱离金人，返回南宋。

秦桧南归问题，一直是历史上的谜案。秦桧自称杀死了监视

吞辽灭宋：金朝建立初期的"壮举"

自己的金兵，抢了一条小船逃归，当时便有许多南宋大臣对此提出怀疑，此后始终有人怀疑秦桧是金朝的奸细。其实只需联系秦桧被掳至金境能举家平安返宋，再参照秦桧回到南宋后的种种行为，秦桧是金朝"以和议佐攻战"的重要棋子，便不证自明。据陆游《老学庵笔记》记载，秦桧由完颜昌纵其南归，是完颜昌安插进南宋的内奸。秦桧在金朝便与完颜昌狼狈为奸，归宋以后，与完颜昌暗中保持联络。秦桧与完颜昌的通信还得到了宋高宗的默许，南宋部分大臣亦知晓此事。可以说，秦桧与完颜昌联系的行径在南宋高层中是一个心照不宣的秘密。

天会十五年（南宋绍兴七年，1137）十月，完颜昌由元帅左监军升任左副元帅，封鲁国王，政治地位和影响力不断提高。秦桧立即遣使致书完颜昌，极尽讨好之能事对完颜昌进行祝贺。秦桧对完颜昌的诉求有着十分精准的把握，向完颜昌表示自己已打入南宋决策层，在完颜昌扩张势力范围的道路上心甘情愿为其倾尽全力。

完颜昌对宋态度的转变还与金朝的内部斗争息息相关。完颜昌在争夺皇位的过程中，始终不遗余力地支持金太宗长子完颜宗磐，在合谋打击完颜宗翰一派势力并取得成功后，两人又开始密谋篡位。在这样的形势下，完颜昌更希望通过还地于宋，使南宋

第六章 "靖康耻，犹未雪"

成为自己的有力外援。

正是打着这样的如意算盘，完颜昌联合完颜宗磐、完颜宗隽等人向熙宗施压，宣称"我大金将河南、陕西之地归还南宋，宋人必定对我感恩戴德"。完颜昌此举遭到完颜宗干等人的强烈反对，就连完颜昌的弟弟完颜勖都表示反对。完颜宗弼之弟完颜宗宪立即一针见血地指出："我朝俘虏宋朝徽、钦二帝，宗室、百姓无数，血海深仇，怨非一日。今日将土地还予宋朝，只会增加其实力，帮助他们复仇，哪里谈得上感恩戴德？"双方针锋相对，互不相让。完颜昌遭到众人反对，面子上挂不住，只得怒斥其弟完颜勖："其他人尚与我一条心，你为什么反对我？"完颜勖反驳道："国家大计，岂敢因私而废公。"尽管金朝绝大多数大臣都反对归地于宋，但由于当时宗磐一人之下万人之上，控制朝中主要大权，再加上完颜昌由左副元帅升任都元帅，掌握主要军权，两人皆是金朝掌握实权的人物。金熙宗无可奈何，最终还是被迫同意完颜昌关于归宋河南、陕西之地的提议，将滞留在金朝的宋使王伦放回，先行通报宋高宗。

金天会十五年（南宋绍兴七年，1137）十二月，王伦返回南宋。离开金朝前，完颜昌对王伦说道："转告江南（金人不用南宋国号）赵构，伪齐已废，自今以后道途通畅，和议可以开始。"

吞辽灭宋：金朝建立初期的"壮举"

王伦面见宋高宗后，立即向赵构带来完颜昌不仅同意议和，而且还答应将黄河以南诸州还与南宋的消息。宋高宗听后喜不自胜。本来自己是打着思念父母、兄弟的旗号，不断"屈己讲和"。后来在接到徽宗等人去世的消息后，又高举归还宋徽宗棺椁和母亲韦氏的旗号，一再表示自己为了尽孝，可以忍受一切屈辱。如今见金朝终于答应和谈，宋高宗立即任命王伦为"大金国奉迎梓宫使"，以迎回宋徽宗与宁德皇后梓宫为名，再次出使金朝。赵构向王伦表示，只要金人能同意其奉表称臣的请求，不再将其赶尽杀绝，能够将父亲的棺椁和母亲归还，其他一切条件都可以答应。金朝方面，熙宗为表达和谈诚意，特派遣宋金海上之盟期间多次出使宋朝的乌林答赞谟随同王伦返回宋朝作进一步商议。次年（金熙宗天眷元年，南宋绍兴八年，1138）六月，乌林答赞谟抵达南宋。宋金天眷议和（绍兴第一次议和）的主要内容，归纳起来，主要包含以下四点：

其一，南宋向金称臣，取消帝号和国号，成为金朝的藩属国。南宋政权建立后，宋高宗不断遣使赴金，试图以称臣为条件换取金人对自己的承认。逃亡期间，更是明确地向金人表示，愿意削去尊号，奉金正朔，行藩臣之礼，甚至表达了"天地之间皆大金之国而尊无二上"的意愿。此为赵构向金人乞和的基本条件。

第六章 "靖康耻，犹未雪"

其二，宋金以黄河为界，金朝将原伪齐刘豫控制的河南、陕西之地交还宋朝。北宋灭亡后，金朝直接管辖黄河以北地区，而将黄河以南地区先后交与张邦昌的伪楚政权和刘豫的伪齐政权管理。宋高宗多次遣使赴金，请求金人将黄河以南地区交由南宋代管，希望金人用南宋取代伪楚、伪齐，成为金人的藩属国。由于金太宗朝以灭亡赵宋政权为战略目标，故根本不理会高宗关于划河为界的请求，甚至在天会十一年（1133）首次遣使南宋时，提出将长江以北地区割让给伪齐刘豫的议和条件。直到天会十五年（1137）王伦使金时，完颜昌才开始答应归还南宋河南、陕西之地。此为南宋遣使请和的最高条件，同时也是金人所能给予的最大让步。

其三，南宋每年向金朝交纳"岁贡银绢共五十万匹两"。早在宋金密谋"海上之盟"期间，北宋便已答应将宋朝交给辽朝的岁币银绢50万两（匹）转送给金朝。后来，由于宋人未能按照盟约规定攻取燕京，北宋又在每年缴纳50万两（匹）的基础上每年再增加100万贯，称燕京代税钱，用以赎回朝思暮想的燕云地区。北宋灭亡后，金人册封张邦昌建立伪楚政权，免去原北宋承诺每年缴纳的100万贯燕京代税钱，又将原北宋每年缴纳的岁币银绢50万两（匹）减少至30万两（匹）。南宋建立后，绍兴

吞辽灭宋：金朝建立初期的"壮举"

四年（1134）九月，宋高宗派遣使者赴金议和，强调无须计较岁币多少，一切以停战和谈为首要目标。至绍兴八年（1138）议和时，又恢复50万两（匹）的岁贡数额，金人对此并未提出异议。

其四，金人同意归还宋徽宗、宁德皇后梓宫及宋高宗母韦氏。宁德皇后即宋徽宗皇后郑氏，钦宗时迁居宁德宫，称宁德太后，后人也称宁德皇后，死后谥号显肃，也称显肃皇后。宁德皇后与宋徽宗一同被金人俘虏北去，历经重大变故的宁德皇后在短短几年光景内，便于绍兴二年（1132）逝世于金朝五国城（今黑龙江依兰）。三年后，宋徽宗病逝。宋高宗在获悉徽宗及宁德太后薨世的消息后，派遣王伦等出使金朝，金人答应归还梓宫及皇太后，至天眷议和时，此条件没有发生变化。原因在于"子为王，母为虏"，宋高宗这个皇帝如何赢得民心？在南宋的软磨硬泡下，宋高宗生母，徽宗及其皇后梓宫历经波折最终得以顺利还朝。值得一提的是，宋高宗生母仁显皇后在回到南宋后，又过了18年的富贵生活，最终安然离世。不得不说，这是在靖康之难所有被掳北上的宋朝宗室、大臣、后妃、公主中结局最好的一个。

站在今天的视角看，天眷议和的条款虽然同样屈辱，但与两宋与金朝签订的其他和约相比，堪称继宋金海上之盟后第二有利于宋朝的合约，若宋高宗能够利用好此次议和契机，不战而收回

第六章 "靖康耻，犹未雪"

河南、陕西之地，然后加强防御，积蓄力量，等待时机成熟后再将其中屈辱之处一一去除，也能勉强称得上是一次阶段性"胜利"。可惜，历史没有假设。

关于宋金议和，南宋朝臣大多持否定态度。由于自南宋建立以来，金人一直拒绝和谈，偶尔遣使赴宋，也不是真心议和，只是"以和议佐攻战"计划的一部分。在绝大多数宋人心中，议和只是麻痹南宋的幌子，背后一定隐藏着更大的阴谋。面对金朝抛出的橄榄枝，宋人坚决反对的理由主要分为以下两个方面：

一方面，对金人同意议和，特别是同意归还河南、陕西之地持怀疑态度，认为金朝奸诈狡猾，不值得信任。枢密副使王庶先后7次上书、6次觐见宋高宗，反复陈述金人同意议和及归宋河南、陕西之地是一大阴谋。王庶强调，河南、陕西之地由于久经战火，加之刘豫的横征暴敛，早已赤地千里，荒无人烟。如果金人将这一大片荒芜地区交还宋朝，南宋治理恢复，必将背上沉重的包袱，很有可能造成南宋的经济崩溃。韩世忠同样上书反对议和，指出金人讲和并许诺交还河南、陕西之地，目的在于借和谈动摇南宋的民心士气，同时假借还地，使南宋分兵驻守，便于金人各个击破。宝文阁学士连南夫在众人反对意见的基础上，将金人许还河南、陕西之地背后蕴藏的阴谋总结为《老子·第三十六

吞辽灭宋：金朝建立初期的"壮举"

章》所言"将欲取之，必固与之"，即先付出些许代价以诱使对方放松警惕，然后伺机夺取更大的利益。认为金人试图以河南、陕西之地为诱饵，消耗南宋国力，分散南宋兵力，动摇南宋军心士气，为进取江南、吞灭南宋做准备。

另一方面，也是最根本的原因，即反对向金人称臣。南宋的仁人志士甚至平民百姓皆难以理解高宗一再向金人称臣乞和的原因。如果说建炎年间，国势危如累卵，高宗流窜逃亡之时尚可说是迫不得已而为之。如今南宋兵强马壮，屡败金军，完全具备与之抗衡的实力，南宋臣民实在无法理解高宗为何非要向杀父仇人屈膝请和。清人王夫之在《宋论》中一语道破高宗的真实用意，即"高宗之为计也，以解兵权而急于和"。在高宗心中，获取金人册封，自己的人身安全得到保障后，便可以整顿内部，巩固皇权。祖宗家法，高宗时刻铭记于心。而削夺武将兵权，铲除一切可能对皇权构成威胁势力的前提，便是与金人议和。

天眷元年（宋绍兴八年，1138）八月，金熙宗根据宋高宗向金朝称臣的条款，派遣张通古等以"诏谕江南"为名出使南宋。金使不称宋朝而称"江南"，不称通问而称"诏谕"，不称国书而称"诏书"。所过南宋州县，要求官员行迎天子诏书之礼，一副高高在上的样子，极大地伤害了南宋军民的自尊心。

第六章　"靖康耻，犹未雪"

十一月，金使张通古等进入宋境，南宋接伴使范同按照高宗指示，"北向再拜，问金主起居"。金使抵达临安后，南宋为举行议和仪式，正式诏告天下定都临安。宋高宗本想像平时接见大臣一样，南面而坐，但张通古不同意设尊卑之位，说道："大国之卿等同于小国之君，天子（指金熙宗）将河南、陕西之地赐予南宋，宋朝奉表称臣，如果今日要求上国使者面北而坐，蔑视上国，则使者不敢传诏。"说罢，张通古便摆出一副要北归的架势，求和心切的宋高宗见此情景，害怕和谈破裂，慌忙下令设东西位，使者东面，高宗西面，与张通古平等入座。

在讨论宋人如何接受金朝"诏书"的问题时，张通古坚持按照金宋君臣之国的礼节，高宗必须面北跪拜于张通古脚下，接受金熙宗诏书。起初，高宗准备按照金人要求，跪接金朝诏书，但南宋朝臣觉得高宗行此大礼，有失国体。面对如此奇耻大辱，一时群情激奋，纷纷上书反对和议，抗议的风潮一浪高过一浪。高宗气愤地说道："士大夫只为保全自己，假设现在是朕航海逃难至明州之时，朕即使向金人行礼百次，你们这些做臣子的也不会觉得有失体面。"言下之意，保命要紧的时候，无论多么委曲求全都可以忍受，为什么今日一拜都不可以呢？然而无论宋高宗如何声色俱厉，大臣们就是不同意由高宗跪接金朝国书。高宗见此情形，

吞辽灭宋：金朝建立初期的"壮举"

一时也没了主意。他虽试图凭借高压手段迫使大臣们让步，但也不敢冒天下之大不韪。后来，大臣楼炤为高宗想出一个办法，以高宗正在为宋徽宗守丧，难以行此吉礼为由，向金人请求由宋朝宰相代替高宗履行接受金熙宗诏书的跪拜礼。张通古原本气焰万丈，扬言不得亏半点礼节，至此也迫于形势，同意降低规格。得到金使同意后，由右相秦桧代替高宗向金人行跪拜礼，完成南宋向金朝称臣纳贡的议和手续。跪拜接旨当日，朝中官员多告假不至，秦桧只好命自己府中小吏身穿官服，随他前去。通过这样一种自欺欺人的方式，以何种礼仪接受金朝国书的闹剧至此收场。

绍兴九年（1139）正月，金使张通古等人完成使命北归，高宗遣使随行，返回金朝"谢恩"。同时令王伦再次出使金朝，全权负责与金人交割河南、陕西之地及迎还宋徽宗、宁德皇后梓宫与韦太后事宜。任命王伦为东京留守，由其暂时负责东京开封等地事务。三月，王伦抵达开封，与金朝右副元帅完颜宗弼完成交割事务。完颜宗弼北渡黄河，驻扎祁州（今河北安国），金朝将行台尚书省由开封迁往大名府（今河北大名），并将原来刘豫管辖的河南、陕西之地正式交还南宋。

河南、陕西之地归宋后，正常情况下，南宋应立即命令韩世忠、岳飞等人率军接管、进驻上述地区，沿黄河布防。然而高宗

第六章 "靖康耻，犹未雪"

为避免一切可能与金人产生摩擦的情况发生，强令岳飞、韩世忠原地驻防，只派遣少量官员与将士前去驻守，此前伪齐、金朝所置官吏皆"各安职守，并不易置"。给出冠冕堂皇的理由为"不可移东南之财力，虚内以事外"，谨防金人将以步兵为主的宋军诱至平原地区，离开长江天险，以便女真骑兵聚歼。秦桧更是企图趁着宋金停战议和的机会，帮助高宗"撤武备，尽夺诸将兵权"。在高宗君臣的掣肘下，河南、陕西之地虽名义上号称归宋，实际控制权仍在金朝任命的官员手中。南宋新委派的州县官吏是一批"皆以贿得"的贪官，只知道盘剥百姓，鱼肉乡里。金军将船只全部集中在黄河北岸，连通黄河南北的桥梁也尽数控制在金军手中，金人随时可以卷土重来。宋高宗、秦桧等人的"议和"并没有真正使南宋拥有和平稳定的外部环境，他们却沉浸在这场虚假的胜利中难以自拔。

四、"一纸盟书换战尘，万方呼舞却沾巾"

绍兴九年（1139）七月、八月间，正当南宋投降派沉浸在"议和"的喜悦中，享受"太平盛世"之时，金朝政坛巨变使南宋的"和平"美梦化作泡影。

吞辽灭宋：金朝建立初期的"壮举"

是年六月，金朝内部吴十等人意图谋反之事败露，经审讯，查实吴十与完颜宗磐、完颜昌联系密切，这使一直对完颜宗磐、完颜昌充满戒备的金熙宗大怒。因为自从完颜宗翰死后，金太宗长子完颜宗磐贵为尚书令、太师，权倾朝野，嚣张跋扈到了极点。朝堂议事时，因意见不合，竟当着熙宗的面试图持刀刺杀完颜宗干，完全不把熙宗放在眼里。金熙宗为对抗完颜宗磐和完颜昌的势力，提拔完颜宗干的兄弟完颜隽为太保、领三省事，却不料完颜隽竟与完颜宗磐相勾结，用翰林学士韩昉的话说，完颜宗磐、完颜昌就如同唐玄宗时期的李林甫。此时因吴十谋反引出完颜宗磐等人，于是熙宗下定决心：为社稷大计，背上诛杀功臣、兄弟的骂名又如何。

七月，熙宗召集完颜宗磐、完颜宗隽等人入朝，趁机将其诛杀。因完颜昌对金朝立有大功，免去一死，降级留用，令其与南宋降臣杜充一道赴燕京（今北京）任职。完颜昌不服："我是开国元勋，竟与降奴为伍！"于是在抵达燕京后，不甘失败的完颜昌继续做谋反准备。金熙宗得知后，再也不顾及完颜昌开国功臣的身份，下令将他立即处死，永绝后患。完颜昌见势不妙，八月试图自燕京南逃宋境，但被早已做好准备的完颜宗弼抓获，最终被押赴祁州处死。

第六章 "靖康耻，犹未雪"

完颜宗弼破获完颜昌等人的谋反案后，清除了金熙宗的反对势力，立下大功。金熙宗任命其为都元帅、尚书左丞相兼侍中，金朝军政大权由完颜昌转移至完颜宗弼手中。由于完颜宗磐、完颜昌谋反事发，金朝上下皆知其为勾结南宋而割让河南、陕西之地，完颜宗弼乘机提议收回土地，指出"若不速速取回，待日后宋人在中原站稳脚跟，再想收回就难了"，熙宗深以为然，战火一触即发。

与金熙宗侦破吴十等人谋反案相同时，秦桧敦促王伦尽快前往金朝商议迎回宋徽宗、宁德皇后梓宫以及高宗生母韦氏的具体事宜。此时王伦通过宗弼帐下一名小吏得知完颜宗弼正在部署诛杀完颜昌之事，急忙上书朝廷，奏告金朝内部政局动荡可能引发对南宋不利的情况发生，希望朝廷及时做好金人叛盟的准备。可秦桧迷失在议和的美梦中，丝毫不以为意，只敦促王伦尽快赴金。王伦遂将东京防务交由孟庾负责，然后前往金朝议事。在到达中山府（今河北定州）后便被金人拘留，随后被押解至完颜宗弼元帅府所在之祁州（今河北安国）。

十月，王伦被押解至金上京（今黑龙江哈尔滨市阿城区），面见金熙宗。王伦仍按照和约约定，请求金人归还宋徽宗和宁德皇后梓宫以及宋高宗生母韦氏。熙宗不予理睬，只是谴责南宋暗

吞辽灭宋：金朝建立初期的"壮举"

中与完颜昌勾结，对宋朝表文挑三拣四，提出南宋必须向金称臣，接受金朝册封，使用金朝年号，奉金正朔，每年向金朝交纳岁贡金3000两，遣返投附南宋之人等新条件。摆明不承认完颜昌与南宋签订的旧和约，要求南宋君臣要么以新和约为准，要么开战。

果然正如金人所料，南宋获悉金朝新增加的条件后，朝堂一片哗然。如同之前一般，除高宗、秦桧等少数死心塌地的投降派外，其余大臣坚决反对。宋高宗仍不死心，还幻想与金人议和，又遣使赴金，结果使者刚进入河北，就被金人囚禁于涿州（今河北涿州）。

金天眷三年（南宋绍兴十年，1140）五月，完颜宗弼将金朝所有的野战部队集中于祁州元帅府，进行大阅兵，正式宣读熙宗诏书，明确指出，完颜昌积极主张废弃刘豫，并将河南、陕西之地交还南宋，是为了争取南宋对自己的支持，使南宋成为自己的有力外援，进一步保证政变成功。完颜昌与南宋暗通款曲，勾结谋逆，故此前和议无效。如今再次南下攻宋，就是为了纠正完颜昌一党所犯下的罪孽，重新收回河南、陕西之地。

此次出兵，完颜宗弼一改往年秋冬季南下用兵的惯例，在宣读完金熙宗的诏书后，立即兵分四路，声势浩大杀入宋境。完颜

第六章 "靖康耻，犹未雪"

宗弼命聂黎孛堇率军进攻山东，命撒离喝率军主攻陕西，命李成率军夺取西京河南府，宗弼亲率10万名精兵与孔彦舟、郦琼等人直取东京开封府。由于宋军在河南、陕西之地近乎不设防，金军又有一雪前耻作为动力，故一路势如破竹，短短一个多月的时间便轻而易举地占领河南、陕西之地，南宋派去的官员或望风而逃，或不战而降，战局形势再度对南宋不利。

高宗得知金人南下，自知遣使求和已无济于事，于是一改往日卑躬屈膝溜须讨好的嘴脸，摆出一副"誓死抗金"的架势。宋高宗在诏书中写道："之前金人许诺归还河南、陕西之地，并归还徽宗、宁德皇后梓宫，朕生母韦氏及兄弟等人。朕认为人生在世，当以孝悌为先，救民于水火之中，故实属万不得已，不惜委曲求全，奉表称臣，为的是天下太平。虽尚未完全收复失地，但已岁贡银绢多达50万两（匹）。怎料和约上墨迹未干，金人便撕毁盟约，导致战火重燃。希望诸路大将，竭诚报国，奋勇杀敌，勿令朕与天下百姓失望。"

高宗在下达迎敌的作战命令后，以节度使的官衔、银5万两、绢5万匹、田100顷、宅第1座为赏赐，号召军民擒杀完颜宗弼。又命韩世忠、张俊、岳飞兼河南北诸路招讨使，张俊率军进取亳州（今安徽亳州），韩世忠率军进取宿州（今安徽宿州）、淮阳军

吞辽灭宋：金朝建立初期的"壮举"

（今江苏邳州南），岳飞率军出陈（今河南淮阳）、许（今河南许昌）、光（今河南潢川）、蔡（今河南汝南）诸州，准备全面迎战金军。

面对南宋上下空前高涨的抗金声浪，奸臣秦桧的处境就显得尤为尴尬。由于秦桧以往对内以高压手段镇压抗金派的舆论，对外卑躬屈膝阿谀谄媚乞求议和。而此时南宋在对金态度上发生了一百八十度的大转变，毫无疑问，秦桧成为万人唾弃的对象。仓促之间，秦桧一时竟找不到文过饰非维护自己形象的借口。幸好党羽为其找到《尚书·商书·咸有一德》中的一句话，"德无常师，主善为师"，才使秦桧脱离了窘境。《尚书》这句话，字面意思为道德修养没有固定的老师，以善为原则的人都是自己学习的榜样。这段话被别有用心的秦桧引用后，延伸为由于此前见金人有割地讲和的诚意，故赞成陛下与其和谈，以收回黄河以南的故土，现在金人撕毁和约，故又赞成陛下的反击决策。不但为自己的丑陋行径找到借口，还美化了宋高宗之前的所作所为。举世皆知的投降派代表摇身一变，又以坚决的抗金派自居。秦桧还大言不惭地表示，自己情愿奔赴前线，在疆场上为国家做贡献。其嘴脸之丑陋虚伪，自不待言。

宋金战场主要分为3个，即西部、东部和中部。西部战场上，

第六章 "靖康耻，犹未雪"

金朝方面，撒离喝率军出河中（今山西永济西）趋陕西，攻取同州（今陕西大荔）、永兴军（陕西西安）等地，所到之处，州县纷纷投降，金军很快逼近凤翔府（今陕西凤翔），占据陕西大部。宋朝方面，此时吴玠已于绍兴九年（1139）病逝，其弟吴璘继承其遗愿接过抗金大旗，与撒离喝相持，互有胜负，彼此都未能给对手以重大打击。

东部战场上，金军主将聂黎孛堇对战的是南宋名将韩世忠。韩世忠命部将攻取海州（今江苏连云港西），自己则亲自率军在淮阳军附近多次击败金人。对于金军防御严密的淮阳军城，韩世忠虽有心拿下却久攻不克，未能进一步扩大战果。

此次宋金决战起决定作用的是中部战场。金朝方面由都元帅完颜宗弼亲率金军主力，以孔彦舟为先锋，自黎阳（今河南浚县东）长驱直入，兵锋直指东京开封府。南宋新任东京留守孟庾不战而降，完颜宗弼兵不血刃占领开封。完颜宗弼又命完颜雍（即后来的金世宗）率军进攻南京应天府（今河南商丘），宋朝新任南京留守路允迪亦不战而降。完颜宗弼命李成率军攻取西京河南府（今河南洛阳），宋朝新任西京留守李利用弃城逃遁。

宗弼攻宋之初，连战连捷，于五月二十五日先锋部队已进抵顺昌（今安徽阜阳）城下，令完颜宗弼没有想到的是，金军在顺

吞辽灭宋：金朝建立初期的"壮举"

昌城下遭遇此次南下的首场惨败。

顺昌府北濒颖水，南临淮河，东接濠州（今安徽凤阳）、寿州（今安徽寿县），西接蔡州（今河南汝南）、陈州（今河南淮阳），是金军南下的必经之地，也是南宋屏卫淮河的咽喉要道。绍兴十年（1140）二月，宋高宗任命刘锜为东京副留守，率兵2万人前去驻防开封，这是宋廷自天眷议和后调遣北上的唯一一支较大规模的军队。刘锜四月出发，五月进抵顺昌府时，传来了金军攻陷东京开封府的消息。

为屏障江淮，刘锜决心以所部会同顺昌知府陈规下辖州军、乡兵共同死守顺昌，坚守待援。战前，刘锜下令将所有船只凿沉，向官兵们表示"破釜沉舟"、死战到底、绝不后退的决心。又将自己和部将们的家属安置在寺庙中，四周堆满柴草，派兵守护。严令守卫的士兵们："一旦战争失利，就从我家属居住的地方开始放火焚烧，一定不要让一个家属落入金贼之手。"将士们深受感动，纷纷表示愿意以死报效国家，宋军士气为之大振。

顺昌之战分为两个阶段，第一阶段自五月二十五日起历时6天，历经3次主要战斗：宋军首战夜袭金军军营，击退完颜宗弼麾下大将韩常率领的先锋营；次战击退完颜雍与龙虎大王率领的3万名金军精锐，迫使金军后退20里扎营；再战刘锜再次率军夜

第六章 "靖康耻，犹未雪"

袭金营，迫使金人回撤向完颜宗弼告急求援。第二阶段从六月初七起亦历时6天，刘锜率领顺昌全城军民与完颜宗弼亲自指挥的金军主力决战，"男子备战守，妇人砺刀剑"，南宋军民众志成城齐上阵，共击毙金军5000余人，击伤1万余人，完颜宗弼狼狈逃回开封府，南宋取得顺昌保卫战的最后胜利。

在顺昌之战开始时，宋高宗惊恐异常。赵构深知刘锜所部一旦被金军歼灭，金军便会顺势南下，江淮防线能否抵挡女真铁骑，还是个未知数，高宗心中也没有十足把握。为了避免逃亡海上的厄运再度降临，高宗一再催促岳飞，命其派遣最精锐部队，火速增援刘锜，不得有片刻迟缓。岳飞收到消息后，立即派遣张宪、姚政率领岳家军增援顺昌，自己则亲率大军自鄂州（今湖北武昌）北上，开启第四次北伐中原行动。

而当高宗接到顺昌大捷的消息后，立即命令岳飞不得乘机北伐，规定光州和蔡州是岳飞进军的极限。高宗本意就不是收复中原，而是以战求和，将秦岭—淮河一线作为与金朝的分界线，只求保住刘豫被废前自己的东南半壁江山即可。六月下旬，高宗命李若虚前往鄂州，传达朝廷最新的作战指令。由于岳飞已率领大军北上，李若虚一直赶到德安府（今湖北安陆）才与岳飞见面。李若虚向岳飞传达了高宗"兵不可轻动，宜且班师"的旨意，岳飞据理力争,强调北伐已搁置三年,现在是最佳时机,岂可错过。如若不然,将有何颜面面对大宋历代皇帝和天下臣民?李若虚听了岳飞的话,深受感动,毅然对岳飞说道:"今日既已发兵,便不应仓促班师。朝廷若追究抗旨之罪,由我一人承担",坚决支持岳飞北伐。岳飞与李若虚告别后,率领岳家军将士继续按照原定计划踏上第四次北伐征程。

完颜宗弼被刘锜击败于顺昌府后,并没有知难而退,拔营回朝,而是与完颜突合速退守开封府。同时,完颜宗弼又命大将韩常据守颍昌府(今河南许昌),翟将军率军守卫陈州(今河南淮阳),完颜阿鲁补驻守应天府(今河南商丘),企图以此三地与开封府互为后盾,负隅顽抗。

面对完颜宗弼的战略部署,岳飞采取针对性的措施。决定首要作战目标为清除开封府的外围据点,拔除进攻开封的障碍,进而为收复开封创造条件。六月初,张宪和姚政部收复蔡州。闰六月二十日,张宪击败金韩常军,攻克颍昌府。二十四日,张宪与牛皋、徐庆部合兵收复陈州。二十五日,岳家军王贵部收复郑州。七月初二,岳家军收复西京河南府。

随着收复失地范围的不断扩大,岳家军的兵力也日渐分散。赵构、秦桧等人不仅不提供支持,反而还命令岳飞接替刘锜全军

第六章 "靖康耻，犹未雪"

南撤后的防务，分兵驻守各州县。由于东部战场的韩世忠、西部战场的吴璘在与金军的对抗中始终难分胜负，无法脱身配合岳家军作战。中部战场的张俊和刘锜两部，早已遵照高宗指令南撤，岳家军再度陷入孤立无援的不利境地。完颜宗弼决定抓住战机，集中优势兵力重点打击位于郾城（今河南郾城）的岳家军指挥部，企图一举消灭岳家军大本营，然后乘胜发起全面反攻。

七月初，完颜宗弼亲自率领金军精锐倾巢而出。此次不仅金朝龙虎大王完颜突合速、盖天大王完颜宗贤、昭武大将军韩常等知名将领一同出征，而且金军战斗力最强的1.5万名骑兵全部开拔。七月初八，金朝大军抵达郾城北20里。此时，驻守郾城的岳家军只有极少数岳飞的亲兵背嵬军和游奕马军，双方力量悬殊。岳飞深知将会有一场空前残酷的恶战，首先命令长子岳云率军出城迎敌，在岳云的带领下，岳家军骑兵与金军骑兵展开了史无前例的激烈鏖战。完颜宗弼眼见骑兵会战不能取胜，焦躁万分，下令出动重甲骑兵"铁浮图"作正面进攻，另以号称"拐子马"的左右翼骑兵相配合。岳飞则指挥军队，针对金朝不同的作战方法进行还击。双方从下午一直激战至天黑，金军终因支撑不住而惨败。眼看着自认为万无一失的战争就这样以失败而告终，完颜宗弼不禁伤叹道"自海上起兵，皆以此胜，今完矣"。遭遇

吞辽灭宋：金朝建立初期的"壮举"

挫折的完颜宗弼不甘心失败，于七月初十再犯郾城，又以惨败告终。

郾城之战是空前的大捷，证明南宋骑兵在平原地带与金军展开大规模决战同样可以战胜金军。宋高宗和秦桧等人一味宣传的宋军面对金军重甲骑兵毫无胜算的论调显然是无稽之谈。郾城之战的胜利，空前激发了所有南宋将士、百姓的抗金热情。宋高宗虽十分不情愿，但也只能在诏书中对岳家军将士大加褒奖。当然，宋高宗嘉奖岳飞更主要是因为郾城大捷为其带来与金朝议和的筹码与希望。

宗弼惨败于郾城后，不甘心失败，仍试图作最后的垂死挣扎。于是，再次集结兵力，进攻位于郾城和颍昌府之间的临颍（今河南临颍），妄图切断岳飞（驻郾城）和王贵（驻颍昌）两军的联系。此时岳飞兵力不多，不能立即开赴临颍与宗弼大军决战。但岳飞判断完颜宗弼可能会虚晃一枪，掉转兵锋攻打颍昌府，针对可能发生的情况，岳飞作了全面详细的部署。他令岳云率领背嵬军骑兵精锐急速增援王贵；命张宪率军前往临颍；又给刘锜写信求援，希望刘锜能够率军北上。刘锜响应岳飞号召，立即派遣雷仲去支援岳飞。

七月十四日，张宪指挥大军以摧枯拉朽之势扫荡驻守临颍的

第六章 "靖康耻，犹未雪"

金军，金军残兵败将或向颍昌府方向溃逃，或向开封府方向逃散。正如岳飞所料，完颜宗弼声东击西，驻守临颍的仅为8000金兵守备部队，金军主力已在完颜宗弼的亲自率领下转攻颍昌府。七月十八日，又有5000名金兵出现在临颍附近，张宪派遣徐庆等人英勇作战，击退敌军。

七月十四日张宪率军收复临颍的同时，金军在完颜宗弼率领下与岳家军在颍昌府城下展开大会战。完颜宗弼率领韩常等金朝大将，另有4名万夫长，以骑兵3万余人在颍昌府城西列阵。10万名步兵在龙虎大王完颜突合速、盖天大王完颜宗贤的率领下也陆续抵达战场。金军阵列横亘10余里，杀声震天，气势汹汹。

驻守颍昌府的岳家军人数远远低于金军人数，幸而岳云按照岳飞的指令，进军神速，先于完颜宗弼抵达颍昌，占得先机。王贵与岳云合兵一处，军威大振。即便如此，这也又是一场岳家军以少击众的硬仗和恶战。王贵将颍昌城内的所有防务工作交托给董先、胡清等将，自己与岳云率领可以出战的全部人马出城与金军决战。岳家军与金军的血战一直持续到正午，守城的董先和胡清见双方难以分出胜负，战局僵持下去对人少的岳家军不利。千钧一发之际，守城的董先和胡清果断下令，集结全部守城的岳家军将士出城投入战斗。董先和胡清的奇兵战术奏效，金军本已是

吞辽灭宋：金朝建立初期的"壮举"

强弩之末，见宋军还有后援，顿时溃不成军，岳家军取得了最终的胜利。

完颜宗弼在此之前并未与岳家军主力部队进行直接较量，总是嘲笑伪齐军队是一群乌合之众，不堪一击，直到郾城和颍昌两次大败，在金军完全占据天时、地利、优势兵力的条件下，对阵孤军深入、没有后援的岳家军，仍一败涂地。金人自此对岳家军既佩服又恐惧，他们不得不承认，岳家军攻无不克，战无不胜。从此，在金军中流传着一句著名的评语："撼山易，撼岳家军难！"

随后，岳飞为扩大战果，率军乘胜追击，一直打到距离东京开封府仅有数十公里的朱仙镇一带，岳家军声威大震，金军则闻之丧胆。就在这时，宋高宗一日之内以"金字牌"送来12道诏令，要求岳飞班师撤军。岳飞当然不同意，但在宋高宗的严厉措辞下，由不得岳飞反对与质疑。最后，岳飞无奈作出人生中最痛苦的决定：班师！岳飞班师之后，辛辛苦苦恢复的州县很快又落入金人之手。

完颜宗弼经过与岳家军的交手后，彻底认识到金宋战争形势虽不说宋强金弱，但起码已进入到宋金均势阶段，以金人的实力，无论如何也灭亡不了南宋，议和是唯一出路。但同时完颜宗

第六章 "靖康耻，犹未雪"

弼也保持清醒的头脑，知道此时议和，优势在南宋，签订的条约无法最大限度保障金朝利益，必须在金人胜利的前提下与宋人和谈。于是完颜宗弼在得到熙宗首肯后，于皇统元年（1141）正月亲率10万大军渡过淮河。金军占领庐州后，完颜宗弼派遣大将韩常率部继续南进，攻取含山（今安徽含山）、和州（今安徽和县）等地。二月，张俊、杨沂中部先后渡江，击败金军，会师和州。随后刘锜、杨沂中、张俊三军分路进击，收复清溪（今安徽含山西南）、含山等地，金军败退柘皋（今安徽巢湖西北）。二月十八日，宋军取得柘皋会战的胜利，并一鼓作气收复庐州。可就在此时，张俊临阵怯敌，战后贪功的毛病又犯了。张俊根据不准确的情报认为金军已全部撤军北返，淮西战事以宋军大获全胜而告终，便命令刘锜先行渡江撤军，张俊要与旧部杨沂中"耀兵淮上"，再行班师。其真实目的则是排挤刘锜，独吞击退金军的战功。然而事实上，柘皋会战中，溃退的并非金军主力，金军大队人马正在完颜宗弼率领下埋伏在濠州（今安徽凤阳）周围。三月初四，即张俊命令刘锜班师的前一天，完颜宗弼采用郦琼计策，以孔彦舟作先锋急攻濠州。张俊惊慌失色，急召刘锜回军，一同救援濠州。三月初九，张俊、杨沂中和刘锜的13万兵马抵达距离濠州城尚有60里的黄连埠时，接到濠州已于前一天被金军攻

吞辽灭宋：金朝建立初期的"壮举"

陷的消息。张俊听闻金军掳掠百姓而去，城中已无金人，便准备去空城中耀武扬威一番，以掩盖作战失利的过错。于是，命王德和杨沂中率领6万宋军精锐入城。不料张俊的每一步计划都在完颜宗弼的预料之内，宋军进入了金人伏击圈，大部被歼灭，杨沂中和王德只身逃归。张俊和刘锜闻讯，急忙撤退，沿途遗弃兵器、甲胄、粮草等物资不计其数。

金军在濠州大败宋军后，完颜宗弼并未下令继续进击，而是在获取足够迫使南宋求和的资本后见好就收，将军队全部撤回淮河以北。皇统元年（宋绍兴十一年，1141）九月，金朝重启与南宋的谈判。面对自己心心念念的和谈终于到来，宋高宗与秦桧一面大兴冤狱，栽赃杀害岳飞，一面迫不及待地与金人签订屈辱和议，两件事都自绍兴十一年（1141）九月开始，双管齐下。九月，张宪、岳云被下狱。十月，岳飞被下狱。十二月二十九日，岳飞三人惨遭投降派杀害，岳飞时年39岁，岳云23岁，张宪年岁不详。

与此同时，十一月，宋高宗一心一意向金人屈膝求和，全盘接受金朝提出的各项条款，并按照金人要求撰写"誓表"，至此，宋金正式达成和议，史称"皇统和议（绍兴和议）"。皇统和议的主要内容包括：第一，南宋向金称臣，皇帝必须由金朝册封，南

第六章 "靖康耻，犹未雪"

宋上至皇帝，下至普通百姓，"世世子孙，谨守臣节"。第二，宋金之间，东以淮水中流、西以大散关（今陕西宝鸡西南）为界。宋朝将唐（今河南唐河）、邓（今河南邓州）、商（今陕西商州）、秦（今甘肃天水）四州的一半割让给金朝。金朝获得了无法通过作战得到的大片土地，包括岳家军曾经攻克的商、虢等州，吴璘收复的陕西诸州县，甚至吴玠当年坚守的和尚原，全部落入金军之手。南宋失去抵御金朝南侵的部分重要屏障。第三，南宋每年向金朝进贡银25万两、绢25万匹，于每年春季运送至泗州向金人交纳，称"岁贡"。第四，"每年皇帝生辰并正旦，遣使称贺不绝"，即双方皇帝的生辰及正旦，对方都要遣使祝贺。第五，燕京（今北京）以南、淮水以北流亡南宋之人，如果愿意北归，宋廷不得阻拦。燕京以北逃往南宋之人，宋朝必须遣还。和议签订后，双方均不得再招纳叛亡。第六，金人同意将宋徽宗、宁德皇后梓宫及宋高宗母韦氏归还南宋。

"绍兴和议"签订后，宋高宗在全部答应金人的议和条件后，立即遣使出使金朝"谢恩"，并向金熙宗进献"誓表"。宋高宗在"誓表"中写道："既盟之后，必务遵承，有渝此盟，神明是殛，坠命亡氏，踣其国家。"表示会坚决遵守。绍兴十二年（1142）三月，金熙宗遣使"册康王为宋帝"。至此，宋高宗正式办理完

吞辽灭宋：金朝建立初期的"壮举"

向金人称臣的手续。

绍兴十二年（1142）四月，金朝将徽宗、宁德皇后灵柩和高宗生母韦氏从五国城（今黑龙江依兰）送往南宋。八月，灵柩及韦太后一行先后抵达临安，高宗亲自前去迎接，为降金行为遮羞。

宋人刘望之曾作《读和议成赦文作》诗形容"绍兴和议"的情形：

> 一纸盟书换战尘，万方呼舞却沾巾。
> 崇陵访沈空遗恨，郓国怜怀若有人。
> 收拾金缯烦庙算，安排钟眉颂宗臣。
> 小儒何敢知机事，终望君王赦奉春。

宋高宗、秦桧等人"万方呼舞"，弹冠相庆，庆祝他们投降路线的胜利。但是任何忠义报国的南宋军民，面对失去大片土地，国耻洗雪无望，向金人称臣纳贡，忠臣义士惨遭杀戮的情形，怎能有一丝喜悦之情，只会洒下痛苦、悲愤的泪水。

与南宋屈辱媾和相对，绍兴和议的签订，标志着以金朝为中心的东亚秩序的确立。金朝建立以前，虽然辽朝曾令北宋每年交

第六章 "靖康耻，犹未雪"

纳助军旅之费绢20万匹、银10万两（后增至银20万两、绢30万匹），但双方关系总体上还是平等的。两国结为兄弟之邦，宋辽皇帝间的关系，根据年龄和辈分推算，不存在宋朝以岁币换得较高地位或辽朝凭借武力获得较高地位的情况。然金朝亡辽灭宋后，无论是张邦昌的伪楚政权，还是刘豫的伪齐政权，皆为金朝册立，是金朝的属国。即便强大如南宋，随着"绍兴和议"的签订，不仅割地赔款，最重要的是向金朝称臣，南宋皇帝必须由金朝皇帝册封，"世世子孙，谨守臣节"。此后不仅高丽、西夏向金朝称臣，南宋的地位亦始终低于金朝。金朝构建起一个以自身为核心，"北有黑水、鞑靼、契丹，西有西夏、吐番（蕃）、回鹘，东有高丽国，南有大宋"在内的东亚秩序。12世纪的东亚格局巨变，随着"绍兴和议"墨迹的干涸，最终画上句号。

余 话

中华民族交往交流交融中的"和"与"战"

12世纪的中国大地上,上演了一场风云跌宕的辽、宋、金兴亡大戏。崛起于我国东北白山黑水之地的女真人,在完颜部酋长阿骨打的领导下,于1115年建立金朝,1125年推翻辽王朝统治,迫使契丹贵族西迁,1127年灭亡北宋,随后追击南宋高宗赵构入海,直到1142年宋金签订"绍兴和议(又称皇统和议)",南北最终停战议和,继续延续我国历史上的第二次南北朝时期。

毫无疑问,建立辽朝的契丹人、建立金朝的女真人与建立宋朝的汉族一样,皆为中华民族共同体中的一员。契丹人自称轩辕

余　话　中华民族交往交流交融中的"和"与"战"

黄帝的后代，如契丹墓志《萧氏夫人墓志》中称萧氏丈夫耶律污斡里"其先出自虞舜"，虞舜为轩辕黄帝八世孙。《永清公主墓志》记载"国家系轩辕黄帝之后"，均称契丹人为黄帝后人。辽圣宗开泰二年（1013）《赐圆空国师诏》中亦曰："朕闻上从轩皇，下逮周发，皆资师保，用福邦家。"轩皇即轩辕黄帝。故辽朝史官耶律俨在编修《辽史》时，依据时人观点，认为契丹人为轩辕黄帝的子孙。元朝史官编修《辽史》时，以契丹人由鲜卑族中宇文鲜卑发展而来，取《周书》宇文鲜卑自称炎帝之后的说法，认为契丹出自"炎帝之裔曰葛乌菟者"，认为契丹人是炎帝子孙，于是今本《辽史》称"辽之先，出自炎帝"。无论是辽朝当时人的观点，还是元朝史官的看法，皆以契丹人为炎黄子孙，契丹人与汉族虽族源、族属不同，但在祖源上皆为炎黄子孙。

建立金朝的女真人虽不再刻意强调炎黄子孙身份，但并不妨碍其认同炎黄文化，接续炎黄统续。在金人看来，无论女真是否祖述炎黄，均为中华民族之一员，金朝均为中国历史之延续。金朝不再刻意祖述炎黄，关键在于华夷内外之别已被打破，时人承认汉人和边疆民族都是"中国"之民，皆属"中华"，不必刻意强调祖先或血缘。故金代官修《大金德运图说》安排金朝德运，上承庖牺、神农、黄帝以来历代德运，显然自视为炎黄以来历

吞辽灭宋：金朝建立初期的"壮举"

史之延续。金朝还上承唐、宋，祭祀三皇五帝等前代帝王。《金史·礼志》称，金朝祭祀前代帝王，"三年一祭，于仲春之月祭伏牺于陈州，神农于亳州，轩辕于坊州，少昊于兖州，颛顼于开州，高辛于归德府，陶唐于平阳府，虞舜、夏禹、成汤于河中府，周文王、武王于京兆府"。祭祀前代帝王，自是表明金朝自诩接续炎黄以来中国帝王统绪。金朝虽不再刻意祖述炎黄，但无不自诩本朝为炎黄以来中国历史之延续。炎黄子孙身份、炎黄历史传统，使得辽、宋、金并立时期的中国呈现出炎黄文化认同下多民族诸政权并存的特征。

同时，辽、金等政权接续中国古史谱系，通过"五德终始"等学说，确立自身在中国古史谱系中的正统地位。"五德终始"学说运用木、火、土、金、水五行（五德）相克相生关系来解释社会变迁和王朝更替，虽不科学，但被用来作为论证王朝正统的理论根据，影响深远。需要指出的是，"五德终始"学说是在中国历史上各个政权之中区分"正统"与"非正统"的。无论是汉族政权，还是边疆民族政权，当使用"五德终始"学说去论证其政权正统性时，则其已在认同自身作为中国古史谱系一部分的基础上，试图进一步确立其在中国历史上的"正统"地位。

据《辽史·仪卫志》记载，"会同九年（946），太宗伐晋，

余　话　中华民族交往交流交融中的"和"与"战"

末帝表上传国宝一、金印三，天子符瑞于是归辽"。辽圣宗于太平元年（1021）七月，"遣骨里取石晋所上玉玺于中京"，并作《传国玺诗》云："一时制美宝，千载助兴王。中原既失守，此宝归北方。子孙宜慎守，世业当永昌。"辽兴宗则于重熙七年（1038），"以《有传国宝者为正统赋》试进士"。其实早在辽太宗灭亡后晋时，便知道从后晋手中得到的传国玺是石敬瑭在天福初年铸造的伪玉玺，圣宗、兴宗此举，只是利用这枚假传国玺，标榜自身的正统性。辽朝以从后晋手中获得传国玺，故应当在中国古史谱系中继承后晋正统，而将后汉、后周以及北宋列入中国古史谱系中的"非正统"。后晋为"金"德，金生水，故辽朝为"水"德。

据《大金德运图说》记载，金朝后期，章宗和宣宗同样曾组织关于"德运"问题的大讨论，秘书郎吕贞干、校书郎赵泌以为："圣朝（金朝）先（克）辽国以成帝业，辽以水为德，水生木，国家宜承辽运为木德。"明确提出金朝应继承辽朝"水德"为"木德"的观点。后章宗采纳金朝应继北宋德运的观点，认为北宋"火德"已绝，金朝应承北宋"火德"为"土德"，遂于泰和二年（1202）十一月"更定德运为土"。无论承袭辽朝水德还是承袭宋朝火德，皆体现金朝为构建中国古史谱系中正统地位的

吞辽灭宋：金朝建立初期的"壮举"

努力。辽、金各政权不仅认同自身作为中国历史的一部分，同时皆努力构建在中国古史谱系中的正统地位，各政权在中国历史认同上的统一性，使得10—13世纪的中国呈现出共同历史记忆下多民族诸政权并存的特征。

在此基础上，10—13世纪辽、宋、金各政权在长期的交往、交流、交融过程中，开始逐渐认同彼此之间同样作为中国一分子的身份。北宋与辽朝互称"南北朝"。李焘《续资治通鉴长编》记载，澶渊之盟后，宋人抄录契丹誓书，颁发给河北、河东等地方官员，从此以后，双方书信来往都以南、北朝冠国号之上。北宋与辽朝互称"南北朝"，即中国的南北朝。故辽兴宗尝言"封圻殊两国之名，方册纪一家之美"；辽宋"两朝事同一家"。辽道宗尝言，辽宋"虽境分二国"，"而义若一家"；"三朝通五世之欢，二国敦一家之睦"，等等。"一家"即"中国"，"南朝"是中国的南朝，"北朝"是中国的北朝，南北两朝皆为"中国"不可分割的一部分。南宋建立后，开始出现宋人称"金朝"为"中国"的现象。如宋人陈亮曾上书宋孝宗，希望孝宗不要"忘君父之大仇，而置中国于度外"，建议宋朝经略荆襄，"以争衡于中国"。如果说前一处"中国"，尚可以理解为中原地区，告诫宋孝宗不要忘记收复中原，后一处"中国"则无疑指金朝。

余　话　中华民族交往交流交融中的"和"与"战"

在此基础上审视金朝与辽朝、宋朝间的战争，在当时虽然作为敌对的民族与政权进行战争，存在内外之分，但对于整个中国来讲，则都属于"中国"的一个不可分割的组成部分，今天看来，不过是兄弟阋墙，家里打架，属于中国内部民族之间的战争。然而需要注意的是，兄弟打架亦有谁先动手、谁对谁错之分，金朝与辽、宋之间的战争亦是如此。虽然毫无疑问历史上的汉族王朝和其他边疆民族政权都是中华民族的成员在中国境内建立的国家政权，但不能否认他们在当时互为对立国家。他们之间的战争，当然也就存在着侵略与反侵略、正义与非正义等辩证关系，不过不是外来民族入侵中国，而是中国内部的王朝（或政权、民族）对当时中国内部其他王朝（或政权、民族）的入侵。

金史大家张博泉先生在评判金宋和战时指出："金、宋战和的发展可以分为三个阶段。第一个阶段，是女真奴隶主贵族战略进攻阶段。这一阶段金强宋弱，是女真奴隶主贵族对宋发动的掠夺战争，北方人民的抗金是反掠夺、保卫生命财产的正义斗争。第二个阶段，是金、宋相持阶段。即由金强宋弱转化为宋强金弱，势力均衡，经过斗争之后达到两个封建政权的对峙，双方都不具备完成统一南北的条件，海陵王和韩侂胄发动的统一南北战争的结果都以失败告终。第三个阶段，是相持的持续阶段。双

吞辽灭宋：金朝建立初期的"壮举"

方都已极端腐败，谁也不能消灭谁。第一个阶段从时间上看大约相当于太宗时，第二个阶段相当于熙宗至章宗时，第三个阶段相当于章宗后至金亡。"本书认为，凡是实行民族压迫和掠夺的战争都是非正义战争，凡是反抗民族压迫和掠夺的战争都是正义战争。在探讨具体问题时，应具体分为在一个国家内统治民族的统治阶级对被统治民族实行压迫政策而激起被统治民族的反抗的战争，与我国历史上由不同民族建立的不同国家之间的民族压迫和掠夺的战争。

基于此，经过全书对女真人亡辽灭宋过程的回顾，本书认为，金朝与辽、宋之间的战争应划分为三个阶段：第一阶段为完颜阿骨打起兵反辽至辽朝灭亡，此阶段为辽朝统治下，契丹统治集团对被统治民族女真人实行压迫政策而激起女真民族反抗的战争，女真人起兵反辽是正义的反抗民族压迫的战争。正是由于女真人反抗契丹贵族压迫，所以激发出女真民族强大的战斗力与凝聚力，反之辽朝由于御边失策，君臣腐败无能，所以在短短不到10年时间里便亡于女真人兵锋。

第二阶段为金朝第一次南下攻宋至绍兴和议的签订，此阶段金朝由上一阶段反抗民族压迫的一方转变为压迫和掠夺的一方，宋朝同金朝的战争是正义的反抗民族压迫的战争。北宋灭亡的原

余　话　中华民族交往交流交融中的"和"与"战"

因与辽朝相同，皆为承平日久，军备废弛，加之皇帝贪生怕死，君臣腐化堕落，朝中奸佞当道，忠臣义士被贬斥殆尽，最终为女真所灭。加之女真人在对宋战争早期，的确拥有坚韧不拔的战斗意志。如南宋将领吴玠的弟弟吴璘评价女真士兵，称女真士兵与西夏军队不同，西夏士兵虽然很勇敢，但是只需要一个回合，便能分出胜负。金朝军队则不同，阵型被打散后很快又整合起来继续参加战斗，加之金朝军令相当严酷，士兵皆拼死冲锋，每次交战没有一整天无法分出胜负，这也是为什么辽末及北宋末年的军队难以抵挡金军的原因。直到金人面对战斗意志更加坚韧的岳家军、韩家军、吴家军后，才逐渐败下阵来。但究其根本，辽朝与北宋灭亡的原因，正如金宋关系史专家赵永春先生所言，"落后不一定挨打，腐败一定挨打"，或许是辽朝、北宋灭亡的最直接写照。

第三阶段为绍兴和议之后，金宋战争已不是掠夺与反掠夺的战争，而是由谁来实现南北统一的问题。完颜亮感叹苻坚因淝水战败，未能统一天下，前秦又分崩离析，以致被史家书于《载记》。为此，完颜亮以史为鉴，依据《春秋》"君子大居正""王者大一统"的"大一统"思想，提出"自古帝王混一天下，然后可为正统"；"天下一家，然后可以为正统"等观念，发动欲"使

吞辽灭宋：金朝建立初期的"壮举"

海内一统"的灭亡南宋战争，有意一统天下，确立正统。只不过限于南北均势，完颜亮、韩侂胄等人发动的统一战争均以失败告终。

前事不忘，后事之师。最后，我们以《中华民族共同体概论》中的一段话作为本书的总结，与读者共勉：

"以岳飞抗金为例，这是南宋对抗外部政权压迫的战争，而非不同族属之间的战争。岳飞抗金保卫了南宋各族人民的生命财产和先进的经济文化，属于正义性质的战争……从唯物史观的角度看，尽管岳飞精忠报国的'国'只是当时多个并立政权之一的'宋'，但在多民族统一国家尚未形成的情况下，不能夸大他的历史局限性。当时，南宋的社会经济发达程度远超金朝，岳飞抗金客观上抵御了外部政权的侵掠，保护了南宋先进的社会经济形态。从传统儒家史观看，岳飞所代表的忠勇仁义精神，早已超越血统与族属，成为各族人民共同分享的价值观。在近代抗日救亡的背景下，岳飞作为中华民族英雄，发挥了凝聚中华儿女的作用，成为中华民族精神的象征。"

后 记

在本书写作开始之时，我便与丛书主编河南大学耿元骊教授讨论一个问题，即如何将一些学术思考写入面向大众的读物之中。耿老师支持我的这一想法，并鼓励我大胆进行尝试，于是本书中读者会发现，在有关辽朝边疆防御、军事区划设置以及女真对外战争分期等内容上，笔者尝试在前人研究的基础上融入部分自己的观点，希望读者在阅读普及类历史著作之余，能够或多或少地感受到一些与众不同之处。如果能从中获取一些收获，我将不胜欣喜。

吞辽灭宋：金朝建立初期的"壮举"

　　本书在写作过程中，参考的前贤研究成果包括赵永春先生的《金宋关系史》《金宋关系史研究》《横扫千军如卷席：女真灭辽的故事》，顾宏义先生的《天裂：十二世纪宋金和战实录》等相关论著。限于本书体例，引用诸位先生观点无法一一标出，在此表示衷心的感谢。加之本书的书名为《吞辽灭宋：金朝建立初期的"壮举"》，限于篇幅及内容设置，本书将撰写内容的时间段划定为女真起兵反辽的1114年至1142年宋金签订"绍兴和议"，即金朝对外战争的前两个阶段。海陵王完颜亮试图"灭宋"之事，不在本书探讨的"金朝建立初期"的时间范围内，详见丛书下一册《正隆南伐：图治之君的"疯狂"选择》。加之金宋战争中岳飞抗金之举，笔者另有著作《千古忠魂：岳飞》（辽宁人民出版社，2021年），故本书涉及岳飞抗金内容仅稍加提及，并未展开。

　　本书在写作过程中，得到了杨军师及吉林大学文学院中国史系赵永春先生的指导与帮助，在此表示衷心的感谢。遥想我在硕士一年级时，赵永春先生为我们讲授"中国民族关系史"与"辽宋金关系史"课程，我对辽宋金关系史及相关历史人物评价问题、中国古代民族战争性质问题的思考均始于其时。如今我又为研究生讲授"中国民族关系史"课程，本书的相关内容便是在学习、思考、授课及与学生讨论时所得。

后　记

本书的出版，离不开河南大学耿元骊教授的指导与大力支持，离不开辽宁人民出版社各位编辑老师的帮助，在此一并表示衷心的感谢。

本书一稿的写作完成时间，正是我与武文君老师的领证一周年纪念日，千言万语，唯有感谢。岳飞在《小重山》词中写道："昨夜寒蛩不住鸣。惊回千里梦，已三更。起来独自绕阶行。人悄悄，帘外月胧明。白首为功名。旧山松竹老，阻归程。欲将心事付瑶琴。知音少，弦断有谁听。"相较于岳飞，我是幸运的，我不仅生长在一个伟大的国家，而且生长在一个伟大的时代。同时，我遇到了我的知音。谨以此书，时刻铭记，不忘初心，牢记使命，面向未来。

陈俊达

2024 年 6 月 1 日

于浮沉轩